초등생의 영어
학부모의 계획

저자 **위혜정**

서울대학교 대학원 석사(외국어 교육과 영어 전공) 졸업 후, 현재 용인 신봉 고등학교에서 영어를 가르치고 있다. 경기도 교육청 지정 '창의인성수업디자인 연구회' 연구 위원으로 교사 대상 강의를 하고 있다.
지은 책으로『아침 10분 영어 필사의 힘』,『하루 10분 100일의 영어 필사』,『괜찮아, 바로 지금이 나야』(공저),『필사하면 보이는 것들』(공저)이 있다.

초등생의 영어
학부모의 계획

초판 1쇄 인쇄 2023년 5월 17일
초판 1쇄 발행 2023년 5월 26일

지은이 위혜정
발행인 박효상 | **편집장** 김현 | **기획·편집** 장경희, 김효정 | **디자인** 임정현
마케팅 이태호, 이전희 | **관리** 김태옥
교정·교열 진행 안현진 | **조판** 조영라

종이 월드페이퍼 **인쇄·제본** 예림인쇄·바인딩 | **출판등록** 제10-1835호
펴낸 곳 사람in | **주소** 04034 서울시 마포구 양화로11길 14-10(서교동) 3F
전화 02) 338-3555(代) **팩스** 02) 338-3545 | E-mail saramin@netsgo.com
Website www.saramin.com

ISBN 978-89-6049-806-8 14370
    978-89-6049-981-2 (set)

우아한 지적만보, 기민한 실사구시 사람in

영어로 넓히는 내 아이 미래 지도

초등생의 영어
학부모의 계획

위혜정 저

한 아이의 엄마이자 현직 고등학교 영어 선생님

사람in

"선생님, 영어 너무 어려워요. 재미없어요. 아무리 해도 점수가 안 올라요."

10년 이상 고등학교에서 학생들을 지도하며 가장 자주 듣는 말 중 하나입니다. 이 말을 해마다 듣고 있으니 안타깝기 그지없습니다. '내가 좋아하는 영어를 학생들도 즐겁게 공부하게 할 수 없을까?' 교사로서 아이들을 어떻게 도와주어야 할지 많은 고민을 거듭하였습니다. '재미'있게 공부할 수 있도록 교수법에 변화를 주며 영어를 무거운 교과로만 접근하지 않도록 활동 위주의 협동 학습 수업을 진행하였습니다. 하지만 수업 시간이 아무리 재미있어도 학생들은 내신과 수능을 모두 잡아야 하는 이중고에 직면해 있는 것이 현실입니다. 특히, 대학에 들어가기 위해서 대학수학능력시험을 치러야 하는 한국의 청소년들에게 영어는 묵직한 부담으로 다가올 수밖에 없습니다.

2018학년도 대학수학능력시험부터 영어 영역이 절대평가로 전환되었습니다. 교육부의 취지는 학습 부담 경감, 의사소통 중심 수업의 활성화, 영어 사교육 억제 등 영어 교육의 정상화였습니다. 구현하고자 하는 목표 하나하나가 마음에 쏙 듭니다. 그런데 실제로는 어떨까요? 영어가 절대평가로 전환된 취지가 현실에 잘 녹아들고 있을까요? 영어의 변별력이 약화되었다는 이유로 각 대학의 영어 반영 비중은 줄어드는 결과를 가져왔습니다. 하지만 수능 영어의 난이도가 해마다 들쑥날쑥하다 보니 학생들이 그 부담을 고스란히 떠안고 있습니다. 적정 1등급 비율인 7~8% 수준을 기록한 2020학년도(7.4%), 2023학년도(7.8%)를 제외하고 2018학년도 10%, 2019학년도 5.3%, 2021학년도 12.7%, 그리고 2022학년도 6.25%로 1등급 비율 편차가 매년 널을 뜁니다. 수능 영어가 절대평가로 전환되기 이전의 상대평가 1등급 평균 비율 4.6%와 대조됩니다.(2014학년도 4.9%, 2015학년도 4.5%, 2016학년도 4.6%, 2017학년도 4.4%) 이러한 불확실성 속에서 학생들은 여전히 긴장의 끈을 놓을 수 없습니다.

또한 수능 영어의 평가 방식이 텍스트 읽기에 집중되어 있다 보니 초등학교 때 익숙했던 의사소통 중심 수업이 고등학교에서는 읽기 수업으로 수렴됩니다. 대입을 위해서 어쩔 수 없이 학습 방법의 전환이 이루어져야 하는 것이죠. 아이들의 입장에서는 영어에 재미를 좀 붙여볼까 싶으니 곧 입시 영어로 돌아서야 하는 다소 혼란스러운 상황이 펼쳐집니다.

영어 사교육비는 어떨까요? 2021년 통계청·교육부의 초·중·고교

사교육비 조사에 따르면 코로나19 특수 상황이었던 2020년을 제외하고 1인당 월평균 영어 사교육비가 모든 학교급에서 매년 증가했다고 합니다. 영어 사교육비 지출은 일반 교과 중 최대를 기록하고 있으며, 사교육비의 절반을 영어에 쏟아붓는 구조는 변하지 않은 셈입니다. 게다가 인구 감소로 인해 사교육의 마케팅 대상이 유초등에서 영유아로 내려오면서 영어는 사교육 시작이 가장 빠름에도 불구하고 수능까지 좋은 점수로 통과하기는 어려울 수 있는 과목이 되었습니다.

이런 총체적인 난국 속에서 우리 아이의 영어 교육, 어디서부터 어떻게 손을 대어야 할지 난감해집니다. 눈에 보이는 현상과 들리는 말에 휘청거리다 보면 방향 감각을 잃고 길을 헤매기 쉽습니다. 난무하는 정보들 속에서 어떤 것을 걸러내야 하고 어떤 것을 받아들여야 할지 몰라 정신이 없어지고 동시에 불안감까지 밀려옵니다. 나름 소신을 가져보려 하지만 이내 무너져버리기 일쑤입니다. 그럼, 어떻게 해야 할까요?

영어 교육의 궁극적인 목표는 가정마다, 아이마다 조금씩 다를 수 있습니다. 하지만 언어 학습의 특성상 단기간에 성과를 낼 수 없다는 점에는 모두 동의하실 것입니다. 영어는 내 아이의 인생 지도를 넓힐 수 있는 수단입니다. 대입의 관문인 수능 영어를 무난하게 통과하고 그 이후에 펼쳐질 삶의 영역을 넓힐 수 있는 기초를 탄탄하게 세우는 것이 무엇보다 중요합니다. 수능의 문턱 앞에서 헉헉대기 전, 단단하게 영어의 기초 체력을 다질 수 있는, 첫 단추를 끼우는 시점인 초등에서 시작해보려 합니다.

"성공으로 가는 엘리베이터는 작동하지 않는다. 그러나 계단은 항상 열려 있다."

– 지그 지글러 Zig Ziglar

엘리베이터를 타고 가는 방법을 하염없이 기다리는 것이 아니라 열려 있는 계단으로 차근차근 한 걸음씩 밟아가고자 마음먹은 부모님들께 도움을 드리고 싶습니다. 작동하지 않는 '단기 속성 완성!', '영어 마스터!'의 현란한 문구 앞에서 서성이지 마시고 한 칸 한 칸 계단을 밟아 올라가는 느리지만 확실한 성공의 문을 열어보지 않으시렵니까?

차례

PART I
왜 아이들은 영포자가 되는가?

PART II
초등 영어의 출발선과 종착점 로드맵

1장 한국 영어 교육의 출발선

2장 초·중·고 영어 공부 로드맵

PART III
수능 1등급으로 이어지는 초등 영어의 핵심

PART IV
수능 1등급으로 이어지는 초·중등 영어 로드맵

PART I

왜 아이들은
영포자가 되는가?

1장

영어 교실의
현실

교실 밖으로 쏟아져 나왔던 왁자지껄한 소리를 단숨에 썰물처럼 빠져나
가게 하는 마법, 수업 시작을 알리는 종소리가 울립니다. 선생님도 학생
들도 하던 일을 멈추고 교실에서 수업으로 서로를 만날 준비를 합니다.
매해 새롭게 만나는 학생들의 배경, 성향, 기질, 실력은 천차만별입니다.
그 차이가 만들어내는 학생들의 태도, 교실 안의 분위기, 그 안에서 만들
어지는 역학 역시 해마다 다릅니다. 하지만 두각을 나타내는 학생들과
그렇지 않은 학생들의 각각의 공통분모는 신기하리만치 일관됩니다. 이
아이들의 공통된 그 무엇, 궁금하지 않으신가요?

1

영어 시간에 빛나는 나현이

　　나현이는 '저 영어 좋아해요!'가 한눈
에 보이는 학생입니다. 수업 시간이면 잠시도 딴청을 피우지 않고 교
사인 저에게서 눈을 떼지 않습니다. 영어는 과목의 특성상 한 학급
내에 실력 편차가 심한데 그러다 보니 일부 학생들은 자신의 실력에
비해 쉬운 수준의 내용을 학습하게 될 때도 있습니다. 그렇기에 수업
시간에 온전히 집중하지 않거나 눈치껏 자기 학습을 하는 학생들이
생겨납니다. 학년이 올라갈수록 '영어는 다 준비됐다' 혹은 '다른 과
목에 더 집중해야 한다' 등의 이유로 대놓고 다른 과목 문제집을 펼
친 채 공부하는 친구들이 늘어납니다. 하지만 나현이는 어떤 수업 자
료를 만나도 처음 배우는 듯 경청하는 자세로 하나라도 놓칠세라 정

성스레 필기까지 열심히 합니다. 또한 수업 시간에 발표할 기회가 주어지면 적극적으로 참여하고자 하는 의지가 강합니다. 발표 자료도 정성스레 준비하여 친구들 앞에서 자신감 있게 프레젠테이션을 합니다. 모둠별로 영어 소설책을 읽는 활동을 할 때는 친구들에게 모르는 부분을 가르쳐주며 함께 책을 읽는 시간에 푹 빠집니다. 수행평가의 일환으로 영어 소설을 읽다 보니 대다수의 학생들은 쉽게 읽을 수 있는 책, 얇은 책, 한 번쯤 읽어본 책 중에서 선택하는 경향이 있지만 나현이는 소개된 책 목록 중에서 새로운 책, 감동과 교훈이 있는 책을 주저 없이 집어 듭니다. 바로《Wonder》라는 두께감 있는 책이었습니다. 매시간 책을 읽고 독후 활동으로 작성하는 나현이의 리딩 포트폴리오는 다른 동료 교사들도 감탄할 정도로 정갈하게 정리되어 제출되었습니다. 교사로서 '오늘은 어떤 작품이 나왔을까?' 기대하며 읽는 재미가 쏠쏠했던 기억이 납니다. 나현이는 단지 수행평가 점수를 잘 받기 위해 독후 노트에 정성을 기울이는 것이 아니었습니다. 어느 날 교실에 들어갔더니 나현이의 손에《Auggie & Me》라는 책이 쥐어져 있었습니다.

"선생님, 나현이 진짜 이상해요. 본인이 굳이 원서 하나를 더 사서 쉬는 시간마다 꺼내서 읽고 있어요."

남학생들은 놀리듯 여기저기서 한마디씩 해댔습니다. 하지만 저는 알았습니다. 이 아이가 정말 영어 소설을 즐기고 있다는 것을요.
제가 슬쩍 물어봤습니다.

"나현아, 《Auggie & Me》는 어떻게 알고 샀어?"
"아, 이거요? 《Wonder》가 너무 재미있어서 다 읽고 검색하다가
다음 시리즈물로 나왔다는 걸 알고 바로 샀어요."

수줍게 미소 지으며 대답하던 아이의 얼굴을 잊을 수 없습니다.
영어 소설책 읽기를 즐기는 여유를 가진 나현이는 수능 영어 1등급
을 가뿐히 넘기며 본인이 원하는 학교이자 한국의 모든 학생들이 선
망하는 대학교의 원하는 학과에 진학하였습니다. 어려서부터 영어
소설책을 탐독하며 쌓아온 실력으로 수능 성적까지 챙기는 나현이
는 절대 가공의 인물이 아닙니다. 실제로 고등학교 수업 현장에서 제
가 직접 만난 아이였습니다.

2

영어 공부를 열심히 하지만
성적이 나오지 않는 진영이

"선생님, 오늘 전달할 거 뭐 있을까요?"

쉬는 시간에 교무실 문 앞에서 빼꼼히 고개를 내미는 진영이는 성실함이 몸에 배어 있는 학생입니다. 진영이는 영어 교과 도우미를 자원하여 수업 시작종이 울리기 전 쉬는 시간마다 잊지 않고 저를 찾아와서 학급 친구들에게 나누어줄 학습지를 챙겨가고, 학습 내용과 공지 사항을 점검하며, 배운 것을 꼼꼼하게 정리하는 모습이 예쁜 아이입니다. 진영이는 수업 시간에도 조는 적이 없습니다. 늘 반짝반짝 빛나는 눈으로 집중하며 질문에도 적극적으로 답하고 반응해주어 제가 힘을 내서 수업할 수 있도록 해주는 고마운 학생이죠.

일반적으로 수업 태도는 성적과 비례하는 경우가 많습니다. 하지만 가끔은 수업은 열심히 듣는데 성적이 나오지 않는, 소위 말해 엉덩이는 무겁지만 성적은 가벼운 안타까운 아이들이 있는데 진영이가 바로 그랬습니다. 1차 지필고사를 마치고 성적을 확인하는 과정에서 진영이의 성적을 보고 저는 제 눈을 의심할 수밖에 없었습니다. 평상시의 진정성 있는 수업 태도와 성적의 격차가 너무도 컸기 때문입니다. 스스로도 문제가 있다고 생각하였는지 진영이는 상담을 요청했습니다.

"선생님, 저는 영어를 잘하고 싶은데 성적이 너무 안 나와서 고민이에요."
"그래, 많이 속상했겠다. 어떤 부분이 가장 어려운 것 같아?"
"단어요. 열심히 외우고는 있는데 너무 많아요. 그리고 문장을 보면 해석은 대충은 하겠는데 제대로 하는지도 모르겠고요."

한참 동안 진영이의 이야기를 들었습니다. 진영이가 겪고 있는 어려움은 다른 학생들도 일반적으로 겪고 있는 문제라서 무척 안타까웠습니다. 진영이는 어려서부터 영어에 노출이 되었고 영어에 대한 거부감은 크지 않았습니다. 하지만 영어 과목의 특성상 단기간의 성실함만으로는 높은 성취가 보장되지 않는다는 점이 진영이의 발목을 잡고 있었습니다. 언뜻 보기에는 잘 받아먹고 있는 것 같아 보였지만 사실은 과부화가 걸려 제대로 소화를 시키지 못하고 있었습니다. 특유의 성실함으로 수업 시간에 배운 단어를 외우고 문법과 문장 해석을 복습하지만, 시간이 지날수록 외워야 할 단어들은 쌓여만 가고 강의를 들을 때는 해석이 되는 듯하다가도 혼자서 문장을 분석할 때면 난조를 겪고 있는 것이죠. 이미 배운 익숙한 지문이야 어찌어찌 해본다지만 수능 모의고사에서 생전 처음 보는 낯선 영어 지문을 만나면 어디서부터 손을 대야 할지 난감해지는 것입니다. 수학처럼 원리와 공식을 이용하여 문제를 푸는 과목은 열심히 연습해서 푼다지만 모르는 단어를 앞에 놓고, 문장 구조가 파악되지 않는 지문을 만나는 영어의 경우 문제를 해결할 재간이 없습니다. 길고도 긴 문장이 어디에 갖다 붙은 것인지, 어떻게 해석이 되어야 하는지도 모르는 상태에서 글의 흐름이나 주제를 파악할 수 있을 리 만무합니다. 진영이는 고등학교 이전의 부실한 기초 공사와 내공 부족으로 인해 앞으로 나갈 힘이 없었습니다. 잘하고 싶은 마음만으로는 역부족입니다. 고등학교 영어가 요구하는 수준은 중학교에 비해 훨씬 높은 데다 다른 과목 공부들이 눈에 아른거려 충분한 학습 시간 확보도 쉽지 않습니다. 진영이는 한마디로 기본기가 탄탄하게 쌓이지 않아 뒷심이 달리는 가장 안타까운 경우입니다.

3

영어를 싫어하여 포기한 수빈이

수빈이는 영어 수업 시간 내내 멍하게 딴생각을 하며 앉아 있는 학생입니다. 모둠 활동을 할 때에도 참여하지 않고 스스로 섬처럼 고립되어 시간을 보냅니다. 또한 과제가 주어지면 지레 겁을 먹은 채 손도 대지 않고 포기할 때가 많습니다. 영시를 보면서 낭송하는 수행평가에서도 손사래를 치며 하지 않겠다고 유일하게 포기한 아이가 바로 수빈이입니다.

수업 시간에 워낙 입을 꾹 닫고 있어서 사실 처음에는 수빈이가 소심하고 열의가 없는 아이인 줄 알았습니다. 하지만 복도에서 마주치면 수빈이는 완전히 밝고 명랑한 아이로 돌변합니다. 언제나 먼저 반갑게 인사를 건네며 살갑게 다가옵니다. 수빈이에게 적극적인 면이 있다는 것을 발견하고 저는 아이의 영어 학습에 도움을 주고 싶어서 수빈이를 조용히 따로 불렀습니다.

"수빈아, 영어 공부하기 많이 힘드니?"

"네, 저는 영어가 너무 싫거든요. 질려 버렸어요."

"무슨 말이야? 영어 공부를 많이 한 적이 있었던 거야?"

"선생님, 저 5살 때부터 영어 유치원도 다녔어요."

"와! 그랬어? 그런데 영어에 왜 질려 버렸어?"

"영어 유치원 다니고 초등학교 4학년 때까지 영어 학원을 다녔거든요. 그때 정말 너무 싫었어요."

"뭐가 그렇게 싫었어?"

"엄마가 억지로 다니게 해서 맨날 억지로 단어 외우고 억지로 책 읽고… 진짜 너무 싫었어요."

"그래? 그럼 예전에는 영어를 꽤 잘했겠는걸?"

"그냥 그랬어요. 근데 그때 너무 질려서 이제 영어가 꼴도 보기 싫어요."

"엄마가 영어 교육에 관심이 많으셨던 거 같은데 수빈이가 지금 영어를 공부하기 싫다 그러면 많이 속상하시겠다."

"엄마가 저 낳고 미역국 먹은 게 아깝다고 그래요. 호호호."

"그럼, 지금부터라도 영어 공부를 다시 할 수 있게 선생님이 어떻게 도와줄 수 있을까?"

"아니에요, 괜찮아요. 저는 이제 영어 공부 안 할 거거든요."

수빈이는 고개를 절레절레 흔듭니다. 수빈이에게 영어는 머리를 지끈하게 만드는 골치 아픈 과목이기 때문입니다. 수빈이 부모님의 심정을 생각해보니 '대략난감'이라는 말밖에 떠오르지 않았습니다. 아이의 영어를 위해 재정적인 출혈을 감수하면서 유아기부터 영어 유치원에 보낸 열정이 무색하게 아이가 영어에 질려 버려 이제 공부 조차 하지 않게 되다니요.

물론, 영어 유치원을 나온 모든 아이들이 수빈이와 같지는 않습니다. 하지만 학교 현장에서 수빈이와 같이 조기 사교육으로 인해 영어에 질려 버린 아이들을 종종 만나게 된다는 점은 그냥 지나칠 수는 없는 문제입니다. 부모님들은 아이가 학원에서 제공하는 교육을 잘 소화해 내며 많은 것을 배우고 있으리라 기대하고 안심하고 계시겠지요. 하지만 학원은 교육 소비자들이 지불하는 비용에 대한 반대급부로 학부모의 만족을 위해 아이들에게서 산출물을 뽑아내야 합니다. 결국, 일부 학습형 학원들은 부모의 주머니를 털어 아이의 영어 정서에 큰 상처를 내고 강한 반감만을 남기는 악순환을 반복합니다. 학원으로 내몰리는 아이들의 마음에 오늘도 생채기 하나가 크게 그 어지고 있는 것을 모른 채 말입니다.

4

학원표 영어,
혼자 공부할 엄두를 못 내는 지훈이

지훈이는 언제나 교탁 바로 앞 맨 앞자리에 앉아 있습니다. 수업 태도 역시 나쁘지 않아 해야 하는 활동을 모두 완수해 내며 모둠 활동에도 열심히 참여합니다. 그래서 저는 지훈이가 영어를 잘하거나, 잘하고 싶거나, 혹은 적어도 영어를 좋아하는 아이일 것으로 생각했습니다. 하지만 저와 어느 정도 친밀도가 쌓인 뒤부터 지훈이는 반복적으로 같은 말을 내뱉기 시작했습니다.

"저는 영어가 너무 싫어요!"

처음에는 사실 지훈이가 선생님의 관심을 좀 더 받고 싶어서 그러는 줄 알았습니다. 그도 그럴 것이 지훈이는 수업 태도가 너무 좋았

거든요. 보통 싫은 과목 시간에는 활동에 참여하지 않거나 그냥 엎드려 있는 아이들이 많습니다. 그런데 지훈이는 그런 적이 한 번도 없었습니다. 아이의 별명이 '투덜이'라는 사실을 알았기에 처음에는 '그냥 깊은 의도 없이 불만을 자주 표현하는가 보다' 하고 대수롭지 않게 생각하고 넘겼습니다. "지훈아, 영어가 싫은데도 수업 시간에 자지 않고 잘 듣느라 수고가 많아!" 하고 격려해주었습니다.

그런데 지훈이의 수학과 영어 성적의 격차를 알고 나서는 이게 단순히 관심을 끌기 위한 작전이 아니라는 것을 깨달았습니다. 본인이 관심 있는 분야이기 때문인지 쉬는 시간에는 항상 수학 문제를 풀고 있곤 했습니다. 수학 성적이 탄탄하게 받쳐준다는 것은 지훈이의 학습 능력에는 전혀 문제가 없다는 것을 의미합니다. 아니, 오히려 학습 동기와 능력이 차고 넘친다고 볼 수 있습니다. 그리고 이는 자연스럽게 타 과목의 성적 역시 평균 이상은 될 것이라는 기대치를 갖게 합니다. 상황이 이러하니 지훈이의 낮은 영어 성적은 의구심을 불러일으킵니다. 어떻게 이렇게나 과목 편차가 심할 수 있을까요? 도대체 무슨 이유 때문인지 궁금해서 지훈이와 대화를 시도하였습니다.

"지훈아, 영어가 왜 그렇게 싫은 거야?"
"어려워서 싫어요."
"어렵다는 걸 안다는 건 공부를 해 왔다는 건데?"
"네. 초등학교부터 쭉 학원을 다니기는 했어요."

"그럼 영어 공부를 오랫동안 했으니 기본기가 다져져 있겠는데?"

"아니요. 학원에 다녀도 별로 소용이 없는 것 같아요."

"수업 시간에는 잘 참여하잖아."

"들으면 알 것 같은데 혼자 하면 잘 모르겠어요. 그래서 영어 공부를 따로는 안 하게 돼요."

알고 보니 지훈이는 전형적인 학원 의존형 학생이었습니다. 중학교까지는 학원에서 떠먹여주는 공부를 그냥저냥 해 왔던 모양입니다. 중학교 영어는 벼락치기 공부도 먹히기 때문에 학원의 도움만 받아도 큰 문제가 아니었을 것입니다. 하지만, 고등학교에서는 통하지 않습니다. 고등학교 영어는 혼자서 배운 것을 꼼꼼하게 짚어나가며 복습하고 스스로 심화 학습하여 내 것으로 살을 붙이는 과정이 반드시 필요합니다. 그런데 적용 능력은 스스로 만드는 것이지 학원만 다닌다고 저절로 생기는 것이 아닙니다. 학원표 영어에 익숙해져 있다 보니 자기주도 영어 학습 습관을 만들지 못한 지훈이는 학원에서 제공하는 수많은 자료에 파묻혀 있기만 합니다. 그러다 보니 실력이 깊이 뿌리내리지 못하였습니다. 영어는 과목 머리가 있어서 부지런을 떨지 않아도 이해가 되고 터득되는 성격의 공부가 아닙니다. 끊임없이 반복하고 외우는 미련한 과정이 쌓여야 합니다. 그런데 그저 '학원을 다니는 것'을 '공부'로 착각하는 아이들이 많습니다. 그러다가 결국 '영어는 해도 안 된다'는 자기 합리화로 영어를 포기하기에 이르게 되는 것이죠.

5

내신과 모의고사 성적의
비대칭을 겪고 있는 석우

석우는 수능 모의고사에 비해 내신 성
적이 잘 나오지 않습니다. 지필평가가 끝나고 서술형 평가 답안을 확
인할 때마다, "선생님, 처음 보는 지문을 읽고 문제를 풀 수 있는 것
이 진정한 영어 실력 아닌가요?" 하며 자신의 불만족스러운 내신 성
적에 대해 항변하곤 합니다. 석우는 수업 시간에 100% 집중하지 않
습니다. 모둠 활동을 할 때도 눈치를 봐 가며 대충 끝내고 다른 과목
문제를 푸는 경우가 다반사입니다. 논술형 수행평가를 채점해보면
석우가 쓴 영어 문장 속에는 어법적인 오류가 자주 보입니다. 적당히
알고 있는 듯하지만 정확도가 확연히 떨어집니다. 학기 말이 되자 석
우는 내신을 포기하고 수능에 올인하겠노라 공언합니다. 아무리 해

도 내신으로는 본인이 원하는 대학교에 지원할 만한 성적이 나오지 않는다고 판단한 것이지요.

수능형 모의고사 문제는 그리 어렵지 않게 풀리는 것 같은데 내신 지필평가에서는 원하는 만큼의 성적이 나오지 않는 이유는 무엇일까요? 사실 고등학교 내신의 객관식 문항은 수능 문제 유형을 그대로 따라가는 경우가 많습니다. 즉, 두 시험은 객관식 문제 유형에서 크게 다르지 않다는 말이죠. 하지만 내신과 수능 모의고사의 가장 큰 차이는 바로 서술형·논술형 문항의 유무입니다. 객관식 문제는 리딩 스킬을 익히고 정답을 찾는 기법으로 무장되면 지문을 완벽하게 이해하지 못하더라도 오답을 골라내고 운 좋게 답을 찾을 수도 있습니다. 하지만 서술형·논술형 문항은 다릅니다. 완벽하게 지문을 이해하고 문장의 구조를 알지 못하면 영작을 못하기 때문에 좋은 점수를 얻지 못합니다. 오류 없이 문장을 쓰는 서술 능력은 오랜 기간 축적된 영문법 지식을 토대로 하는 것이므로 하루아침에 실력 향상을 이룰 수도 없습니다. 여기에 학생들의 가장 큰 착각이 발목을 잡습니다. 수업 중에 다루어서 익숙한 지문을 다 안다고 생각하는 것이죠. 내신 경쟁이 치열한 특수 고등학교는 예외적일 수 있지만 명심해야 할 점이 있습니다. 본 적이 있는 지문을 완전히 소화해서 내 것으로 만드는 것이 내신 고득점의 기본입니다. 꼼꼼하게 확실히 알고 넘어가야 하는 것을 대충 보고 넘기는 습관을 경계해야 하는 것이죠.

2장

영어를 망치는 초등학생 90%의 영어 공부 실태

헐거운 영어의 골격을 쫀쫀하게 조이기 위해 원인 진단부터 해보려 합니다. 끈기를 키우는 시작은 '끊기'라는 말이 있습니다. 영어 학습의 긴여정을 끈기 있게 제대로 방향을 잡고 멀리 가고 싶다면 애초에 방해가되는 부정 경험의 요소부터 제거해야 합니다. 그래서 지금까지 보아온다양한 아이들의 사례들 속에서 공통적으로 꼽을 수 있는 잘못된 학습방향과 부정 경험들을 추려 보았습니다. 혹여나 우리 아이가 그중에 한가지의 경험을 통과하고 있지는 않은지 잘 살펴봐주시기 바랍니다. 그리고 만약 우리 아이가 그 길에 들어서고 있다면 더 늦기 전에 방향을 바꾸어주셔야 합니다. 악순환이 시작될 수 있는 고리를 꼭 끊어내는 결단을내리시길 바랍니다.

1

사교육의 부정적인 경험으로
영어가 싫어진 아이들

　　"진우야, 학원 스케줄이 너무 빡빡하지
않니? 너 정도면 영어는 혼자서도 공부할 수 있을 것 같은데?"
　　"네, 저도 그렇게 생각해요. 그런데 엄마가 학원 끊으면 공부 안
한다고 못 끊게 해요."

　아이들과 상담할 때면 안타까운 점이 있습니다. 학교를 마치고 학
원으로 향하는 발걸음이 당연한 일정이라는 것입니다. 평일은 물론
이고 주말까지 빼곡하게 학원 스케줄을 소화하는 아이들의 취침 시
각은 매일 12시를 훌쩍 넘습니다. 기본적으로 국어, 영어, 수학, 과학
(또는 사회) 4과목에, 한 과목당 일주일에 적게는 한 번, 많게는 세 번

씩 수업을 받습니다. 이렇게 한 주 내내 바쁘게 학교와 학원을 오가는 아이들의 사교육 시작은 초등학교 이전으로 거슬러 올라갑니다. 사교육이 무조건 나쁘다는 것은 아닙니다. 학습에 도움이 된다면 선택적으로 학교 공부와 병행을 하는 것이 효과적일 수 있으니까요. 문제는 선택의 여지 없이 학원에서 시간을 보내야 할 때 반복되는 부정적인 정서가 '공부가 싫다'는 거부감으로 연결되는 것입니다.

　사회 전반에 깔려 있는 영어 우대 분위기가 초등학교까지 내려간 상황에서 영어는 사교육의 영향력이 큰 과목입니다. 공교육에서 영어 교육이 시작되는 초등 3학년이 되면 이미 늦는다는 생각으로 다른 아이들보다 앞서 나가기 위한 경쟁이 일찍 시작됩니다. 경제력이 있는 부모들은 유아 시기부터 아이들이 영어에 흠뻑 잠기도록 영어 환경을 조성해줍니다. 최소한 영어의 기본기를 초등학교에 끝내야 한다는 조급증도 영어 교육 과열에 한몫합니다. 영어 유치원을 시작으로, 열심히 배운 영어를 잊어버리지 않기 위해서 또다시 초등학교 때부터 학원으로 유입됩니다. 영어 학원마다 등급이 있어서 수준 높은 아이들이 많이 모이는 학원에 들어가기 위해서는 레벨 테스트를 통과해야 합니다. 신청자 수가 많아 테스트를 받는 데만 몇 달씩 기다려야 하는 상위급 학원의 경우, 레벨 테스트를 통과하기 위해 따로 과외를 받으며 준비하는 아이들도 많습니다. 영어권 국가에서 살다 귀국한 리터니Returnee 국내 복귀자들조차도 레벨 테스트를 통과하지 못하는 기현상도 종종 나타납니다. 일상 속에서 영어를 배운 리터니들이

'반복'과 '훈련'으로 다져진 한국식 학습형 어학원의 기준을 통과하지 못하는 경우입니다. 리터니들은 원어민 수준의 영어를 구사하는 것 같지만 꾸준히 노력하지 않으면 한국에 들어옴과 동시에 '빛의 속도로 영어를 잊어버린다'라는 말까지 듣기도 합니다. 그러지 않기 위해 숙명적으로 학원을 다니게 되는데, 끊임없이 레벨 테스트를 받으면서 자연스럽게 다른 아이들과 비교를 당하게 됩니다. 영어를 잘하는 아이조차도 자신감을 갖지 못하는 이유는 어디를 가도 나보다 더 잘하는 아이들이 항상 존재하기 때문입니다.

'반복'과 '훈련'은 한국인 외국어 학습자들의 어쩔 수 없는 숙명입니다. 하지만 이것이 부작용을 낳는 수준이면 안 됩니다. 영어에 대해 부정적인 생각을 가지게 되는 가장 대표적인 이유가 바로 '강제성'입니다. 학원에서 내준 단어를 외우지 않으면, 혹은 숙제를 해 오지 않으면 억지로 남아서 임무를 완성해야 하는 상황이 반복되면 아이들의 영어 정서에 먹구름이 낄 수밖에 없습니다. 초등학교 고학년으로 갈수록 각종 방학 특강에, 캠프에 아이들은 빠듯한 일정으로 쉴 틈 없이 끌려다닙니다. 초등학교 영어 수업은 회화를 중심으로 하는 말하기 위주이지만 사교육 영어는 문법이나 독해가 중심을 이루어 영어 학습의 경험에 차이가 있습니다. 사교육 영어는 집중은 잘 되지만 재미는 없는 수업으로 인식하는 경우도 많습니다. 그때부터 '영어는 무한 반복 공부로 실력 쌓기'라는 연결고리가 생성되기 시작합니다. 초등학생을 대상으로 하는 TOEIC, TOEFL, TEPS 등의 영어공인 시험 준비반이 있다는 것을 들어보셨지요? 아이들은 성인들도 견디기 힘든 무한 반복, 문제 풀이의 영어 학습법에 합류하면서 시험 점수가 나올 때까지 꾸역꾸역 참아내야 합니다. 그 과정에서 영어는 재미나 흥미가 다 빠져나가 밑바닥이 쩍쩍 갈라져 버린, 그럼에도 버릴 수 없는 과목이 되어 버립니다. 일찍부터 영어 공부를 시작한 아이들이라면 그렇게 견뎌야 하는 기간이 더 많이 축적될 수밖에 없겠죠.

　네덜란드의 한 연구(2017)에서 영어를 접하기 시작한 시기가 다른 두 집단을 대상으로 영어 조기 교육의 효과를 알아보았습니다.(네덜란드 공교육에서는 12세에 영어 교육을 시작합니다.) 각각 5~6세와 10~12세에 영어를 시작한 집단을 대상으로 말하기 능력을 비교하였는데, 12개 항목 중 단 2개의 항목에서만 전자가 더 나은 결과를 보여주었습니다. 연구자들은 해당 결과를 미미한 정도의 효과Marginal Advantage로 보았으며, 영어 말하기 능력은 조기 교육 자체보다는 실제로 영어를 사용하는 의사소통 환경의 영향이 더 크다는 결론을 내렸습니다. 즉, 일상에서 영어를 사용할 수 없는 우리나라의 언어 교육 환경에서 영어 조기 교육은 그 효과가 기대만큼 크지 않을 수 있다는 점을 알 수 있습니다.

　뇌 발달 측면에서도 생각해 보아야 합니다. 많은 전문가들이 영어 조기 교육은 부작용이 많다는 지적을 해 왔습니다. 서유헌 가천대 석좌교수는 "모국어도 소화하기 힘든 유아 시기에 언어를 담당하는 뇌(측두엽)에 외국어가 들어오면 학습은커녕 스트레스가 될 확률이 매우 높다"며 "뇌의 발달이 모국어와 외국어를 동시에 학습할 수 있는 시기, 적어도 초등학교 진학 후에나 외국어 습득이 효과를 볼 수 있다"고 말했습니다. 모국어가 완성되지 않은 상태에서 외국어 교육이 들어가면 둘 다 어설퍼지는 경우가 많다는 것입니다.

외국어 습득에 대해 논하기 이전에 모국어인 한국어의 교육과정 중 초등 1~2학년 국어의 쓰기 영역 성취기준을 한번 들여다볼까요?

> ### 초등 1~2학년 국어의 쓰기 영역 성취기준
>
> 글자를 바르게 쓰고, 자신의 생각을 문장이나 짧은 글로 쓰면서 쓰기에 흥미를 갖고 부담 없이 쓰는 태도를 기른다.

우리가 모국어로 쓰는 한국어도 9세쯤 되어야 짧은 글을 쓰도록 차근차근 단계를 밟아가고 있습니다. 그런데 지금 영어 유치원에서 아이들은 어떤 활동을 하고 있나요? 물론 놀이 위주로 재미있게 수업을 하는 곳도 있습니다. 학습형이 아닌 놀이형이라 구분짓기도 하죠. 하지만 제가 직접 여러 업체의 입학 설명회에 다녀본 결과 공통적으로 빠지지 않는 것을 발견했습니다. 바로 5~7세 유아들의 쓰기 작품들인데요, 가득 진열된 산출물들 앞에서 원장님들은 자랑스럽게 이 정도는 보장한다며 부모들의 마음을 두드립니다. 영어로 종이 한 바닥을 가득 메운 아이들의 글쓰기 결과물들을 보면 부모들은 "와!" 하고 경탄을 먼저 하게 되죠. 하지만 저는 연필 쥐기도 버거울 나이인 유년기 아이들이 모국어로도 시작 전인 글쓰기를 영어로 해야 한다는 사실에 큰 불편함을 느꼈습니다. 화려한 글쓰기 작품들의 이면에는 우리 아이가 영어 유치원에서 적기 교육이 아닌 몇 년의 선행을 버겁게 하고 있다는 현실이 있습니다. 지금 당장 내 아이가 한글도 쓰기 전에 알파벳과 영어 문장을 어려움 없이 써 내려가는 결과물을 보고 흡족할 수도 있습니다. 하지만 그 과정에서 아이들이 몇 년 동안 발달 단계를 거슬러 올라가면서까지 혹사당하고 있지 않은지 진지하게 고민해보아야 합니다. 그리고 그 부작용으로 서서히 영어에 질려버려 학교 공부조차 포기하는 제2의 수빈이가 적지 않게 탄생하고 있다는 사실도 아셔야 합니다.

2

이른 노출은 되었지만
자기 생각이 없는 아이들

어느 날 학교에서 영어 말하기 대회가 열렸습니다. 각양각색의 아이들이 대회에 참여하였습니다. 가장 먼저 발표한 학생의 영어는 거의 원어민 수준이었습니다. 유창한 발음과 영어 구사력이 눈길을 끌었죠. 하지만 겉은 화려하지만 알맹이가 없는 듯한 느낌을 지울 수 없었습니다. 그다음 참가 학생 역시 발음이 원어민이더군요. 하지만 생각을 논리적으로 재구성하여 전달하는 능력이 떨어졌고, 외워 온 대본이 막히자 완결성 없이 발표를 부랴부랴 끝내버리는 모습을 보였습니다. 그 이후로도 대부분의 참여 학생들은 원어민 발음을 무기로 등장하였습니다. 심사하는 선생님들은 현지 영어에 귀를 푹 적시는 시간이었죠.

그러던 중, 유독 눈에 띄는 한 학생을 발견하였습니다. 발음을 기준으로 판단했을 때, 그 학생은 결정적 시기 가설에서 주장하는 이른 영어 노출을 경험하지 않은 학생입니다. 원어민이 아닌, 순수 토종 한국식 발음을 가지고 있었거든요. 그런데 시간이 지날수록 미소가 절로 지어졌습니다. 이는 저뿐만 아니라 다른 영어 선생님들도 마찬가지였습니다. 차분하게 자신이 준비한 자료를 제시하며, 생각의 흐름을 논리 정연하게 전개하고 설득력 있게 전달하는 능력이 뛰어난 학생이었습니다. 과하지 않은 자신감으로 발표 무대를 왔다갔다 하며 내용과 논리가 꽉 찬 프레젠테이션을 마무리하는 모습이 인상적이었습니다. 참 매력적인 프레젠테이션이었습니다. 아나나 다를까 심사 협의회에서 모든 영어 선생님들의 만장일치로 그 학생이 최우수상을 수상할 수 있었습니다. 나중에 안 사실이지만, 그 학생은 다른 교과에서도 깊이 있는 사고와 생각을 표현하고 정리하는 능력에서 두각을 나타내는 학생이었습니다. 학업 성취도는 말할 것도 없겠지요?

"저 사람 말 진짜 잘해!"라는 찬사는 원어민 수준의 발음과 읽기의 유창성에서 나오지 않습니다. 자신만의 생각을 가지고, 그것을 논리 정연하게 조직하여 상대방을 설득하는 능력을 기반으로 합니다. 영어로 말문이 막히는 경험을 해보셨나요? 저는 오랫동안 많은 사람들과 영어 스터디를 해본 경험이 있습니다. 한참 토론을 하다가 말문이 막히는 이유는 문장을 구성하는 영어 실력 때문이 아니라 그 주제에 대해 생각해 본 적이 없어서일 때가 많았습니다. 자기 생각이 있는 사람들은 조금 더듬거리더라도 결국 의사 표현을 합니다. 반대로 생각이 없으면 유창한 영어 실력을 가졌더라도 "well...", "you know..." 등과 같은 표현으로 원어민 흉내를 내지만 알맹이 없이 텅 빈 영어를 구사하게 됩니다. 사고의 깊이와 논리성이 바로 그 사람의 진정한 언어 능력을 결정합니다. 자기 생각이 없이 학원에서 알려주는 모범답안을 외우는 아이들, TOEFL 시험에서 늘 유사한 라이팅 답안으로 ETS를 놀라게 하는 한국 수험생들, 자기 생각 없이 정해진 길을 따라 오늘도 질주하는 아이들에게 우리는 무엇을 해주어야 할까요? 단순히 시험을 잘 보기 위해 앵무새 영어에 길들여져 가는 우리 아이들에게 이제는 생각의 깊이를 넣어주지 않으시렵니까?

3

문법 위주로 공부하여
영어에 흥미를 잃은 아이들

영어 말하기 · 듣기 의사소통 능력이 강조되면서 문법의 비중이 예전에 비해서 낮아졌습니다. 수능 영어에서도 듣기 17문항을 제외한 읽기 28문항 중에서 문법 문제는 딱 한 문제가 출제되고 있습니다. 하지만 중 · 고등학교 내신의 경우 문법 문항의 비중이 수능에 비해 상대적으로 큽니다. 이로 인해서 예비 중학생, 혹은 빠른 선행을 하는 초등학생들은 문법 위주의 사교육에 발을 담그게 됩니다. 딱딱한 문법을 암기하고 문제를 풀고 숙제하는 학습 사이클을 경험하며 아이들은 영어가 지겨워지기 시작합니다. 다른 학원은 좀 더 나을까 옮겨 보려 하지만 다시 레벨 테스트를 받아야 하는 스트레스를 받게 됩니다. 아이가 중학교 공부는 그리 어려워 보이지 않아서 학교 수업을 들으며 혼자 공부한다고 할라치면 부모님들은 불안해집니다. 고등학교 문법이 엘리베이터를 탄 것처럼 확어려워진다는 소문을 듣고 중학교까지 문법 공부에 박차를 가해야한다고 생각하시기 때문입니다.

물론, 문법은 영어라는 꽃을 피우기 위한 거름 역할을 합니다. 하지만 농사를 지을 때 과실이 잘 맺도록 하기 위해서는 토양의 요구량에 맞추어 정확하게 퇴비를 살포하는 것이 중요합니다. 지나치면 오히려 생육 부진, 수량 감소 등의 장애가 발생하기 때문이죠. 영어는 한 해 농사가 아닙니다. 같은 토양에서 연작을 잘 해내기 위해서는 부작용이 나타나지 않도록 신경을 써야 합니다. 영어 문법은 용어부터 초등학생들에게 매우 생소합니다. 명사, 대명사, 부정사, 동명사 등 한자로 정의된 품사를 거부감 없이 쉽게 소화하는 아이들이 몇이나 될까요? 추상적인 개념이 들어가기 때문에 용어 자체를 명확하게 이해하는 것도 큰 숙제입니다. 아이들이 문법을 어려워하고 지겨워하는 이유는 모국어인 한국어 문법의 학습 시기를 살펴보면 더명확해집니다. 우리 아이들이 국어 문법을 언제부터 배우는지 아시나요? 국어과 교육과정을 살펴보면 본격적인 문법 교육 시작은 중학교 1학년입니다. '문법'이라는 범주를 따로 떼어내어 국어의 품사개념과 특성을 이해하는 교육은 초등학교 졸업 이후에야 이루어지는 것이죠. 중학교 1학년을 시작으로 고등학교 3학년 때까지 쭉 국어 문법을 심화해서 공부합니다. 그렇다면, 한국어를 모국어로 쓰는 고등학생들에게는 국어 문법이 쉬울까요? 저는 아이들이 "선생님, 국어 문법 완전히 쉽고 재미있어요!"라고 말하는 것을 한 번도 들어본 적이 없습니다. 오히려 항상 헷갈리고, 딱딱하고, 공부량이 많아 머리를 아프게 하는 영역이죠. 모국어인 국어가 이 정도인데, 하물며 외국어인 영어는 어떻겠습니까? 문법은 기본적으로 쉽고 재미있는 영역이 아닙니다.

그런데, 발달 단계상 추상적인 개념을 충분히 이해하고 적용할 수조차 없는 초등학생들이 문제 풀이식 문법 공부를 시작합니다. 당연히 문법은 딱딱하고, 지겹고, 분량이 많고, 어려운, 다양한 수식어로도 형용이 되지 않을 만큼 광활한 미지의 영역이 될 수밖에 없습니다. 초등학교 수업에서는 재미있게 놀이식으로 게임식으로 공부하던 영어가, 어느 순간 어려운 용어를 꾸역꾸역 머리에 집어넣고 문제를 풀어보고 틀리면 다시 반복해서 봐야 하는, 흥미가 뚝뚝 떨어지는 과목이 되어버립니다. 이렇게 일찍부터 질리는 경험으로 인해 영어는 재미없는 암기 과목으로 인식되어 자연스럽게 영어 울렁증 내지는 영포자의 문이 활짝 열리게 되는 것이죠.

4

문법 기반이 탄탄히 잡히지 않은 아이들

중학교에 입학하면서 아이들은 본격적으로 영어 문법에 공을 들이게 됩니다. 내신에서 문법의 비중이 크다 보니 간과할 수 없습니다. 각종 수행평가와 서술형·논술형 평가에서 좋은 성취를 이루기 위해서 문법의 역할이 커집니다. 영어에 꾸준히 노출되어 원어민급의 직관이 생겨서 설명은 못해도 어법의 옳고 그름을 구분할 수 있게 되면 얼마나 좋겠습니까? 하지만 대부분의 아이들은 훈련과 반복으로 문법의 뼈대를 만드는 과정을 통과해야 합니다. 문법은 언어의 기본 뼈대입니다. 뼈대가 튼튼하게 세워지지 않으면 살을 붙여가다가도 와르르 무너질 수밖에 없습니다. 반면, 문법의 기본기가 잘 다져져 있으면 연습을 통해 말하기, 듣기, 읽기, 쓰기 실력을 골고루 향상시킬 수 있습니다.

　많은 학생들이 다음과 같이 스스로를 진단합니다. "제가 독해가 안되는 이유는 단어가 달려서 그런 것 같아요"라고 말입니다. 맞는 말입니다. 문장 해석이 안 되는 다양한 이유 중 하나는 어휘력 부족입니다. 하지만 또 다른 큰 이유는 문장의 구조를 제대로 분석하고 파악하지 못하는 문법 능력의 결핍입니다. 사실, 모르는 단어는 사전에서 그때그때 찾아서 해결하면 됩니다. 요즘은 인터넷에서 영한, 한영, 영영 사전을 종류별로 쉽게 이용하여 단어를 금방 찾을 수 있습니다. 하지만 문장 구조 분석이 취약하면 문제를 혼자서 해결할 재간이 없습니다. 기껏해야 번역기를 돌려보는 정도이지요. 하지만 이런 수동적인 공부법은 정확성을 보장할 수 없습니다. 구조화되어 있는 문법 지식을 다양한 문장 속에서 적용하여 활용하는 능력은 능동성이 필요합니다. 암기한 지식을 문장 속에서 직접 적용해보고 분석해내는 과정을 동반해야 하기 때문입니다. 문법의 기반이 탄탄하면 다소 어려운 문장을 만나도 스스로 이해하고 분석할 수 있게 됩니다. 해석을 해내는 성취감과 문제 해결의 즐거움을 느낄 수가 있죠. 그렇게 되면 복잡하고 긴 문장과 마주하는 것이 겁나지 않습니다. 암호를 풀어내듯 짜릿한 발견의 기쁨을 경험합니다. 하지만 그 반대의 경우, 아는 단어들끼리 얼추 끼워 맞춰 대충 해석을 하고 넘어갈 수밖에 없습니다. 머리를 싸매고 혼자 끙끙대다가 스트레스만 받고 손을 놓는 경우가 다반사입니다.

많은 아이들이 단편적인 문법적 지식을 여기저기서 많이 접하기는 했지만 겉핥기로 훑고 지나가는 경향이 있습니다. '들어본 적이 있으니 알겠지'라는 안일함이 가장 큰 적이라는 것을 모릅니다. 게다가 해석이 막히면 바로 해설지를 보고 대충 이해가 되면 끝내버리는 잘못된 독해 습관을 가지고 있습니다. 문법 지식은 확장되고 심화되어야 탄탄해집니다. 그런데 실력이 늘지 않은 채 단계를 넘어가게 되니, 복잡하고 긴 문장을 만났을 때 아이들은 스스로 문장 분석을 하지 못합니다. 결국, 수능에서 문법이 거의 나오지 않는다며 '문법 공부는 크게 걱정할 필요 없다'라는 말에 솔깃해집니다. 그러나 수능 1등급의 비결은 새어나가지 않는 탄탄한 문법 실력을 기반으로 합니다. 두루뭉술한 내용 파악이 아니라 정확한 해석이 선행되어야 문제를 정확하게 풀 수 있기 때문입니다.

해석을 넘어선 문해력을 쌓지 못한 아이들

수능을 치러야 하는 아이들은 고등학교 1학년 때부터 수능 모의고사 유형의 지문을 공부합니다. 다양한 주제의 영어 텍스트를 읽고 문제를 푸는 것은 결코 만만치 않은 과정입니다. 지문 이해의 기본이 어휘인지라 아이들은 단어를 열심히 외웁니다. 그런데 영어 교사로서 수업 시간에 가장 난감할 순간 중 하나가 영어 수업이 국어 수업이 될 때입니다.

"선생님, '비영리 기관'이 무슨 뜻이에요?"

영어 어휘를 설명할 때 이처럼 우리말 뜻을 몰라서 묻는 것입니다. 가끔은 '제지하다'와 같은 기본이라고 생각하는 우리말 단어조차 모르는 아이들의 어휘 수준에 깜짝 놀랄 때가 있습니다. 심지어 우리말 뜻도 제대로 모르면서 무작정 영어 단어를 외우는 아이들도 있습니다. 본격적으로 수능을 준비해야 하는 고등학교 3학년이 되면 다루어야 하는 지문의 난도가 1, 2학년에 비해 훨씬 높아집니다. 아이들에게 다음과 같은 질문을 종종 받습니다.

"선생님, 지문 해석은 다 했는데요. 이해가 안 돼요. 이게 도대체 무슨 말이에요?"

어휘력이나 구문 실력은 나쁘지 않아 문장 하나하나는 해석이 되는데 글의 흐름과 맥락을 이해하는 단계에서 어려움을 호소하고 있는 것입니다. 해석은 했는데 무슨 말을 하는 건지 도통 알 수 없는 상황인 거죠. 이런 현상은 왜 발생하는 것일까요? 부모님 세대와 다르게 지금의 아이들은 어릴 적부터 영상을 통해 지식과 정보를 얻어왔습니다. 예전에는 책을 통해 글을 접했다면 지금은 휴대전화, 노트북, 태블릿 등 전자기기들의 화면을 통해 글과 마주합니다. 그런데 유튜브 등의 영상 매체에 과도하게 노출되어 온 아이들은 종이에 적힌 글을 집중력 있게 읽는 것을 어려워합니다. 긴 글보다는 짧은 글을, 짧은 글보다는 영상을 선호하는 흐름 때문입니다. 글을 읽어온 습관도 영향이 있는데요, 글을 하나하나 챙겨가며 읽지 않고 덩어리

째로 훑어 내려가는 것이 요즘 아이들에게는 더 익숙합니다. 인터넷의 수많은 정보 속에서 훑어 읽기 습관은 전략적으로 필요하지만, 이것이 글 읽는 습관으로 굳어져 버리면 뜻을 모르는 단어가 나와도 찾지 않고 대충 넘어가면서 어휘력의 취약, 결국은 문해력 하락으로 귀결됩니다.

수능 영어는 인문, 사회, 과학, 예술 등 다양한 분야에서 출제가 됩니다. 지문에 따라 추상적이거나 전문적인 내용이 들어가기도 합니다. 이때, 아이들에게 요구되는 것은 단순한 해석 능력이 아니라 글을 이해하고 파악하는 독해력, 즉 문해력입니다. 특정 주제에 대해서 영어가 유창하지 못하더라도 배경지식을 가지고 있는 아이는 내용을 이해하지만, 영어가 유창하더라도 전혀 모르는 분야의 텍스트는 이해하기가 힘든 경우가 이에 해당됩니다. 미래 핵심역량으로 그 중요성이 강조되고 있는 문해력은 '읽을 수는 있지만 이해할 수는 없는' 현상을 설명해줍니다.

학교나 학원을 통해서 단편적으로 쪼개진 글들만을 주구장창 읽고 교사 주도적인 기계적 문제 풀이 스킬 익히기에 급급하다보면 호흡이 긴 지문을 읽고 행간을 이해하며 전체 내용을 파악하는 능력인 문해력의 기본기를 탄탄하게 다질 수 없습니다. 문해력을 기르기 위해서는 스스로 책을 읽는 다독의 경험을 쌓아야 합니다. 책을 읽고 이해하고 즐기는 능력은 오랜 기간 키워나가야 하는 능력입니다. 해석은 돼도 이해가 안 돼서 문제를 못 푸는 것은 영어 기술력이 아니라 영어 문해력이 중요하다는 사실을 극명하게 보여줍니다. 영어 성취에 가장 큰 영향을 주는 것 중의 하나가 '국어 문해력'입니다. 국어 문해력이 높은 아이들은 처음에는 영어가 힘들더라도 기초를 잘 다지면 성적이 급상승합니다. 하지만 국어 문해력이 낮은 아이들은 영어를 공부한 시간이 아무리 길어도 어느 선을 넘어서지 못하는 한계를 보여줍니다.

우리 아이들의 문해력이 걱정되는 결과가 나왔습니다. 한국교육과정평가원이 발표한 경제협력개발기구OECD 국제학업성취도평가 PISA 결과에 따르면 2018년 우리나라 학생들의 읽기 영역 학업 성취도는 2009년(539점)보다 25점 떨어진 514점을 기록했습니다. 2009년 분석 대상국 중 1위(539점)였던 우리나라가 2018년 5개국 중 4위(514점)로 떨어진 것이죠. 문해력은 비단 영어에 국한되지 않고 모든 과목의 성취에 영향을 줍니다. 따라서 이미 영어 숙달도에서 최상위권을 찍고 있는 아이들이라 하더라도 여유가 있으면 독서를 해야 합니다. 단순 문제 풀이에서 나아가 영어 문해력을 기르기 위한 일상의 장치인 것이죠. 오늘, 아이들에게 책 한 권 더 쥐어주시는 건 어떨까요?

6

초·중등은 영어 마스터,
고등은 수학·과학 올인이라는 잘못된 관념

"선생님, 저 중학교 때는 수능 1등급이 었는데 지금은 영어 망했어요."

"그게 무슨 말이야?"

"중학교 3학년 때 수능 모의고사 문제를 학원에서 풀었는데 1등급이 나오더라고요. 영어에 자신감이 생겨서 그때부터 솔직히 영어 공부는 손을 놨어요. 그랬더니 지금은 영어 성적이 쭉 미끄러져서 그때 점수가 안 나와요."

"그럼 어떻게 해야 할까?"

"지금부터 영어 다시 끌어올려야 할 것 같아요. 큰일 났어요."

"영어 공부는 멈추면 안 된다는 사실을 직접 체험했구나. 지금 마음먹었으니까 다시 매일 꾸준히 공부하자."

　중학교 영어와 고등학교 영어는 확연히 다릅니다. 중학교는 시험 범위도 넓지 않고, 학습 분량도 적습니다. 또한 학원에서 학교별 시험 패턴을 꼼꼼히 분석해서 시험을 잘 볼 수 있도록 철저히 대비를 해줍니다. 끊임없이 단어를 암기하고 문법 공부를 반복하고 교과서를 통째로 외우다 보면 어느 정도의 성적이 보상으로 따라옵니다. 진정한 영어 실력을 끌어올리지 않더라도 시험 문제를 잘 풀 수 있도록 훈련이 됩니다. 하지만 이렇듯 내신 위주의 기계식 공부 패턴을 가진 아이들은 고등학교 영어에 적잖이 당황합니다. 영어 지문의 수준이나 학습량에도 놀라지만, 상대평가로 인해 내 위치가 정확하게 어디인지를 보여주는 첫 성적표는 충격일 수밖에 없습니다.

　이를 방지하기 위해서 중학생을 대상으로 사교육은 발 빠르게 움직여 선행학습을 시킵니다. 수능 영어는 학교급을 막론하고 큰 영향력을 발휘합니다. 학교 공부 12년의 총결산이기도 하니 당연한 현상입니다. 내신을 준비하지 않는 시기에 단계별로 고등학교 1~3학년 모의고사, 수능 기출 문제를 풀게 하며 내신과 선행학습 두 마리의 토끼를 잡고자 합니다. 제가 선행학습을 반대하는 것은 아닙니다. 저 역시 영어가 너무 재미있어서 몇 단계를 넘어선 선행을 했던 경험이 있습니다. 아이의 수준과 동기에 따라 도전적인 과제를 지속적으로 해결해 가는 과정은 성취감과 자신감을 올려줄 수 있습니다.

단, 경계해야 할 점이 있습니다. '고등학교 영어를 중학교 때 끝내고, 그 이후에는 다른 공부해야 한다'는 조언을 곧이곧대로 받아들이는 태도입니다. 이 말은, 고등학교에서 영어 공부를 멈추라는 말이 절대 아닙니다. 고등학교 때 공부해야 할 과목들은 그 수와 양, 그리고 깊이가 중학교와 확연히 다르기 때문에 압도되지 않도록 꾸준히 준비를 하라는 뜻입니다. 그 의미를 왜곡해서 받아들이다 보니 고등학교 입학 전까지 수능 모의고사 1등급이라며 자신감이 충천한 아이들이 '나는 이미 영어를 마스터했다'는 잘못된 관념 때문에 영어 공부를 설렁설렁하기 시작합니다. 여기에 '수능 영어는 절대평가라서 쉽다'라는 잘못된 인식이 더해지지요. 하지만 그렇게 만만한 접근은 낭패를 부릅니다. 영어는 열심히 공부해도 단기간에 성과가 눈에 띄게 향상되지 않는 반면, 한번 손을 놓아 감이 떨어지면 단번에 쭉 미끄러지는 과목입니다. 수학과 과학, 물론 중요합니다. 그러나 언어라는 과목의 특성상, 영어는 매일 공부해야 놓치지 않습니다. 고등학교 입학 전까지 쌓아왔던 실력이 한순간에 무너지는 것은 시간 문제입니다. 실력을 '유지'하기 위해서는 '매일'이 중요함을 명심해야 합니다.

PART II

초등 영어의
출발선과 종착점
로드맵

1장

한국 영어 교육의
출발선

1

한국 영어 교육의 흐름

          한때 '영어 공화국'이라는 말까지 들었던 한국의 영어 교육 열기는 여전히 식을 줄을 모릅니다. 인구 감소로 인해 사교육의 마케팅 대상이 영유아로 내려오면서 영어는 사교육 시작이 가장 빠른 과목이 되었습니다. 영어의 조기 교육 바람으로 성장세를 멈추지 않고 있는 사교육은 가히 폭발적인 마케팅으로 세를 넓혀 갑니다. 7세부터 시작되었던 영어 유치원은 입학 대상이 5세까지로 내려왔고, 심지어 4세부터 원아를 받는 영어 유치원도 생겨나고 있습니다. 〈유아 교육전〉에서 만나는 각종 영어 교육 관련 콘텐츠들은 다양한 교육 이론들과 버무려져 부모들의 마음을 사로잡습니다. 각 지역의 문화센터, 도서, 학습지 프로그램들은 또 어떻습니까? 유아를 대상으로 한 다양한 영어 수업, 교구, 프로그램 등의 콘텐츠들이 넘쳐나고, 맘카페에는 서로의 선택을 비교 분석하며 정보를 나누는 피드가 쌓여갑니다. 심지어 사교육 시장의 유치 고객 대상은 이제 유아를 넘어서 배 속에 있는 태아에까지 여세를 몰아가고 있습니다. 사교육은 한마디로 부모들의 불안을 먹고 성장하고 있습니다. 특히나 '영어 조기 교육'이라는 테마만큼 사교육 시장의 배를 두둑하게 불려주는 것은 없습니다.

1990년대 말로 거슬러 올라가 보겠습니다. IMF를 겪은 부모 세대가 나라를 흔들어 놓았던 경제적 타격을 자녀들에게는 대물림하고 싶지 않아 '영어 교육'을 대안적 탈출로로 선택하면서 그야말로 영어 교육 열풍이 불기 시작하였습니다. 지난 20여 년 동안 영어 교육의 방법과 방향 등에 대한 논의와 논란이 분분했고 변화와 시행착오도 끊임없이 거듭되었습니다. 학교 영어 수업만 들여다보아도 그 변화를 체감할 수 있습니다. '영어를 수준별로 가르쳐야 효과가 있다'라는 교육부 방침에 따라 상-중-하 수준별 영어 수업이 의무적으로 편성되었습니다. 학생들은 '적성'과 '영어 능력'이라는 기준으로 재단되어 영어 시간마다 지정된 반으로 흩어져 수업을 받았습니다. 하지만 그렇게 몇 년간 지속되었던 수준별 이동 수업은 오래가지 못했습니다. 곧이어 몰입 교육Immersion Education이라는 새로운 테마가 그 공백을 메우게 됩니다. '영어를 영어로 가르쳐야 효과가 있다'라는 외국어 몰입 교육이 화두가 되면서 모든 영어 수업을 영어로 진행하는

TEE Teaching English in English 방식이 유입되기 시작했습니다. 하지만 이내 '개념 설명도 어려운 문법을 영어로 가르치는 것은 오히려 비효율적이다'라는 결론이 나면서 어느 순간 TEE는 영어 교육의 중심에서 밀려납니다. 그러더니 '평가가 바뀌어야 수업이 바뀐다'라고 의식의 전환이 이루어지면서 교육적 관심이 평가로 옮겨갑니다. 그러면서 2016년부터 수능 영어 시험을 대체할 대안으로 NEAT National English Ability Test라는 새로운 평가 모델이 등장하였습니다. 학교 어학실마다 시험을 위한 장비가 설치가 되기 시작했고 영어 교사를 대상으로 연수가 진행되었습니다. 하지만 2015년 NEAT가 전면 폐지되면서 당연히 대체될 줄 알았던 수능 영어는 덩그러니 대입을 위해 그대로 남아 있게 되었죠. 기존의 평가 체계라도 손을 볼 필요성을 느꼈는지 2018년부터 수능 영어는 절대평가로 전환되기에 이르렀습니다.

제가 지난 10여 년간 직접 겪은 영어 교육의 변화만 놓고 봐도 '교육은 백년지대계'라는 말이 무색하리만치 다양한 교육 이론, 교수법, 평가들이 무대 중심에 올라왔다 내려가기를 반복합니다. 하지만 교육 현장에서 직접 영어 교육의 밀물과 썰물을 겪으면서 궁금증이 생깁니다. 부모 세대가 가졌던 기대치만큼이나 관심이 폭증된 영어 교육 속에서 우리의 영어는 그 현주소가 어디쯤일까요? 그동안 수많은 언론의 스포트라이트를 받아왔던 한국인의 영어 실력, 그 성적표가 궁금하지 않으신가요?

2

한국인의 영어 능력에 대한 오해

글로벌 교육기업인 EF Education First에서 2020년 세계 각국의 영어능력지수인 EF EPI EF English Proficiency Index를 발표하였습니다. 평가 대상인 100개국 가운데 네덜란드, 덴마크, 핀란드 등의 유럽 국가들이 TOP 3에 포진하였으며, 한국은 32위를 차지하였습니다.

수치만 놓고 단순 비교를 하면 "에계, 겨우 32등밖에 안돼?"라는 반응이 나올 수 있습니다. 한국 영어 교육에 대해 끊임없는 비판의 목소리를 들어왔던 차라 또 한 번 날을 세울 수 있는 좋은 증거 자료가 될 수 있습니다. 영어 교육에 쏟아붓는 시간, 노력, 비용 등을 감

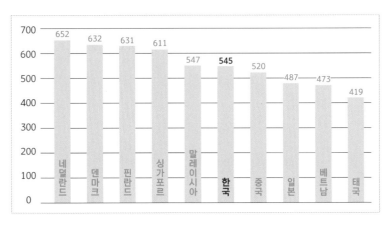

<2020년 국가별 EF EPI 영어능력지수>

안한다면 분명히 성에 차지 않는 결과입니다. 하지만 눈에 드러나는 절대적인 수치가 다일까요? 각국의 역사, 문화, 정치, 언어적 환경을 한번 들여다보겠습니다. 그러고 나서 다시 한번 결과를 보면 해석이 달라질 수 있습니다.

우선, 영어를 잘 사용하는 나라로 꼽히는 유럽 국가들을 살펴보겠습니다. "But I'm still hungry."란 문장, 혹시 기억이 나시나요? 2002년 한일 월드컵에서 한국 축구의 4강 신화를 이끈 네덜란드 출신의 거스 히딩크 감독이 남긴 명언입니다. 그는 한국이 포르투갈을 꺾고 마침내 16강에 진출했을 때 인터뷰에서 이런 말을 남기며 승리에 대한 타오르는 야심을 분출했습니다.

"I think all the people of Korea can be proud to be in the last 16. The goal is achieved. But I'm still hungry."

저는 우리가 16강에 든 것에 대해 모든 대한민국 국민들이 자부심을 가질 수 있다고 생각합니다. 목표가 달성되었습니다. 그러나 저는 여전히 배가 고픕니다.

히딩크 감독은 화려한 미사여구가 아니라 '여전히 배고프다'라는 쉽고 단순한 문장으로 끓어오르는 열망을 밀도 있게 녹여내며 한국 팬들에게 강렬하게 어필했습니다. 그의 영어 구사력에 대한 찬탄이 여기저기서 흘러나왔고 치솟는 인기와 함께 귀에 쏙쏙 들어오는 히딩크 영어 따라 하기 붐이 일었습니다.

그렇다면 히딩크 감독은 어떻게 영어를 그렇게 간단하지만 맛깔스럽게 구사할 수 있을까요? 그의 조국인 네덜란드의 언어적인 배경을 살펴보면 고개를 끄덕일 수 있습니다. 우선 네덜란드어는 영어와 같은 인도유럽어족에 속합니다. 따라서 사실상 한국인에 비해 영어 습득이 훨씬 수월합니다. 게다가 네덜란드, 덴마크, 스웨덴, 노르웨이, 핀란드와 같은 나라에서는 관공서에서 영어의 사용이 대중화되어 있고 대부분의 TV 프로그램들이 영어로 방영되고 있어서 한국에 비해 훨씬 유리한 영어 교육 환경을 갖추고 있습니다. 아이들은 어려서부터 영어 TV 프로그램에 노출되며 집 밖을 나가도 영어를 자연스럽게 사용할 수 있는 환경이 조성되어 있는 것이죠.

유럽의 많은 나라들은 한 나라 안에 다양한 민족들이 모여 있다
보니 공식 언어가 여러 개인 경우가 많습니다. 핀란드는 핀란드어와
스웨덴어가 공용어이며, 룩셈부르크는 프랑스어와 룩셈부르크어,
독일어를 공용어로 지정하고 있습니다. 스위스는 무려 프랑스어, 독
일어, 로만슈어, 이탈리아어 총 네 개의 공용어를 사용하고 있습니
다. 유럽 국가들은 서로 간의 공존과 의사소통을 위해 제2, 제3의 언
어들을 배우는 것을 당연시하는 언어적 특수성이 존재합니다. 따라
서 이들에게 있어 영어를 또 다른 하나의 외국어로 추가하는 것은
그리 큰 부담이 아닐 수 있습니다. 그리고 이것은 당연히 영어 습득
에 유리하게 작용하는 요소입니다.

　이번에는 아시아 국가로 가보죠. 한국은 아시아 국가 중에서는 싱
가포르(10위), 필리핀(27위), 말레이시아(30위)에 이어 4위입니다.
싱가포르, 필리핀, 말레이시아는 한국보다 앞선 결과를 보여주고 있
지만 이 역시 단순 비교할 수 없습니다. 싱가포르의 경우, 다민족 국
가로 국민들 간의 원활한 의사소통을 위해서 영어를 공식 언어로 지
정하고 있습니다. 필리핀 역시 영어가 공용어로서 공문서는 말할 것
도 없이 방송에서도 영어 콘텐츠가 자막 없이 나가는 등 일상에서
자연스럽게 영어에 노출이 되고 있습니다. 말레이시아도 다민족이
섞여 있는 특수성으로 인해 영어를 공식 언어로 지정하고 있습니다.

　지금까지 언급한 유럽과 아시아 국가들의 공통점을 발견하셨나
요? 이 나라들의 경우 영어가 일상생활 속에 스며든 정도가 우리나

라와 큰 차이가 있습니다. 그리고 대부분 영어를 제2 언어, 즉 공용어로 사용하고 있는 나라들입니다. 이들에게 영어는 이미 일상에서 떼려야 뗄 수 없을 만큼 깊이 침투해 있는 언어이자 생활입니다. 이런 상황에서 우리의 영어 실력을 ESL English as a Second Language 환경에 있는 국가들과 단순 비교한 후, 못한다고 채찍질하는 것이 과연 타당할까요? 오히려 비교 자체가 불공평한 것은 아닐까요? 많은 언론에서 앞뒤 좌우를 제대로 들여다보지 않은 채 그저 한국인의 영어 능력을 폄하하는 보도만을 양산해 왔습니다. 이로 인해 들끓는 여론으로 영어 교육 정책이 휘청거렸습니다. 그런데 언론의 보도처럼 한국인의 영어 수준은 정말 형편없이 한심할까요? EF EPI 영어능력지수가 보여주는 지표로 한국은 전체 100개 국가 중 32위에 랭크되어 있습니다. 하지만 영어를 공용어로 쓰고 있는 아시아 국가들(싱가포르, 필리핀, 말레이시아)을 제외하면 영어를 외국어로 사용하고 있는 EFL English as a Foreign Language 국가 중에서 한국은 아시아에서 1위입니다. 한국의 영어 실력은 홍콩(33위), 중국(38위), 인도(50위), 일본(55위)을 앞서고 있습니다. 즉, EFL 상황에서 영어를 잘 사용하고 있는 나라로 선방하고 있는 것이죠. 한국의 영어 능력을 변호한다거나 상황을 부풀리려는 의도로 이 통계를 인용하는 것은 아닙니다. 다만 무분별한 비판이나 비합리적인 기대를 하기 전에 비교 대상이 되는 다른 국가들과 우리의 출발점이 엄연히 다르다는 점을 인식해야 함을 말씀드리는 것입니다.

3

한국인의 영어 출발선

언어적 출발선: 모국어와 상극인 영어

① 강세 박자 언어인 영어 vs. 음절 박자 언어인 한국어

한국어는 영어와 완전히 다른 언어입니다. 한국인 영어 학습자들은 가장 먼저 언어 간 차이성Cross-linguistic Difference이라는 장벽에 부딪치게 됩니다. 우선, 영어는 강세 박자 언어Stress-timed Language인 반면 한국어는 음절 박자 언어Syllable-timed Language라는 차이가 있습니다. 무슨 말일까요? 영어는 발화시 강약과 고저의 변화가 중요한, 리듬을 타는 언어입니다. 영어 교육에서 챈트와 노래를 많이 활용하는 이유가 바로 강세로 박자를 맞추고 억양으로 리듬을 탈 수 있도록 돕기

위해서입니다. 영어를 모국어로 사용하는 학습자가 한국어를 말할 때 높고 낮은 억양이 배어 있어 한국말이 어색하게 들리는 것은 리듬감이 있는 모국어의 영향 때문입니다. 반대로 한국인의 굴곡 없는 밋밋한 영어가 원어민들에게는 어색하게 들릴 것입니다. 이렇듯 영어는 강세와 억양을 품은 리듬이 특징인 언어입니다. 영어는 한국어처럼 모든 단어의 음절을 빠뜨리지 않고 발음하지 않습니다. 낱개 음절을 하나하나 발음하는 것보다 강세라는 상위 개념의 지배력이 크기 때문에 강세를 기준으로 박자를 맞춥니다. 즉, 음절의 개수가 몇 개냐보다 강세가 있는 음절이 몇 개냐가 발화 시간에 더 큰 영향을 미칩니다. 강세를 받는 단어는 정보를 포함하는 내용어, 즉 명사, 동사, 형용사, 부사이며 기타 기능어에 해당하는 대명사, 전치사, 관사 등은 약화되어 발음됩니다. 예를 들어, 음절 수가 3개, 6개, 9개로 서로 다른 세 개의 영어 문장이 있습니다. 한국어의 경우는 음절 수가 많아지면 말하는 시간도 길어집니다. 하지만 영어는 강세가 있는 음절과 그다음 강세가 있는 음절이 나올 때까지를 한 박자로 생각하고 빠르게 발음합니다. 따라서 세 문장을 같은 시간 내에 읽게 됩니다.

Tony   picked   strawberries.   [3음절]

The dog is   biting   the bone.   [6음절]

He is running to the bakery across the street.   [9음절]

많은 음절이 포함된 문장을 같은 시간 내에 읽기 위해 강세가 있는 음절은 또렷하게 발음하지만 그렇지 않은 음절은 약하게 그리고 연음하여 재빨리 붙여서 발음합니다. 그러다 보니 한국인 영어 학습자들은 듣기에서 일차적 어려움을 겪게 됩니다. 한 문장을 들었는데도 몇 개의 단어만 들리게 되는 것이죠. 또한 중요한 내용을 전달하는 단어들은 크고 분명하게 발음되지만 그렇지 않은 단어들의 경우 작고 약하게 발음되어 뭔가 빠르게 휘리릭 지나가 버린 듯한 느낌만 남고 잘 들리지 않습니다. 강세가 발음보다 훨씬 중요한 것이 영어일지도 모르겠습니다.

② 영어와 한국어, 문장 구조의 차이

영어는 문장 구조에서도 한국어와 판이하게 다릅니다. 가장 중요한 차이는 어순이 다르다는 점이겠죠. 동사가 맨 마지막에 배치되는 한국어와 다르게 영어는 주어 바로 다음에 동사가 위치합니다. 또한 한국어의 경우 주어나 동사가 생략되어도 무방하지만, 영어에서는 주어와 동사가 필수입니다. 심지어 영어에서는 가주어-진주어라는 개념까지 끌어다가 주어 자리를 꼭 채우기까지 합니다. 예를 한번 들어보겠습니다. 어제 아파서 만나지 못한 친구를 오늘 보고 반가워서 "오늘은 어때?"라는 인사말을 했습니다. 한국어에서는 전혀 어색함 없이 문맥에 맞춰 빠르게 이해할 수 있는 문장이죠? 하지만, 영어에서 "How today?"라는 말로 주어 동사를 모두 떼어낼 경우, 무슨 말인지 도무지 알 수 없게 됩니다. "How are you today?"와 같이 주어(you)와 동사(are)를 모두 넣어야 올바른 문장으로 이해가 됩니다. 따라서 한국인 영어 학습자들은 한국어에서 생략될 수 있는 성분들을 복원해서 붙여가며 영어식 언어 습관을 만들어나가야 합니다.

또한 한국어는 영어에는 없는 '조사'가 있기 때문에 문장 내에서 단어가 어디에 있느냐가 의미를 결정하지 않습니다. 단어의 위치에 상관없이 조사를 바꾸어가며 문장의 의미를 만들어 낼 수 있기 때문입니다. 반면에 영어는 단어가 어디에 위치하느냐에 따라 의미가 달라집니다. 즉, 단어의 배치가 의미 전달에 중요한 요소입니다. 같은 단어가 어디에 있느냐에 따라 주어가 될 수도 있고 목적어가 될 수도 있기 때문에 위치가 달라지면 문장의 의미가 완전히 바뀌어 버립니다. 심지어 제대로 된 위치에 오지 않을 경우 틀린 문장이 됩니다.

한국어		영어	
1. 나는 너를 사랑해. 2. 너를 나는 사랑해. 3. 너를 사랑해 내가.	1, 2, 3 문장 모두 같은 의미	1. I love you. 2. Love I you. (X) 3. Love you I. (X) 4. You love me.	1, 4 문장 다른 의미

'한국어는 끝까지 들어봐야 안다'는 말을 많이 들어보셨죠? 이 말은 괜히 나온 우스갯소리가 아닙니다. 한국어에서는 문장의 핵심적 의미가 담겨 있는 동사가 가장 마지막에 위치하기 때문입니다. 또한 한국어는 핵심 내용어 앞에 수식어구가 붙어서 부수적인 다양한 정

보들을 앞서서 풀어냅니다. 청자에 대한 배려, 관계를 중시하는 문화가 여기에 녹아 있습니다. 반면, 영어는 핵심적인 내용을 먼저 제시하여 명확하고 오해 없는 의사소통을 하는 언어입니다. 의미 직행, 논리가 앞선 구조인 것이죠. 영어의 관계사, 분사, to부정사가 바로 구조적인 차이에서 나오는 대표적인 문법 요소입니다.

1. 나는 빌보드 차트에서 1위를 차지한 음악 밴드가 자선기금을 모으기 위해 수많은 갈채를 받으며 길거리에서 공연하고 있는 것을 보았다.

2. I saw the music band, which topped the Billboard chart, performing on the street, getting a lot of cheers to raise fund for charity.

1번의 한국어에서는 음악 밴드에 대한 설명, 공연 목적, 공연 상황에 대한 부수적인 정보들이 먼저 열거된 후에 비로소 '공연을 보았다'라는 중심 내용이 나옵니다. 반면, 2번의 영어는 '나는 음악 밴드를 보았다'라는 중심 내용이 먼저 나온 뒤에 다양한 정보들이 후순위로 줄줄이 추가됩니다. 즉, 영어는 문장의 필수 성분으로 뼈대가 되는 주어, 동사, 목적어가 먼저 나오고, 부가적인 정보(빌보드 차트 1위, 거리 공연, 기금 조성 등)들이 하나씩 더 연결되는 구조인 것이죠.

③ 영어와 한국어, 글 구조의 차이

영어와 한국어의 문장상의 구조적 상이성은 의사소통 패턴이나 글의 구조 차이와도 연결됩니다. 한국어는 간접적인 패턴으로 의사소통을 하며, 주제가 바로 제시되지 않고 다양한 관점에서 요점을 에둘러 표현하는 사고방식이 녹아 있습니다. 글의 구조 역시 핵심으로 직통하기보다는 독자가 내용을 유추하거나 추론할 수 있도록 많은 정보를 먼저 제공한 후에 결론에 도달하는 미괄식 구조가 많습니다. 그와 반대로 영어는 의사소통 시 주제를 비껴가거나 넌지시 접근하는 것이 아니라 직접 전달하는 패턴을 보입니다. 글의 구조 역시 전달하고자 하는 주제를 가장 먼저 앞에 던져 놓고 뒷받침 근거와 예시를 덧붙인 후 다시 한번 하고자 하는 말을 결론짓고 정리하는 두괄식 구조가 많습니다.

<글쓰기 패턴(Robert Kaplan, 1966)>

동양어(한국어) 영어

환경적 출발선: ESL이 아닌 EFL

이번에는 영어를 배우는 한국의 언어적 환경에 대해 살펴보려 합니다. 앞서 EF EPI 영어능력지수 순위 분석 시 살펴보았듯이 한국은 영어를 공용어나 제2 언어로 사용하는 ESL 환경이 아니라, 영어를 외국어로 사용하고 있는 EFL 환경입니다. 한국에서는 영어를 사용하지 않아도 살아갈 수 있으며, 교실 혹은 집 밖에서 한국어만을 사용하는 것이 당연한 일상입니다. 즉, 영어를 매일 자연스럽게 의사소통하는 언어로 습득할 수 없는 상황인 것이죠. 요즘은 다양한 채널을 통해 영어 방송을 얼마든지 선택해서 볼 수 있다지만 그렇다고 공중파 방송에서 자막 없이 영어 방송을 송출하는 것은 아닙니다. 즉, EFL 상황에 있는 한국은 EF EPI 영어능력지수에서 상위권을 차지한 유럽 및 아시아 국가들에 비해 영어 노출 절대량 면에서 확연히 뒤처져 있다는 말입니다. 그리고 우리는 아이들의 영어 교육 계획을 세울 때 이러한 EFL 환경이 한국 영어의 시작점이라는 것을 분명히 인지해야 합니다.

영어 교육의 붐이 일면서 대부분 ESL 환경에서 연구된 영어 습득 이론과 연구들이 한국 영어 교육 시장에 들어와 적용되어 왔습니다. 하지만 영어를 모국어로 사용하는 미국 등의 나라로 이민 간 이민자들을 대상으로 한 연구가 한국 상황에 그대로 적용될 리 만무합니다. 현재 결정적 시기 가설을 필두로 영어 조기 교육, 전일제 영어 유치원, 몰입 교육, 단기 해외 어학연수 등이 여세를 몰아 학부모들의 지갑을 열고 있습니다. 하다 멈추면 급속도로 잊어버리기 쉬운 언어 학습의 특성상, 부모들은 일단 영어 조기 교육에 발을 들여놓는 순간부터 지속적으로 영어에 노출을 시켜주기 위해 사교육을 끊을 수가 없게 됩니다. 그러다 보니 영어 능력은 부모의 경제력과 문화적 자본에 의해 결정된다는 집단적 의식이 쌓이게 되고, 울며 겨자 먹기로 시류에 편승하여 영어 교육의 과열 현상에 합류하는 형세가 됩니다. 적절한 비유가 될지 모르겠지만 이런 말이 있습니다.

"Everybody is a genius but if you judge a fish by its ability to climb a tree, it will live its whole life believing that it is stupid."

모든 사람은 천재다. 하지만 나무에 오르는 능력으로 물고기를 판단한다면, 그 물고기는 평생 자기가 바보라고 믿고 살아갈 것이다.

알베르트 아인슈타인Albert Einstein의 말입니다. 천재 과학자 아인슈타인은 4살 때까지 말을 잘하지 못했다고 합니다. 만 4세인 아이가 말을 하지 못하는 것은 언어치료 및 의학적인 도움을 받아야 하는 것은 아닌지 걱정과 근심을 불러일으키는 비정상적인 발달 상황일 것입니다. 게다가 이 꼬마 아이는 호기심이 많아 수업 시간에도 가만히 앉아 있지 못해서 엄마가 선생님께 자주 불려 갔다고 합니다. 아인슈타인의 어머니는 그럼에도 불구하고 자신의 아들에 대한 믿음이 확고했습니다. "너는 특별함을 가지고 있단다. 반드시 훌륭한 사람이 될 거야"라는 말을 건네며 아들에게 자신감과 용기를 불어넣어 주었습니다. 외부에서 자신의 아이를 평가하고 재단하는 것에 휘둘리지 않고 멍하게 공상을 즐기는 아들의 모습을 생각의 깊이가 깊어지는 과정으로 바라본 것이죠.

산에 사는 동물들에게는 나무에 오르는 것쯤이야 당연한 기술일 수 있습니다. 하루 종일 나무 주변에서 놀다 보면 어쩌다 자연스럽게 나무 타기 기술을 익힐 수 있게 됩니다. 하지만 타고난 배경이 물속이라서 나무가 무엇인지도 모르는 물고기에게 "넌 나무도 못 오르니?" 하며 핀잔을 주는 것은 어불성설입니다. 영어 교육도 마찬가지 아닐까요? 한국은 여기저기서 영어를 듣고 말할 수 있는 ESL 상황이 아닙니다. 그 제약 조건은 고려하지 않고 아이들에게 영어 공부를 채근하는 것은 어쩌면 말이 안 되는 잣대를 들이대는 것입니다. 언어 학습에 절대적으로 불리하다 할 수 있는 EFL 환경 조건을 극복하며 나무에 오르려는 아이들에게 폭풍 격려와 지지를 해주는 것이 먼저가 아닐까 생각합니다. 그래야 아이들이 나무에 오르려는 시도라도 할 용기를 갖게 될 테니까요.

4

불리한 언어 습득 출발점을 극복하기 위한 영어 노출(Input)의 필요성

모국어인 '한국어'와 'EFL 환경'은 이미 결정된 불변의 조건입니다. 바꿀 수도, 한탄만 할 수도 없습니다. 더구나 이런 불리한 상황을 극복하고 영어를 잘하는 사람들이 반드시 존재합니다. 물론, 성공적인 영어 학습의 비결은 학습자들의 수만큼 다양할 것입니다. 자기 자신에게 맞는 공부법과 영어 학습의 배경이 다 다르기 때문이죠. 하지만 어느 정도 공통분모를 찾는 것은 충분히 가능합니다. 이때 개인적 특성(지능, 재능, 성격, 동기 등)과 사회문화적 환경은 의지적으로 쉽게 통제할 수 있는 영역이 아닙니다. 그렇다면 통제할 수 있는 변수, 즉 유리하게 조성할 수 있는 환경적 조건, 일상에서 어느 정도 조정 가능한 환경적 변수는 무엇일까요? 바로 '영어 노출량'입니다. 우리는 이 부분을 주목할 필요가 있습니다. '영어 습득'이라는 결과를 얻기 위해 과연 어느 정도의 언어 노출 Exposure과 영어 공부량Input이 필요한지에 대해 논의할 때 영어 교육에서 자주 거론되는 키워드가 바로 '임계량'입니다. 임계량이란 물리학 용어로서 핵분열 물질이 연쇄반응을 할 수 있는 최소의 질량을 뜻합니다. 이를 언어를 배우는 과정에 도입하여 어떤 언어를 불편함 없이 말할 수 있게 되기까지에 필요한 최소한의 노출량을 언어의 임계량이라 말하는데, 학자마다 주장하는 영어 노출의 임계량은 조금씩 다릅니다.

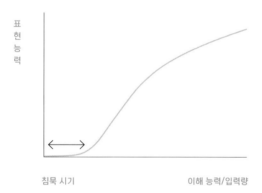

언어학자 샤우드 스미스Sharwood Smith는 아이가 태어나서 모국어로 읽고 말할 수 있을 때까지 9,000시간 정도가 걸린다고 주장합니다. 약 1만 시간의 언어 노출이 되어야 하는 것이죠. 선천적인 재능, 환경 등에 대한 논의는 차치하고, 어떤 분야의 전문가가 되려면 최소한

1만 시간의 훈련을 해야 한다는 '1만 시간의 법칙'과 맥을 같이 합니다. 1만 시간은 실로 엄청난 양입니다. 언어 습득으로 가져와보면 아이들이 영어에 매일 8시간씩 노출되어도 4년이라는 시간이 걸리는 양입니다. 물론 모국어 습득이라는 특수성이 존재합니다. 아이들은 의식적인 노력이나 학습 없이도 자연스러운 상호 작용으로서의 모국어 습득이 가능하다는 점이죠. 따라서 의식적으로 입력량에 노출되도록 돕는 영어 교육의 전략과는 다르게 적용할 필요가 있습니다. 언어학자 짐 커민스Jim Cummins는 제2 외국어 학습자가 ESL 상황에서 기본적인 의사소통 능력을 갖추기 위해서는 3~4년의 시간이 필요하다고 주장합니다. 그리고 학문적으로 읽고 쓸 수 있는 고차원적 언어 숙달 능력을 갖추기 위해서는 7~8년의 시간이 걸린다고 주장합니다.

이 연구들의 배경은 모두 영어권 국가에서 영어를 배울 때 가능한 일이니 한국의 상황과 사뭇 다르겠지요. 스페인의 언어학자인 리스킨 가스파로Liskin-Gasparro는 외국어 습득을 위한 최소 노출 시간으로 2,400시간을 제시합니다. 임계치를 넘어서면 원어민처럼 유창한 수준이 된다는 것이 아니라 어느 정도 알아듣고 말을 할 수 있는 의사소통 능력이 발현되기 시작한다는 뜻입니다. 이 연구에 따르면 매일 영어에 2시간씩 노출되면 4년, 3시간이면 3년, 4시간이면 2년, 6~7시간이면 1년 안에 기본적인 의사소통 능력을 습득할 수 있다는 계산이 나옵니다. 수치상으로는 매일 영어에 6~7시간씩 노출될 경우 1년 정도면 영어권 국가에서 영어를 자연스럽게 배우는 것과 같은 환경을 만들 수 있습니다. 일부 사교육 업체들에서 이 연구를 인용하여 한국에서 거주하면서 영어권 국가에서 어학 연수하는 효과를 누릴 수 있다는 광고로 교육 소비자들의 눈길을 끕니다. 하지만 일정 기간의 교육이 끝나고 난 후에는 어떻게 해야 하나요? 아이의 연령에 따라 요구되는 의사소통 능력의 수준은 다릅니다. 초등학교 1학년 아이와 5학년 아이에게 요구되는 기본적인 소통 능력에는 수준차가 있습니다. 어쩔 수 없이 그 간극을 메우기 위해서 학부모들은 또다시 사교육의 고리에 매이게 되는 것이죠.

그렇다면 사교육 시장의 미사여구에 호도되지 않고 중심을 잡고 내 아이의 영어 습득을 돕기 위해서는 어떻게 해야 할까요? 가장 중요한 필수 전제가 있습니다. 바로 영어 습득 환경을 외부가 아닌, 가정 내부에 만들어주는 것입니다. 이것은 정말 중요합니다. 다른 조건은 차치하고 순수하게 영어 노출 시간만을 비교해보겠습니다. 초등학생의 경우, 일주일에 2시간씩 2번 영어 학원을 간다면 1년을 52주로 계산하면 208시간, 일주일에 2시간씩 3번 간다면 312시간이라는 계산이 나옵니다. 반면, 가정에서 매일 1시간씩 영어 환경에 노출을 시켜주면 1년이면 365시간, 매일 2시간씩이면 730시간이라는 계산이 나옵니다. 이처럼 가정 학습은 시간 확보 측면에서 단연 우위입니다. 효율적인 학습을 위해 시간을 따지기보다 전문가의 도움을 받아야 한다고 주장할 수도 있습니다. 맞는 말입니다. 적어도 학습 동기가 충천한 아이들의 경우 그렇습니다. 빨리 가기 위해서 가이드와 함께 하는 것이 시행착오를 줄일 수 있으며 영어 학습 동기가 높은 아이들에게는 생산적인 자극이 될 수 있습니다.

　하지만, 평균적으로 보았을 때 영어 학습을 학원에 의존하는 것은 고비용 저효율의 주범이 되고 있습니다. 아이들의 영어 학습은 집중력 있고 빠르게 학습하여 단기간에 효과를 보는 성인들의 학습과는 다릅니다. 빨리 간다고 생각하는 것이 과연 제대로 된 지름길을 만들어줄까요? 더구나 아이들은 영어 학습 동기를 상실하면 안 해도 무방한 최적의 환경에 둘러싸여 있습니다. 한국말만 해도 사는 데 불편함이 없는데 뭐 하러 굳이 영어를 배우려 하겠습니까? 따라서 아이들이 영어를 싫어 하지 않도록, 점차 이해되고 좋아질 수 있도록 가정에서 언어 환경을 만들어주는 것이 가장 중요합니다. 엄마가 영어를 1도 모르는데 어떻게 하느냐고요? 아이가 영어 음원을 듣고, 책을 읽고, 영상을 볼 수 있도록 해주시면 됩니다. 영어 학원에 다니는 아이들조차도 집에서 어떻게 더 영어에 노출이 되느냐에 따라 실력 차이가 확연히 다르게 나타납니다. 외부 교육 기관에 맡기는 것이 모든 것을 해결해주지 않는다는 점을 아셔야 합니다. 영어 노출량을 가정 내에서 최대치로 끌어 올려주세요. 다른 과목과는 다르게 언어는 생활이자 일상이 되어야 합니다. 그래야 효과가 있기 때문입니다. 이에 대한 자세한 방법은 PART Ⅲ과 PART Ⅳ에서 다루도록 하겠습니다.

5

한국 영어 교육의 현재

영어 교과 역량 및 학교급별 영어 교육과정의 목표

영어는 지금까지 내용 교과(사실적인 지식 내용을 가르치는 교과)가 아닌 도구 교과(다른 교과를 학습하는 데 기본이 되는 교과)로 분류되어 왔습니다. 듣기, 말하기, 읽기, 쓰기의 네 가지 기능을 유창하게 길러서 의사소통적 기능의 숙달을 높여주는 것이 주된 교육 방향이었습니다. 하지만 영어를 외국어로 배우고 있는 한국의 EFL 상황에서는 영어로 다른 교과를 배우지 않습니다. 따라서 '영어를 통해서 특정 교과 지식의 깊이나 넓이를 확장시킨다'는 도구 교과라는 타이틀은 어쩌면 크나큰 무리수일 수 있습니다. 사실, 영어의 네 가지 기능은 숙달이 되어도 제대로 활용하거나 표현하지 못하는 경우가 빈번하거든요. 내용과 생각 등의 알맹이 없는 앵무새 영어가 바로 그 현상의 주범이지요. 기능에만 초점을 두지 않고 다양한 콘텐츠를 접하며 이해하고 표현하는 내용적 측면도 결합되어야 합니다. 실제로 타 교과에서는 찾아볼 수 없는 영어만의 독특하고도 풍성한 내용 영역이 있습니다. 영어 모국어 사용자들의 문화, 사회, 역사, 세계관, 문학작품(시, 소설, 희곡, 에세이 등) 등이 이에 해당됩니다. 이처럼 풍부한 내용을 함께 결합하여 영어과에서 목표하는 역량들을 함양하는 것이 중요합니다. 이것이 반영된 2015 개정 교육과정에서 제시하고 있는 영어 교과 역량은 아래와 같습니다. 2025학년도 초등 3학년부터 적용되는 2022 개정 교육과정 역시 기존 핵심 역량의 큰 틀을 유지하고 있습니다.

<**2015 개정 교육과정 영어 교과 역량**>

	교과 역량	의미	하위 요소
1	영어 의사소통 역량	일상생활 및 다양한 상황에서 영어로 의사소통할 수 있는 역량	영어 이해 능력, 영어 표현 능력
2	자기관리 역량	영어에 대한 흥미와 관심을 바탕으로 학습자가 주도적으로 영어 학습을 지속할 수 있는 역량	영어에 대한 흥미, 영어 학습 동기, 영어 능력에 대한 자신감 유지, 학습 전략, 자기 관리 및 평가
3	공동체 역량	지역, 국가, 세계 공동체의 구성원으로서의 가치와 태도를 바탕으로 공동체 문제 해결에 참여할 수 있는 능력	배려와 관용, 대인 관계 능력, 문화 정체성, 언어 및 문화적 다양성에 대한 이해 및 포용 능력
4	지식정보처리 역량	지식정보화 사회에서 영어로 표현된 정보를 적절하게 활용하는 역량	정보 수집, 분석, 활용 능력, 정보 윤리, 다양한 매체 활용 능력

영어과 핵심역량은 '영어 의사소통 역량', '자기관리 역량', '공동체 역량', '지식정보처리 역량'으로 보다 구체화할 수 있다. 첫째, '영어 의사소통 역량'은 일상생활 및 다양한 상황에서 영어로 의사소통할 수 있는 역량이며, 영어 이해 능력과 영어 표현 능력을 포함한다. 둘째, '자기관리 역량'은 영어에 대한 흥미와 관심을 바탕으로 학습자가 자기 주도적으로 영어 학습을 지속할 수 있는 역량이며 영어에 대한 흥미, 영어 학습 동기, 영어 능력에 대한 자신감 유지, 학습전략, 자기 관리 및 평가를 포함한다. 셋째, '공동체 역량'은 지역·국가·세계 공동체의 구성원으로서의 가치와 태도를 공유하여 공동체의 삶에 관심을 갖고 공동체가 당면하고 있는 문제를 해결하는 데 참여할 수 있는 능력이며 배려와 관용, 대인 관계 능력, 문화 정체성, 언어 및 문화적 다양성에 대한 이해 및 포용 능력을 포함한다. 넷째, '지식정보처리 역량'은 지식정보화 사회에서 영어로 표현된 정보를 적절하게 활용하는 역량이며 정보 수집·분석 능력, 매체 활용능력, 정보 윤리를 포함한다.

- 교육부 고시 제2015-74호 [별책 14]

습득한 지식을 통합하여 새로운 지식과 가치를 창출할 수 있는 역량, 그리고 이를 함께 이루어가는 공감의 미덕이 바로 미래사회 핵심 가치입니다. 이를 영어 교과에서도 4가지 역량으로 녹였습니다.

이번에는 교육부에서 고지(교육부 고시 제2015-74호 [별책 14])한 학교급별 영어 교육의 목표와 교육과정을 살펴보겠습니다.

\<2015 개정 교육과정 학교급별 영어 교육의 목표\>

학교급	목표		
	학교급별 목표	공통 목표	세부 목표
초등	◆ 영어에 흥미와 자신감 ◆ 기초적 의사소통 능력 ◆ 외국문화 이해	◆ 영어 의사소통 능력 배양 ◆ 모범적인 시민의식 함양 ◆ 창의적 사고력 증진 ◆ 국제적 안목과 세계시민 의식 고취	◆ 영어 듣기·말하기·읽기·쓰기 능력 습득 ◆ 영어에 대한 흥미, 자신감 유지
중등	◆ 일상적 영어 사용 자신감 ◆ 기본적 의사소통 능력 ◆ 외국 문화 이해와 우리 문화 소개		◆ 국제 사회 문화, 다문화 이해 등 포용적 태도 배양
고등	◆ 영어사용 능력 신장 ◆ 일반적 의사소통 능력 ◆ 진로별 영어사용 능력		◆ 영어 정보 문해력과 가치 판단 능력 함양

　초 · 중 · 고 학교 영어 교육과정에서 강조하는 것은 '영어에 대한 흥미와 자신감'을 토대로 '의사소통 능력'을 갖추고 '세계인과 소통' 하며 그들의 문화를 알고 우리 문화를 '세계로 확장'시켜 나갈 사람을 기르는 것입니다. 단순히 영어의 기능적 측면에 머물러 있지 않고 모범적인 시민의식 함양, 창의적 사고력 증진, 국제적 안목과 세계시민 의식 고취 등의 외국 문화 이해를 바탕으로 인문 소양 함양을 고려하고 있습니다.

초등 영어 교육과정의 이해

초등학교 영어는 일상생활에서 사용하는 기초적인 영어를 이해하고 표현하는 능력을 기르는 교과로서, 음성 언어를 사용한 의사소통 능력 함양에 중점을 둡니다. 문자 언어 교육은 쉽고 간단한 내용의 글을 읽고 쓸 수 있는 능력 함양에 초점을 맞추되, 음성 언어와 연계하여 내용을 구성합니다. 초등학교 영어 교육은 초등학생의 인지적, 정의적 특성을 고려하여 실생활에서 접할 수 있는 활동 등을 활용하고, 체험 학습을 통하여 발견의 즐거움을 경험할 수 있도록 합니다. 이는 학습 부담을 경감시킴으로써 얻게 되는 여유 시간에 창의성과 인성을 함양할 수 있도록 영어과 교육과정 내용을 적정화시켜서 학습자들이 영어를 재미있게 배울 수 있도록 하는 내용으로 구성하는 것을 의미합니다. 또한 초등학생들의 발달 단계와 특징을 고려하여 학습자들의 '흥미'와 '관심'을 끌 수 있도록 다양한 교수 · 학습 방법을 적용하며, 멀티미디어 자료와 정보통신기술(ICT) 도구 같은 교육 매체를 적절히 활용하도록 합니다. 마지막으로 미래 국제사회 구성원으로 성장해나갈 수 있도록 하기 위하여 다양한 세계 문화에 대한 기초적인 이해와 포용의 태도를 기를 수 있도록 합니다.

우리 아이들은 초등학교 3학년부터 영어를 배우게 됩니다. 학년군제를 적용하여 3~4학년, 5~6학년이 하나의 군으로 묶여 움직입니다. 2년 동안 제시된 과정의 순서와 내용을 바꾸어서 이수할 수 있다는 의미이지요.

<2015 개정 교육과정 내용 체계(초등학교 3~4학년)>

핵심 개념	일반화된 지식	영역별 내용 요소			
		듣기	말하기	읽기	쓰기
소리/ 철자	소리, 강세, 리듬, 억양 식별, 철자	◆ 알파벳, 낱말 소리 ◆ 강세, 리듬, 억양	◆ 알파벳, 낱말 ◆ 강세, 리듬, 억양	◆ 알파벳 대소 문자 ◆ 낱말의 소리, 철자	◆ 알파벳 대소 문자
어휘 및 문장	낱말, 어구, 문장 이해	◆ 낱말, 어구, 문장	◆ 낱말, 어구, 문장	◆ 낱말, 어구, 문장	◆ 구두로 익힌 낱말, 어구 ◆ 실물, 그림
세부 정보	말, 글 세부 정보 이해	◆ 주변 사람, 사물	–	–	–
담화	의미 전달과 교환	–	◆ 자기소개 ◆ 지시, 설명 ◆ 인사 ◆ 일상생활 주제	–	–

<2015 개정 교육과정 내용 체계(초등학교 5~6학년)>

핵심 개념	일반화된 지식	영역별 내용 요소			
		듣기	말하기	읽기	쓰기
소리/ 철자	소리, 강세, 리듬, 억양 식별, 철자	◆ 알파벳, 낱말 소리 ◆ 강세, 리듬, 억양	◆ 알파벳, 낱말 ◆ 강세, 리듬, 억양	◆ 알파벳 대소 문자 ◆ 낱말의 소리, 철자 ◆ 강세, 리듬, 억양	◆ 알파벳 대소 문자

어휘 및 문장	낱말, 어구, 문장 이해	낱말, 어구, 문장	낱말, 어구, 문장	낱말, 어구, 문장	구두로 익힌 낱말, 어구 실물, 그림
세부 정보	말, 글 세부 정보 이해	주변 사람, 사물 일상생활 주제 그림, 노표	–	그림, 도표 일상생활 주제	–
중심 내용	말, 글 중심 내용 이해	줄거리 목적	–	줄거리 목적	–
맥락	말의 흐름 이해	일의 순서	–	–	–
담화	의미 전달과 교환	–	자기소개 지시, 설명 주변 사람, 사물 주변 위치, 장소 인사 일상생활 주제 그림, 도표 경험, 계획	–	–
문장	문장 쓰기	–	–	–	문장부호 구두로 익힌 문장
작문	상황과 목적에 맞는 글쓰기	–	–	–	초대, 감사, 축하글

초등학교 교육과정의 키워드는 '흥미'와 '자신감'입니다. 특히나 주의력과 집중력이 짧은 저학년 시기에 재미가 없으면 평생의 영어 학습에 브레이크가 걸리게 됩니다. 또한 틀려도 부끄러워하지 않고 내뱉을 수 있는 자신감 장착 역시 중요합니다. 아동기는 언어 자아 Language Ego를 긍정적으로 확립시켜줄 수 있는 적기이므로 흥미와 자신감에 초점을 두고 수업이 진행됩니다. 5~6학년의 교육과정 내용 체계는 3~4학년에서 조금 더 확장된다고 할 수 있습니다. 문장 단위와 더 나아가 맥락을 파악하는 간단한 말하기, 듣기가 진행되며 읽기 역시 중심 내용이나 목적을 이해하고 그림, 도표 등의 세부 정보를 파악하는 능력을 기르게 됩니다. 쓰기도 문장 단위를 넘어서서 감사나 축하의 글을 쓰는 작문으로 확대됩니다.

2023년 초등학교 1학년 학생들이 3학년이 되는 2025년부터 2022 개정 교육과정이 적용됩니다. 새로운 교육과정에서는 미래사회 변화에 대응할 수 있는 기초 소양인 언어 · 수리 · 디지털 소양이 더욱 강조됩니다. 영어과에서는 실생활 중심 의사소통을 위한 기초 문해력 증진과 디지털 활용 교육이 강화되는데, 구체적으로 '소리와 철자와의 관계를 연결하는 교육'과 '어휘 교육'을 강조합니다. 우선, 학생들이 읽고 쓰는 능력의 누수 없이 음성 언어를 문자 언어로 자연스럽게 연계시킬 수 있도록 기본기를 탄탄하게 다집니다. 여기에 학년군마다 250개에서 300개로 늘어난 필수 어휘를 습득하여 기초 문해력 증진을 목표로 합니다. 또한, 디지털 · AI 교육 환경을 고려한 학습과 평가를 하게 됩니다. 예를 들어, 수업 전·후 디지털 기기를 통한 보기Viewing, 제시하기Representing 등의 활동을 통해 이미지, 동영상 등 다양한 방식으로 가공된 영어 정보를 처리할 수 있는 이해 능력과 자신의 감정과 생각을 영어로 전달하는 표현 능력을 기르도록 합니다.

중·고등 영어 교육과정의 이해

중학교 영어는 초등학교에서 배운 영어를 토대로 학습자들이 기본적인 일상 영어를 이해하고 이를 사용할 수 있는 능력을 기름으로써 외국의 문화를 이해하고, 고등학교의 선택 교육과정 이수에 필요한 기본 영어 능력을 배양시키는 데 역점을 둡니다. 중학생의 인지적, 정의적 특성에 부합하는 다양한 교수·학습 방법을 활용하여 영어 의사소통 능력을 함양할 수 있도록 합니다. 또한 영어 학습과 언어 이해, 습득, 활용에 있어서 필수적인 요소인 문화 학습을 유기적으로 연결시켜 영어 학습의 효율성을 꾀할 뿐만 아니라 외국의 문화에 대한 개방적인 태도 및 글로벌 시민 의식을 함께 기르고, 우리 문화를 외국인에게 소개할 수 있는 의사소통 능력 배양을 유도합니다.

<2015 개정 교육과정 내용 체계(중학교)>

핵심 개념	일반화된 지식	영역별 내용 요소			
		듣기	말하기	읽기	쓰기
소리/ 철자	소리, 강세, 리듬, 억양 식별, 철자	◆ 어구나 문장의 연음, 축약	-	-	-
어휘 및 문장	낱말, 어구, 문장 이해	◆ 낱말, 어구, 문장	-	◆ 어구, 문장	◆ 대상, 상황 ◆ 의견, 감정 ◆ 그림, 사진, 도표 ◆ 경험, 계획
세부 정보	말, 글 세부 정보 이해	◆ 대상, 주제 ◆ 그림, 사진, 도표	-	◆ 그림, 사진, 도표 ◆ 대상, 주제	-
중심 내용	말, 글 중심 내용 이해	◆ 줄거리, 주제, 요지	-	◆ 줄거리, 주제, 요지	-
맥락	말, 글 흐름 및 관계 이해	◆ 일, 사건 순서, 전후 관계 ◆ 일, 사건 원인, 결과 ◆ 상황, 화자의 관계 ◆ 화자의 의도, 목적 ◆ 화자의 심정, 태도	-	◆ 일, 사건 순서, 전후 관계 ◆ 일, 사건 원인, 결과 ◆ 필자의 의도, 목적 ◆ 필자의 심정, 태도	-
함축적 의미	글의 행간 이해	-	-	◆ 문맥속 낱말, 어구, 문장 의미	-

담화	의미 전달과 교환	-	◆ 사람, 사물 ◆ 장소 ◆ 의견, 감정 ◆ 그림, 사진, 도표 ◆ 방법, 절차 ◆ 자기소개 ◆ 경험, 계획 ◆ 일, 사건 순서, 전후 관계 ◆ 일, 사건의 원인, 결과	-	-
작문	상황과 목적에 맞는 글쓰기	-	-	-	◆ 초대, 감사 ◆ 축하, 위로 ◆ 일기, 편지 ◆ 자신, 주변 사람, 일상생활

공통 과목을 포함한 선택 과목으로서의 고등학교 영어 교과는 영어로 의사소통할 수 있는 능력을 길러 학습자 각자의 지적 역량을 신장시켜 학습자들이 미래의 주역으로서 시대적 변화에 능동적으로 대처할 수 있는 역량을 갖추어 글로벌 시민으로서 성장해나갈 수 있도록 하는 교과입니다. 고등학교 영어는 학습자들이 초·중학교에서 학습한 내용을 바탕으로 영어를 이해하고 사용하는 능력을 길러 학업 및 진로에 적극적으로 활용할 수 있도록 영어 의사소통 능력을 기르는 데 중점을 둡니다. 과목 체제에 있어서는 공통 과목, 일반 선택 과목, 진로 선택 과목, 전문 교과 I 로 구분하여 학습자들이 필요와

진로 등에 따라 선택하여 이수할 수 있도록 합니다. 교과목별 성격 및 목표는 별도로 제시합니다.

<2015 개정 교육과정 내용 체계(고등학교)>

핵심 개념	일반화된 지식	영역별 내용 요소			
		듣기	말하기	읽기	쓰기
소리/ 철자	소리, 강세, 리듬, 억양 식별, 철자	-	-	-	-
어휘 및 문장	낱말, 어구, 문장 이해	-	-	-	• 대상, 상황 • 의견, 감정 • 그림, 사진, 도표 • 경험, 계획 • 주제, 요지
세부 정보	말, 글 세부 정보 이해	• 대상, 주제 • 그림, 사진, 도표	-	• 그림, 사진, 도표 • 대상, 주제	-
중심 내용	말, 글 중심 내용 이해	• 줄거리, 주제, 요지	-	• 줄거리, 주제, 요지	-
맥락	말, 글 흐름 이해	• 일, 사건 순서, 전후 관계 • 일, 사건 원인, 결과 • 상황, 화자의 관계 • 화자의 의도, 목적 • 화자의 심정, 태도	-	• 일, 사건 순서, 전후 관계 • 일, 사건 원인, 결과 • 필자의 의도, 목적 • 필자의 심정, 태도	-

함축적 의미	글의 행간 이해	–	–	✦ 문맥 속 낱말, 어구, 문장 의미 ✦ 글의 숨겨진 의미	–
담화	의미 전달과 교환	–	✦ 사람, 사물 ✦ 장소 ✦ 의견, 감정 ✦ 그림, 사진, 도표 ✦ 방법, 절차 ✦ 자기소개 ✦ 주제, 요지 ✦ 일, 사건 순서, 전후 관계 ✦ 일, 사건의 원인, 결과	–	–
작문	글쓰기	–	–	–	✦ 대상, 상황 ✦ 그림, 도표 ✦ 서식, 이메일, 메모

<고등학교 영어 교육과정>

학년	과목	세부
1	공통	영어
2	일반 선택	영어회화
		영어 I
		영어 독해와 작문
		영어 II
3	진로 선택	실용영어
		영어권 문화
		진로 영어
		영미문학읽기

출처: 교육부 고시 제2015-74호 [별책 14]

초·중·고 교육과정 영어 노출의 실제

앞서 말한 것처럼 한국은 영어가 이중 언어로 일상에서 통용되고 있는 사회가 아닙니다. 한 사회를 구성하는 민족이 다르다거나 인구 및 경제 규모가 작아서 영어가 생존과 직결되는 상황도 아닙니다. 사회 비용이라는 엄청난 대가를 치르고서라도 영어 공용어 정책을 시행해야 하는 절실함이 없습니다. 따라서 한국의 공교육은 영어를 '외국어'로 가르치는 교육과정을 근간으로 이루어져 있다고 볼 수 있습니다. 그렇다면 이런 큰 틀을 가지고 한국의 영어 교육과정을 다시 들여다보겠습니다.

학교 교육이라는 제도권 교육을 받게 되는 동안 아이들이 순수하게 영어를 배우는 시간은 얼마나 될까요? 초중고 10년 동안 공교육 교육과정에 포함된 영어 교과목을 영어 노출 시간이라는 기준으로 살펴보겠습니다. 초등학교에 입학하면 아이들은 3학년부터 영어를 정규 과목으로 배우게 됩니다. 연간 34주를 기준으로 3~4학년의 수업 시수는 136시간, 5~6학년은 204시간입니다. 초등학교와 마찬가지로 중학교 역시 3년 동안 연간 34주를 기준으로 총 340시간의 영어 수업을 받게 됩니다. 고등학교의 경우도 3년 동안 연간 34주를 기준으로 총 340시간의 영어 수업이 배정됩니다. 단, 중학교처럼 일괄 편성이 아니라 2022학년도 기준으로 공통 과목, 일반 선택 과목, 진로 선택 과목으로 영어를 세분화합니다. 1학년은 공통 과목, 2~3학년은 일반 선택 과목의 기본 교육과정으로 이루어져 있으며, 여기에 학생의 선택에 따라 진로 선택 과목이 추가됩니다. 학교마다 진로 선택 과목을 이수하는 시기는 다르지만 2학년 혹은 3학년 중 한 학년에 편성합니다. 따라서 학생의 적성과 진로에 따라 영어 교과목을 더 듣겠다고 선택한 학생은 1년 동안 주당 3시간씩의 수업을 추가로 더 들을 수 있습니다. 이를 한눈에 알아볼 수 있도록 정리하면 다음과 같습니다.

<2022년 현재 학교급별/학년별 학교 영어 교육 시간>

학교급	학년	수업 배당 시수(시간/주)		연간 시수(시간)	총시간	
초등학교	3	2		136	1시간 = 40분	약 227
	4	2				
	5	3		204		
	6	3				
중학교	1	3		340	1시간 = 45분	255
	2	3				
	3	4				
고등학교	1	4	x	510	1시간 = 50분	425
	2	4	3 (진로 선택)			
	3	4				
초·중·고 10년 간 영어 수업 시간						약 907

초등학생들은 일주일에 2~3시간 정도 수업을 통해 영어에 노출됩니다. 방학을 이용해서 진행되는 영어 캠프는 정규 과정이 아니므로 제외하겠습니다. 초등학교의 1시간 수업은 꽉 찬 60분이 아닌 40분이므로 이를 반영하면 방학을 제외하고 1학기 17주, 1년에 34주간 아이들의 영어 노출 시간은 약 227시간 정도가 됩니다. 중학교 역시 1시간 수업이 45분임을 감안하여 255시간이 산출됩니다. 고등학교는 진로 선택 과목까지 포함하고 1시간 수업 시간이 50분임을 고려하여 총 영어 수업 시간을 계산하면 425시간이 됩니다. 자, 이를 다 합산하면 아이들이 10년 동안 공교육을 통해 영어에 노출되는 시간이 나오겠죠? 대략 907시간이 도출됩니다. 이 907시간을 또 재미나게 환산해 볼까요? 하루의 일과 시간을 8시간으로 잡으면 113일이며 한 달을 30일로 잡으면 3.7개월에 해당합니다. 넉 달도 채 안 되는 짧은 시간이죠. 10년 동안 아이들이 학교에서 영어에 노출되는 시간을 모두 합해도 하루에 8시간씩 넉 달이면 끝나는 것이죠. 이는 언어학자들이 주장하는 임계량과 비교해보면 터무니없이 부족한 노출 시간입니다. 이를 통해 우리는 학교 교육만으로 영어를 습득하는 것은 지극히 어렵다는 것을 알 수 있습니다.

초등학교 영어 교육과정에 대해 '어차피 배울 과목인데 굳이 3학년까지 미룰 필요가 있을까?', '차라리 1학년부터 배우는 게 낫지', '시작이 너무 늦은 뒷북 편성 아니야?'와 같은 의문을 품는 분들이 계십니다. 하지만 시작점이 빨라져서 1학년부터 배운다고 하여도 영어 교육은 시간을 기준으로 따져보았을 때 3학년 이후의 교육과 큰 차이가 없다는 것을 알 수 있습니다. 오히려 1학년부터 영어 수업이 시작되면 사교육의 시점을 앞당기게 되는 부작용이 예상됩니다. 물론 인구 감소, 국제화 시대, 교육열 등이 결합되어 요즘 아이들의 영어 노출 시기는 이미 빨라진 것이 사실입니다. 영아기부터 시작하여 각종 교재와 교구 마케팅, 영어 유치원 등 학령기 준비 아동들을 대상으로 영어 사교육이 시작되는 것에 기준을 잡는다면 초등학교 3학년은 늦다고 생각될 수 있습니다.

하지만 늦은 시작을 불안한 시각으로만 바라볼 필요는 없습니다. 학습의 효율성과 효과성을 따져보면 더욱 그렇습니다. 초등학교 3학년이란 시점은 핀란드의 영어 교육 시작점과 일치합니다. 핀란드의 경우, 아이들이 학교에 들어가기 전까지 모국어 역시 문자 교육조차 하지 않는다고 합니다. 하지만 일단 입학을 한 후에는 집중적으로 모국어 교육을 실시합니다. 왜 그럴까요? 학습의 효율성 때문입니다. 또한 모국어의 깊이가 외국어 학습의 근간이 되기 때문입니다. 이들은 1학년 때부터 일주일에 11시간, 하루에 2시간이라는 시간을 모국어 교육에 배정합니다. 핀란드 아이들은 3학년에 영어를 학습하기 전 2년 동안 필수적으로 모국어에 대한 깊이 있는 이해와 경험을 집중 이수하게 되는 셈입니다. 작문, 문법 등 모국어에 대한 철저한 이해가 먼저 깔린 후 그것을 바탕으로 영어 수업이 시작되는 것이죠.

그렇다면 영어 수업은 어떻게 할까요? 핀란드 사람들은 원어민 교사의 수업을 선호하지 않는데, 그 이유는 모국어를 알지 못하는 교사가 영어를 가르치는 것은 비효율이라고 생각하기 때문입니다. 영어를 전혀 모르는 아이들에게 CNN 방송을 틀어놓는 격이라고 할까요? 게다가 원어민 수업은 문화적인 종속감 혹은 열등감을 심어줄 수 있다고 생각합니다. 한국인이 한국말을 잘하는 것이 큰 자랑이 아니듯 원어민이 영어를 유창하게 구사하는 것은 너무도 당연한 일입니다. 그런데 원어민들의 유창성과 그들의 의식, 문화에 대한 선망과 환상이 은연중에 생겨날 수 있습니다. 영어 실력을 소수 엘리트 계층의 소유물로 생각하고 스스로 작아지는 사람들이 있는 것처럼 열등감도 함께 자랄 수 있겠죠. 그래서 핀란드에서는 원어민이 아니라 내국인 교사가 영어를 가르치는 것이 효과적이라고 생각합니다. 무슨 말인지 도통 모르는 영어로 계속 노출되는 것보다 모국어로 직접 설명을 듣는 것이 이해도와 효율성을 높인다는 판단 때문입니다. 이러한 의식 체계하에 핀란드 아이들은 초등 3학년이 되는 시점부터 영어를 학습하기 시작합니다. 물론 그들의 언어 환경이 우리와 다르기는 하지만 시사하는 바가 있습니다. '학습의 효율성'이 바로 그것입니다. 우리 아이의 영어, 늦었다고 생각할 때가 바로 효율성 면에서 가장 적기일 수 있습니다. 유아 시절 몇 년에 걸쳐 투자했던 시간이 아동기의 1년만으로도 거뜬히 만회될 수 있기 때문입니다. 그렇다면 우리 아이의 영어 공부, 구체적으로 어떻게 효율적으로 이끌어가야 할까요? 다음 장에서 초·중·고 영어 공부 로드맵을 차근차근 짜보도록 하겠습니다.

2장

초·중·고
영어 공부 로드맵

1

영어 공부의 종착점,
수능 1등급 + α

학생들이 영어를 배워야 하는 가장 현실적이고 직접적인 이유는 바로 영어가 대학 입시에 반영되는 교과목이기 때문입니다. 한국과 같은 EFL 상황 속에서 시험을 위한 영어는 피해갈 수 없는 현실이자 반드시 넘어야 할 산인 것이죠. 그렇다고 해서 대입이 영어 공부의 종착점은 아닙니다. 대학에 입학하고 나서도 영어에서 완전히 손을 놓을 수는 없습니다. 영어로 된 전공 서적을 읽어야 하고, 취업이나 승진을 위해 영어 자격시험을 봐야 하며, 취업 후 업무상 해외 파트너들과 영어로 커뮤니케이션을 해야 할 수도 있고, 유학을 가거나 다른 대학에 편입을 하려 해도 영어 시험을 봐야 합니다. 영어와 아예 담쌓고 살다가도 해외여행을 가서 제대로 즐기려면 영어로 소통해야 하는 상황이 펼쳐지기도 합니다. 말 그대로 영어는 일상의 한 조각으로 살포시 끼워져 있다가 언제 툭 튀어나올지 모르는 시한폭탄 같은 존재일지도 모릅니다.

이러한 상황에서 영어 공부의 궁극적인 종착점을 단순히 수능 1등급으로 잡으시면 안 됩니다. 시험을 위한 영어는 목표를 달성한 후, 즉 대입이 끝난 후에는 지속력을 갖기 힘드니까요. 따라서 수능 이후의 인생 과업들도 어렵지 않게 통과할 수 있는 기본기를 제대로 다지는 것을 영어 공부의 궁극적인 목표로 삼아야 합니다. 시험 목표를 유유히 통과하고 그 성취감으로 이후에도 영어를 지속적으로 즐기는 것이 중요합니다. 《보물섬》을 쓴 작가 로버트 루이스 스티븐슨 Robert Louis Stevenson은 이런 말을 했습니다.

"To travel hopefully is a better thing than to arrive."
희망차게 여행하는 것이 목적지에 도착하는 것보다 좋다.

훌륭한 성취를 이루려면 꾸준한 행동뿐만 아니라 꿈을 꾸는 것, 즉 행복한 여정을 통과하는 과정이 반드시 필요합니다. 영어를 시험 과목으로만 접근하면 공부하는 과정이 그렇게 괴로울 수가 없습니다. 게다가 성적까지 안 나오면 꼴도 보기 싫은 과목이 되는 것은 시간 문제입니다. 무엇보다 언어 학습은 재미있는 과정이 중요합니다. 그 행복한 경험을 토대로 자연스럽게 학습으로 이어질 수 있기 때문입니다. 영어를 일상에서 자연스럽게 배울 수 없는 EFL 환경 속에서 언젠가는 학습의 개념으로 전환되어야 하는 시점이 반드시 옵니다. 억지로 시동을 켜서 꾸역꾸역 가다가 중간에 멈추느냐, 가뿐하게 동력을 받아 쭉 가속페달을 밟고 나가느냐의 차이입니다. 우리 아이의 영어 실력, 그 최종 목표가 단순히 수능 1등급이었다면 플러스알파를 더 얹어주는 건 어떨까요? 수능이라는 목표를 가뿐히 넘어서서 새로운 과업들을 지속할 수 있는 행복한 목표를 잡아보세요.

2

초등 1학년~고등 3학년 전체 로드맵

아이를 키우다 보면 '카더라' 통신에 흔들릴 때가 많죠? 영어 학습의 다양한 성공 사례들을 마주하다 보면 이렇게도 해봐야 할 것 같고 저렇게도 해봐야 할 것 같습니다. 아이에게 좋은 것은 다 해주고 싶은 부모의 마음이겠지요. 충분히 이해합니다. 문제는 갈피를 잡지 못하고 불안해지면서 말로만 듣던 효과가 바로 나타나지 않을 때 아이를 닦달하며 힘들게 할 수 있다는 점입니다. '여기저기에서 들리는 모든 방법들이 과연 내 아이에게도 효과적일까?' 하고 꼭 한번 스스로 질문해보세요. 모든 아이들에게 똑같이 효과적인 방법은 없습니다. 다른 아이에게 효과적이었던 학습법이 내 아이에게는 안 먹힐 수 있습니다. 아이들마다 성향이 다르고, 속도가 다르기 때문입니다. 내 아이에게 가장 맞는 방법을 찾아서 부모의 속도가 아닌, 아이의 속도로 가려는 마음가짐이 필요합니다.

초등학교 입학 전, 영어 노출의 정도는 개인적 편차가 있습니다. 영어에 전혀 노출되지 않았더라도 조급해하지 마세요. 공교육의 교육과정상 초등학교 3학년부터 영어 수업이 시작됩니다. 다른 아이들은 다 영어를 잘하는데 내 아이만 3학년 때 시작하면 뒤떨어지지는 않을까, 자존감에 상처를 입지 않을까 걱정이 됩니다. 그렇다면 초등학교 1, 2학년을 어떻게 보내야 할까요? 아이를 학원으로 뺑뺑이 돌리기 시작해야 할까요? 영어는 언어입니다. 책상에 앉아서 공부하는 것이 아니라 생활의 한 부분이 되어야 합니다. 자연스러운 음원 노출을 시작으로 영어를 학습이 아닌 일상의 소리로 익숙해지도록 환경을 세팅해주시면 됩니다. 쉽고 재미있게 따라 부를 수 있는 챈트나 동요를 시작으로 영어 동화책을 읽어주시거나 CD 혹은 음원으로 영어를 듣도록 해주세요. 영어 애니메이션이나 영상도 좋은 자료입니다. 영어를 보고 들으면 소리 노출뿐만 아니라 상황 속 실용영어, 문화적 코드까지 배울 수 있는 좋은 기회가 되기 때문입니다.

이렇게 1, 2학년 기간 동안 영어 소리에 담금질이 되다 보면 학교에서 3학년부터 시작되는 파닉스 등의 영어 수업 내용을 자연스럽게 흡수할 수 있게 됩니다. 꾸준한 인풋Input을 위해 영어로 된 다양한 책과 음원, 영상 등을 지속적으로 접하도록 합니다. 어느 정도 양의 인풋이 차야 아웃풋Output을 기대할 수 있기 때문이죠. 또한 쉬운 영어책을 소리 내어 읽는 연습을 추천합니다. 간단한 단어, 어구, 문장들을 책을 읽으면서 입으로 내뱉는 소리 내어 읽기Read Aloud는 한글을 배울 때도 많이 사용하는 방법이지요. 소리 언어가 문자 언어로 익숙하게 전환될 수 있도록 해주며 말하기 아웃풋의 준비를 도와줍니다. 영어책 읽기를 하면서 동시에 한 문장 필사 등을 병행하면 문자에 익숙해지고 쓰기 아웃풋의 토대를 쌓을 수 있습니다.

초등학교 5, 6학년은 사고력이 높아지는 시기로 영어책 읽기에 속도와 깊이를 더해줍니다. 영어책 읽기 습관이 잘 잡히면 몰입의 경험도 하게 됩니다. 재미있는 픽션Fiction을 다독하는 것과 동시에 영어 신문을 통해 논픽션Nonfiction으로 읽기의 영역을 확대해 가세요. 수능에서 만나는 지문은 대부분 논픽션이므로 논리적인 글 읽기가 중요합니다. 또한 중학교 입학 전에는 가볍게 영문법에 입문하여 전반적인 개념 정리를 하는 것도 필요합니다. 중학교에서 치르게 되는 지필평가는 문법의 비중이 크고, 또한 문장을 제대로 읽고 쓸 수 있기 위해서는 문법에 대한 이해가 중요하기 때문입니다.

중학교 수업은 초등학교 수업과 달라서 본격적인 학습으로서의 영어 개념이 들어옵니다. 고등학교 영어 실력의 뼈대를 만드는 시기로, 어휘·영문법 등이 학년이 올라갈수록 심화되어 갑니다. 매일 정해진 분량의 어휘·영문법 학습, 독해 등을 통해 실력을 탄탄하게 쌓아가야 허망하게 무너지지 않습니다. 영어책과 한글책을 다양하게 많이 읽어서 배경지식을 쌓고 문해력을 키우는 것도 중요합니다. 고등학교 입학 전에는 수능 문제의 수준이나 유형에 대한 이해도를 높이기 위해서 수능 모의고사 문제를 풀어보도록 합니다.

고등학교는 내신과 수능이라는 두 마리의 토끼를 잡아야 하는 시기입니다. 수학·과학을 공부하느라 영어 공부를 등한시해서는 안 됩니다. 중학교 때 다져놓은 어휘·영문법을 기반으로 더욱 난도 높은 지문을 이해하고 풀 수 있는 어휘력·문법력·독해력을 지속적으로 심화시켜가야 합니다. 매일 영어책을 읽을 수 있는 시간적 여유는 없더라도 매일 영어 공부를 해야 감을 잃지 않고 실력을 유지할 수 있다는 점을 꼭 기억하고 실천하세요.

<초등학교 1학년~고등학교 3학년 전체 로드맵>

활동 시기		매일 필수 활동	선택·추가 활동
초1~2	충분한 인풋	◆ 노래 음원 듣기 ◆ 영어 영상 시청 ◆ 영어 동화책 보기	◆ 영어 게임 ◆ 청독(영어책 음원 들으며 읽기) ◆ 알파벳 쓰기 연습
초3~4	지속적 인풋	◆ 청독 및 영어책 읽기 ◆ 영어 영상 시청	◆ 영어 게임 ◆ 파닉스 및 사이트 워드 ◆ 논픽션 입문
	아웃풋 징검다리	◆ 섀도우 스피킹 ◆ 소리 내어 읽기 ◆ 한 줄 영어 필사 ◆ 한 줄 영어 일기 쓰기	◆ 영어 스펠링 쓰기 연습 ◆ 영어 하브루타 ◆ 독후 활동

초5~6	지속적 인풋	◆ 영어책 읽기 ◆ 영어 영상 시청 ◆ 영문법 입문	◆ 영어 게임 ◆ 파닉스 및 사이트 워드 ◆ 영어 딕테이션 ◆ 영어 신문 읽기 및 요약하기
	아웃풋	◆ 섀도우 스피킹 ◆ 소리 내어 읽기 ◆ 자기에게 말하기 ◆ 영어 필사 ◆ 영어 일기 쓰기	◆ 영어 정기 간행물 읽기 ◆ 영어 프레젠테이션 ◆ 영어 서평 쓰기 ◆ 영어 텍스트 요약하기 ◆ 영어 슬로 리딩 샛길 활동
중1~3	인풋 & 아웃풋	◆ 영어책 읽기 ◆ 영어 영상 시청 ◆ 섀도우 스피킹 ◆ 자기에게 말하기 ◆ 영어 필사 ◆ 영어 일기 쓰기	◆ 영어 딕테이션 ◆ 영어 신문 및 논픽션 읽고 요약하기 ◆ 영어 텍스트 요약하기 ◆ 영어 프레젠테이션 ◆ 영어 서평 쓰기 ◆ 영어 슬로 리딩 샛길 활동 ◆ 교과서 본문 영작

	학습	◆ 교과서 완전 학습
		◆ 자기만의 단어장 만들기
		◆ 어휘 정해진 분량
		  매일 암기
		◆ 영문법 기본서 학습
		◆ 독해집 풀기
			◆ 구조적 글쓰기 연습(수행평가 준비)
			◆ 교과서 출판사 문제집 풀기
			
			[중2] 풀세트 시험 문제 풀어보기
			[중3] 고1 전국연합 기출문제 풀기
			  어원을 통한 어휘 학습

고1~2		◆ 내신 범위 수업 자료 완전 학습 ◆ 어휘 학습(유의어, 반의어, 파생어 정리) ◆ 영문법 심화 학습 및 구문 정리 ◆ 독해집 풀기	◆ 영어책 읽기 ◆ 영어 영상 시청 ◆ 구조적 글쓰기 연습(수행평가 준비) ◆ 지문 읽고 요약·정리하기 ◆ 수능 기출 문제 분석 및 풀기 ◆ 모의고사 세트 문제 풀기 ◆ 자주 틀리는 유형·오답 정리
고3		◆ 내신 범위 수업 자료 완전 학습 ◆ 어휘 학습(유의어, 반의어, 파생어 정리) ◆ 영문법 심화 학습 및 구문 정리 ◆ EBS 연계 교재 및 모의 고사 문제 풀기	◆ 영어책 읽기 ◆ 영어 영상 시청 ◆ 제한 시간 내 수능 기출 및 모의고사 세트 문제 풀기 ◆ 자주 틀리는 유형·오답 정리

PART III

수능 1등급으로
이어지는
초등 영어의 핵심

1장

절대평가여도
절대 쉽지 않은
수능 영어 1등급

1

수능 영어 영역 문항의 A to Z

대학수학능력시험 영어 영역은 3교시 (13:10~14:20)에 치러집니다. 점심을 먹고 난 직후라 아이들은 식곤증을 이겨내며 문제를 풀어야 합니다. 총 45문항이 출제되며 문항 구성은 간접 말하기를 포함한 듣기 17문항과 간접 쓰기를 포함한 읽기 28문항으로 이루어져 있습니다. '간접'으로 에두르고 있지만 실질적으로는 듣기와 읽기로 구성된 시험입니다. 총 70분의 시험 시간 동안 듣기 평가가 약 25분간 먼저 진행되고 남은 45분간 읽기 시험이 이어집니다. 읽기의 경우 한 문항당 평균적으로 1분 40초, 즉 2분이 채 안 되는 시간 내에 답을 찾아야 문제를 모두 풀 수 있습니다. 결코 넉넉한 시간이 아니기 때문에, 시간 싸움이라는 말이 나오는 것입니다.

듣기 방송이 나오는 동안은 전략적으로 시간을 활용할 수 있는 틈새 시간입니다. 즉, 한 문항 듣기 방송이 끝나기 전에 답을 찾을 수 있으면 답안을 작성한 후, 다음 문항 방송이 나오기 전까지 다음 장으로 넘길 수 있도록 시험지를 접고 왔다 갔다 하며 읽기 문항을 풉니다. 듣기 방송 시간에 치열하게 읽기 문항을 푸는 것은 수험생들 사이에 이미 오래된 문제 풀기 전략입니다. 점심을 먹고 나른할 수 있는 시간이지만, 듣기 방송이 나오는 동안 시험지를 앞뒤로 넘기는 긴장감 넘치는 소리에 정신이 깨기도 합니다.

\<수능 영어 문항 및 시험 시간\>

시험 시간	평가 영역		문항수		시험 시간
3교시 (13:10 ~ 14:20)	듣기	듣기	12문항	17문항	25분 이내
		간접 말하기	5문항		
	읽기	읽기	21문항	28문항	45분
		간접 쓰기	7문항		
	계		45문항		70분

수능 영어의 배점을 살펴보겠습니다. 교육과정상 중요도, 소요 시간, 난이도 등을 고려하여 2점, 3점으로 문항당 차등 배점합니다.

구체적으로, 듣기 17문항 중 3문항이 3점, 읽기 45문항 중 7문항이 3점이며 그 외는 2점으로 전체 영어 원점수는 100점으로 구성됩니다.

<수능 영어 문항 수 및 배점>

영역	합계	듣기		읽기	
문항 수(개)	45	총 17		총 28	
		14	3	21	7
문항 배점(점)	100	총 37		총 63	
		2	3	2	3

수능 영어의 문제 유형은 정형화되어 있으며, 문제 유형별로 난이도가 조금씩 다릅니다. 듣기는 읽기 영역에 비해 평이하게 출제됩니다. 점심 직후 식곤증을 잘 이겨내고 집중력을 발휘한다면 큰 어려움 없이 해결할 수 있는 정도입니다. 하지만 읽기 지문의 경우, 문제 유형별로 난이도가 천차만별입니다. 쉬운 문제부터 점차 어려운 문제로 배치가 되는데, 앞쪽에 배치되는 글의 목적, 요지, 주제, 주장, 제목을 찾는 문제는 글의 구조나 문체가 특정 패턴을 가지고 있어서 비교적 쉽게 풀 수 있습니다. 뒤쪽에 배치된 어휘, 빈칸 추론, 문장 순서, 문장 삽입, 요약문의 유형은 문장간 유기성을 판단하고 글

의 논리적인 흐름을 파악해야 하므로 비교적 난도가 높습니다. 단순 암기, 파편화된 지식이 아니라 복잡한 문장을 정확하게 분석·해석하고, 글의 흐름과 논리를 전체적으로 읽어내는 종합적이고 심층적인 이해력이 필요하기 때문입니다. 2022학년도 수능 영어 오답률이 70% 이상(맞춘 학생이 30% 미만)이었던 문제들 역시 빈칸 추론과 문장 삽입 문제였습니다.

<수능 영어 문항별 문제 유형과 난이도>

문항	문제 유형	정답률	난이도
1~17	듣기	90% 이상	쉬운 편
18~24	목적, 요지, 주제, 주장, 제목 등	80~90%	비교적 쉬운 편
25~30	내용 일치, 도표, 어법, 어휘 등	60~90%	대체로 평이, 킬러 1~2문제 정도
31~40	빈칸 추론, 문장 순서, 문장 삽입, 요약문 등	30~60%	대체로 어려운 편
41~45	장문 독해	70~90%	비교적 쉬운 편

출처: 에듀진

2022학년도 수능 영어의 경우, EBS 연계 비율이 70%에서 50%로 대폭 낮아졌으며 직접 연계에서 100% 간접 연계로 바뀌었습니다. '연계'란 EBS 강의와 교재에서 풀어본 문제 지문이 그대로 수능에서 출제되는 것을 말합니다. 교육부의 수능 EBS 교재 연계 정책은 사교육비 경감을 위해 2010년(2011 수능, EBS 연계율 70%)부터 본격적으로 시작되었습니다. 이 정책을 토대로 2021학년도까지 한국교육과정평가원에서 감수한 특정 EBS 교재에서 지문을 그대로 활용하여 문제 유형만 바꾸어 출제되었으며, 그 비율은 70%에 육박했습니다. 수험생이 EBS 연계 교재 및 강의 내용만 충실히 이해하면 수능시험에 직접적인 도움이 될 수 있도록 숨통을 틔워주기 위한 목적이었습니다. 하지만 지문을 단순하게 암기하거나 심지어 해설서의 한글 내용을 외우는 사례가 빈번하였습니다. 결과적으로 문법과 독해 실력이 없어도 그냥 단어만 잘 외우면 1등급을 받는 경우도 발생했습니다. 고등학교 3학년 교실은 EBS 문제 풀이 수업 풍경으로 채워지면서 EBS의 시대라고 해도 과언이 아닐 정도였습니다.

이러한 문제점들이 발생하면서 2022학년도부터 EBS 연계율을 낮추고 연계 방식도 '직접 연계'에서 '간접 연계'로 변경되었습니다. 간접 연계란 EBS 교재의 지문과 주제 및 요지가 비슷한 텍스트를 다른 책에서 발췌하여 출제하는 것을 의미합니다. 직접 연계에서 100% 간접 연계로 바뀌면 체감 난도가 당연히 높아질 수밖에 없습니다. 2022학년도 수능에서 절대평가인 수능 영어는 EBS 연계율 급감과 연계 방식 변경에 따라 당락을 좌우하는 변별 과목이 되었습니다. 고득점의 관건은 더이상 단순 암기가 아니라 탄탄한 어휘력, 문법력, 독해력의 3박자를 토대로 어떠한 지문이 나오더라도 풀 수 있는 '문제 해결 능력'입니다.

2

수능 영어 출제 지문 예시

2022년 수능 오답률(72%)이 두 번째로 높았던 빈칸 추론 문제를 한번 살펴보겠습니다. 이 문항은 시험의 변별력을 확보하기 위한 난도가 높은 킬러 문항, 즉 오답률이 높은 문항에 속하는데, 과학과 비교되는 역사의 특징을 묻는 지문으로 추상성이 높습니다. 영문이 아닌 한글로 내용을 읽어봐도 글을 읽고 답을 찾을 때 생각을 깊이 해야 하는 전문성 있는 글임을 알 수 있습니다. 요즘 수능 영어에서 '배경지식'에 대한 중요성이 높아지는 이유가 바로 이 부분입니다. 수능 영어에는 매해 다양한 분야에서 높은 수준의 이해를 요구하는 내용의 지문이 등장합니다. 글을 읽고 잘 이해하기 위해서는 복합적인 요소가 함께 작용합니다. 어휘력, 구문력, 논리력 등 글을 정확하게 읽고 해석하여 전체적인 맥락을 파악하는 능력도 중요하지만 이에 기름칠을 해주는 또 다른 중요한 요소가 배경지식입니다. 예를 들어, 자동차에 관심이 많아 자동차의 구조나 역사에 대한 지식이 해박한 경우와 배경지식이 전무한 경우, 관련 내용의 지문을 이해하는 출발점은 확연히 다릅니다. 정확하게 해석을 하지 못하더라도 내용을 이해하고 문제를 푸는 데 큰 어려움이 없는 경우도 있는데, 이는 이미 가지고 있는 배경지식의 역할 때문입니다. 배경지식은 실전에서 난도 높은 글을 마주했을 때 글의 맥락을 잡아가며 지문의 내용을 이해하는 데 큰 역할을 합니다. 긴장되는 시험 상황에서 익숙하고 아는 내용을 만나면 당황하지 않고 돌파할 수 있는 배짱도 생겨납니다.

Precision and determinacy are a necessary requirement for all meaningful scientific debate, and progress in the sciences is, to a large extent, the ongoing process of achieving ever greater precision. But historical representation puts a premium on a proliferation of representations, hence not on the refinement of one representation but on the production of an ever more varied set of representations. Historical insight is not a matter of a continuous "narrowing down" of previous options, not of an approximation of the truth, but, on the contrary, is an "explosion" of possible points of view. It therefore aims at the unmasking of previous illusions of determinacy and precision by the production of new and alternative representations, rather than at achieving truth by a careful analysis of what was right and wrong in those previous representations. And from this perspective, the development of historical insight may indeed be regarded by the outsider as a process of creating ever more confusion, a continuous questioning of _____, rather than, as in the sciences, an ever greater approximation to the truth.

① criteria for evaluating historical representations
② certainty and precision seemingly achieved already
③ possibilities of alternative interpretations of an event
④ coexistence of multiple viewpoints in historical writing
⑤ correctness and reliability of historical evidence collected

정확성과 결정성은 모든 의미 있는 과학적 토론에서 필수 요건이며 과학의 진보는, 상당 부분, 더 높은 정확성을 달성하는 지속적인 과정이다. 그러나 역사적인 표현은 표현의 확산에 더 많은 가치를 부여하므로 하나의 표현을 개선하는 것이 아니라 더 다양한 표현들의 생산에 중점을 둔다. 역사적인 통찰력은 이전의 선택지들을 계속적으로 "좁혀가는 것", 즉 진실에 근접해가는 문제가 아니라, 반대로, 가능한 관점들의 "폭발"이 중요하다. 따라서 그것은 이전의 표현들에서 무엇이 옳고 그른지에 대해 신중하게 분석함으로써 진실을 성취하는 것이 아니라 새롭고 대안적인 표현들을 생산함으로써 이전의 결정성과 정확성에 대한 환상을 벗겨내는 것을 목표로 한다. 이러한 관점에서 역사적 통찰력의 발전은 과학에서처럼 진실에 더 근접해가는 것이 아니라 더 많은 혼란을 창조하는, _____ 에 대해 끊임없이 질문하는 과정으로 외부자에 의해 간주된다.

① 역사적인 표현을 평가하는 기준
② 이미 성취된 듯한 확실성과 정확성
③ 사건의 대안적인 해석의 가능성
④ 역사적인 글에서 다양한 관점의 공존
⑤ 수집된 역사적인 증거의 옳음과 신뢰성

②: 답장

3

수능 출제 지문의 리딩 지수 분석

그렇다면 막연하게 '어렵다'가 아니라 객관적인 척도로 분석했을 때, 수능 영어 지문의 난이도는 어느 정도일까요? 미국의 교육 연구기관인 메타메트릭스사에서 개발한 독서 수준 지표인 렉사일 지수Lexile Measures와 르네상스사에서 개발한 AR 지수Accelerated Reader를 통해 알아보겠습니다. 렉사일 지수는 어휘 난이도와 문장 길이로 텍스트가 얼마나 어려운지 혹은 아이들의 읽기 능력 수준이 어느 정도인지를 측정하는 정량적 분석 지표입니다. 즉, 글의 주제와 같은 내용의 난이도는 배제하고 단어가 어렵고 지문이 길수록 렉사일 지수는 높아집니다. AR 지수는 각 도서에서 사용된 어휘수, 문장의 길이, 내용 난이도를 종합하여 부여한 수치입니다. AR

은 유치원에서 고등학교 3학년(K-12)까지로 단계를 나누며 AR 다음에 숫자로 표기합니다. AR9.2라는 말은 영어 원어민 학생 기준으로 9학년 2개월 정도의 아이가 읽기에 적합한 수준이라는 의미입니다.

<미국 학년별 렉사일 지수>

Grade(학년)	Beginning of Year(학년 초)	End of Year(학년 말)
K	BR*40L	230L
1	190L	530L
2	420L	650L
3	520L	820L
4	740L	940L
5	830L	1010L
6	925L	1070L
7	970L	1120L
8	1010L	1185L
9	1050L	1260L
10	1080L	1335L
11 & 12	1185L	1385L

*BR: Beginning Reading / 출처: http://lexile.com

8개 학년도에 치러진 수능 영어 지문의 수준을 두 개의 리딩 지수로 분석해보겠습니다.

<수능 영어 지문 지수 분석>

년도	문항당 지수 범위	평균 지수	지수 종류
2014	890L~1530L	1200L	렉사일 지수
2015	710L~1540L	1160L	
2016	690L~1770L	1180L	
2017	760L~1810L	1210L	
2018	AR5.3~AR12.8	AR9.54	AR 지수
2019	AR3.9~AR13.5	AR9.88	
2020	AR4.6~AR12.7	AR9.92	
2021	AR4.5~AR13.1	AR9.59	

출처: 메타메트릭스사(렉사일 지수), 르네상스사(AR 지수)

연도별로 편차는 있지만 수능 영어의 평균 지수는 렉사일 지수로는 1100~1200L, AR 지수로는 9점대를 기록하고 있습니다. AR 지수 9점대는 미국 9학년에 해당하는 수준으로, 렉사일 지수로 변환하면 최대 1260L 정도의 레벨에 해당합니다. 미국의 10~12학년(고1~고3)이 읽는 지문의 수준은 평균 렉사일 지수로 1200~1300L 정도입니다. 미국의 대입 시험인 SAT를 제대로 치르기 위해서 혹은 직업 준비를 위해서는 1185~1385L 정도의 범주의 수준은 되어야 합니다. 수능 영어가 절대평가라고는 하지만 통계 자료에서 알 수 있듯이 지문의 난도가 쉬워진 것이 결코 아닙니다. 수능 영어 지문의 수준은 상당히 높습니다. 원어민들이 한국의 수능 영어 시험을 직접 풀어보며 혀를 내두르는 것이 이해가 됩니다.

4

수능 영어 절대평가의 실제

　　수능 영어가 절대평가라는 것은 다른 응시자들의 성적과는 무관하게 자신이 받은 점수에 따라 정해진 등급을 받는다는 의미입니다. 영어 영역에서 받을 수 있는 100점 중에서 90점 이상이면 1등급, 80점 이상이면 2등급, 70점 이상이면 3등급, 이런 식으로 다른 응시자들의 점수와는 상관없이 본인의 점수를 기준으로 해서 10점 단위로 1등급에서 9등급까지 등급이 고정으로 부여됩니다. 즉, 절대평가라는 것은 영어가 쉬워진다는 의미가 아니라 영어 실력이 다른 사람과 비교되어 평가되지 않는다는 뜻입니다. 다른 수험생보다 문제를 하나 더 틀렸을 경우 등급이 달라지는 부담이 줄어드는 것일 뿐, 문제 자체의 질적 수준이 하락하는 것은 아니라는 말이죠. 성취 수준 충족을 목표로 수험자들 간의 비교가 아닌 영어 능력 자체 즉, 개인별 역량에 초점을 맞추겠다는 취지입니다.

하지만 매해 시험의 난이도가 달라 1등급에 해당하는 비율은 차이를 보여 왔습니다. 2018년 절대평가 제도가 시행된 6년 동안 1등급의 추이는 10.0%(2018년), 5.3%(2019년) 7.4%(2020년), 12.2%(2021년), 6.2%(2022년), 7.8%(2023년)입니다. 문제가 쉽게 출제되는 해에는 등급 인플레이션이 나타나서 수험생의 변별이 어려워집니다. 영어의 변별력이 낮아지면 상대적으로 다른 과목의 중요성이 높아지는 풍선 효과가 나타납니다. 영어만 절대평가일 뿐 다른 과목은 여전히 상대평가로 치르다 보니 왜곡이 되는 것이죠. 학생들은 국어, 수학 등 다른 과목에 더 많은 시간과 노력을 기울이게 됩니다. 실제 대학에서도 수능 영어의 낮은 변별력으로 자체 영어 평가를 치르기도 합니다. 그렇다고 매해 영어 1등급을 받는 것이 쉬운 것도 아닙니다. 난이도가 예측 불허이기 때문입니다. 2019학년도, 2022학년도는 불수능 논란을 야기하면서 영어 1등급 비율이 전년도에 비해 반토막이 났습니다. 특히, 2022학년도 영어는 역대 수능 영어 원점수 90점 이상 비율로 절대평가 1등급을 추정해 볼 때, 2006학년도 4.7%, 2011학년도 4.3%를 제외하고 가장 낮았으며 상대평가 방식 비율로 봐도 2010학년도(5.31%), 2012학년도(6.53%)보다 1등급자 비율이 적었습니다. 절대평가라고 하지만 출제 난이도가 일정치 않아서 혼란스럽습니다. 절대평가의 취지에 맞는 1등급 비율은 전문가마다 의견이 다릅니다. 절대평가이지만 동시에 대입의 변별력을 확보하는 시험의 역할을 간과할 수 없기에 서울 주요 대학의 입학정원이 전체 수험생의 7~8% 정도임을 감안하여 적어도 대입 변별력 측면에서의 7~8% 정도를 적정선으로 보기도 합니다. 고정분할 점수 방식의 절대평가는 출제진 판단만으로 연도간 문항 난이도 수준을 동일하게 맞추는 것이 불가능하기에 언론의 뭇매를 맞아 온 것이 사실입니다.

<최근 6년간 수능 영어 등급별 추이>

등급	원점수 (점)	비율(%)					
		2018 학년도	2019 학년도	2020 학년도	2021 학년도	2022 학년도	2023 학년도
1	90	10.0	5.3	7.4	12.2	6.2	7.8
2	80	19.6	14.3	16.2	16.5	21.6	18.6
3	70	25.4	18.5	21.8	19.7	26.16	21.7
4	60	18.0	20.9	18.4	18.6	18.5	18.8
5	50	10.5	16.5	12.2	13.5	11.3	13.3
6	40	6.7	10.7	9.21	9.0	7.8	8.8
7	30	4.7	7.4	7.37	5.6	5.3	5.6
8	20	3.5	4.6	5.24	3.4	3.1	3.6
9	20 미만	1.5	1.7	1.87	1.0	0.7	1.3

출처: 한국교육과정평가원

5

재학생이 전적으로 불리한 수능에서 절대 전략 과목인 영어

영어가 수능에서 차지하는 영향력을 파악하기 위해서는 우선, 수능의 실제를 아셔야 합니다. 고등학교 1, 2학년 아이들은 내신과는 별개로 수능 모의고사를 치릅니다. 시 · 도교육청에서 주관하는 학력평가 및 사설 모의고사가 있으며, 고등학교 3학년이 되어서는 한국교육과정평가원이 주관하는 6월, 9월 모의평가를 치릅니다. 모의평가를 포함한 모의고사는 실전 수능을 대비하여 자신의 위치가 어느 정도인지 미리 가늠할 수 있는 기회가 됩니다. 하지만 모의고사의 성적을 절대적으로 신뢰하는 우를 범해서는 안 됩니다. 모의고사는 모의고사일 뿐이기 때문입니다.

고등학교 1, 2학년 때 치르는 시 · 도교육청 주관 모의고사는 재학생을 대상으로 치르는 시험이기 때문에 고등학교를 졸업한 수험생들은 빠져 있습니다. 모의고사와 실제 수능의 괴리가 크다는 것이죠. 고등학교 1, 2학년 때 모의고사에서 1등급을 받았다고 자만해서는 안 되는 이유가 바로 여기에 있습니다. 고등학교 3학년에 올라가서 모의평가를 치르면 그전에 경험했던 모의고사에서는 예상치 못했던 졸업생들을 상대하게 됩니다. 수능만을 준비해온 재수생, N수생들이 강세를 보일 수밖에 없습니다. 당연히 고3 현역들의 등급이 내려갈 확률이 높습니다. 그제서야 재학생들은 말로만 듣던 상황에 정신이 번쩍 듭니다.

그렇다면 실전 수능은 어떨까요? 실전 수능에는 예상할 수 없는 또 다른 인원들이 대거 유입됩니다. 모의평가 때조차 나타나지 않았던 막강한 상대들인데요, 고등학교 졸업 후 곧장 재수학원에 등록하지 않고 대학을 다니면서 수능을 다시 준비하는 반수생인 현직 대학생들입니다. 이들은 12년간 달려왔던 수능을 끝내고 대학에 입학하여 수강 신청도 해보고, 학교 축제도 즐기고, 학과 동아리 활동 등에 참여하며 대학생으로의 인생을 즐깁니다. 하지만 마음 한편에 그동안에 들였던 노력, 현재의 위치, 마주할 미래 등을 고려하며 계속 저울질을 합니다. 소위 말해 인서울에 성공한 학생들, 혹은 지방 의대에 진학했던 학생들 중 '학교 간판을 좀 올려볼까?' 하는 마음을 가지고 있는 숨어 있는 실력자 군단입니다. 이들은 모의평가에서 나타나지 않다가 바로 실제 수능 시험장으로 직행하여 상위권을 차지하는 무시무시한 존재들이죠. 코로나 이전의 상황인 2020학년도 통계를 살펴보겠습니다.

응시자	2020 6월 모의평가	2020 11월 수능	인원 변동
재학생	397,354	347,765	-49.589
졸업생	68,784	136,972	+68,188

출처: 메가스터디

고등학교 3학년 때 치르는 모의평가는 응시 지원을 하는 재수생, 반수생, N수생들을 포함합니다. 사실, 실제 수능을 치르기 전 졸업생들이 대거 합류하기 하는 시험입니다. 그래서 실전 수능의 전신이 될 수 있는 모의평가는 현역이라 불리는 재학생들에게 큰 의미가 있는 시험이기도 합니다.

하지만 통계에서 볼 수 있듯이 6월 모의평가와 수능은 응시 인원에 있어서 큰 차이를 보입니다. 일단, 대학을 가지 않기로 결정한 재학생들이 실제 수능에서 빠져나가는 숫자가 거의 5만 명인데, 주목해야 할 점은 이들은 상당수가 백분위 하위 수준을 차지하던 학생들일 가능성이 높다는 점입니다. 여기에 모의평가 때는 나타나지 않았던 7만여 명의 수험생들이 수능 시험 당일에 합류하게 되는데, 이들은 앞에서 언급했듯이 상당수가 백분위 중상위 수준을 탈환할 가능성이 높은 실력자들입니다. 이런 상황이 재학생들에게 미치는 영향이 그려지시나요? 하위 등급을 받쳐주던 그룹이 빠져나가고 상위 등급을 차지할 그룹이 들어오면서 재학생들은 실제 수능에서 높은 등급을 뺏길 확률이 높아집니다. 갑작스레 등장한 상위권 탈환자들로 인해 수능 최저를 맞추지 못해서 조건부 입학이 취소되는 사례가 속출합니다. 다시 말해 수능은 재학생들에게 그리 유리한 구조가 아닙니다.

수능 최저란, 수시에 지원하는 대입 지원자들이 대학수학능력시험에서 받아야 하는 성적의 하한선을 의미합니다. 각 대학은 수시에서 학생부 교과, 학생부 종합, 논술, 실기 등 다양한 전형으로 입학생들을 선발하는데요, 이 전형들을 통해 진행되는 심층 면접이나 논술 등의 대학별 고사가 이에 해당합니다. 중요한 것은 대학별 고사에서 1차 합격하더라도 최종 합격이 아니라는 점입니다. 대학 측은 수능 점수를 반영하여 수능 최저, 즉 수능 영역별로 최소 어느 정도 등급을 받은 수험자들에 한해서 최종 합격자로 선발합니다. 예를 들어 수능 최저가 4합 7이라는 것은 국어, 수학, 영어, 과학/사회탐구 2과목 (1과목만 반영하는 대학도 있음) 4개 영역에서 받은 등급의 합이 7등급을 맞추어야 한다는 의미입니다. 각 영역에서 1, 2, 2, 2등급을 받았다면 등급합이 7등급이 됩니다. 그러니까 3과목에서 2등급을 받았다면 한 과목은 꼭 1등급을 받아야 최저를 맞출 수 있습니다.

수능 1등급은 응시생의 4%를 의미하는데, 절대평가인 영어는 90점만 넘으면 1등급을 받을 수 있습니다. 난이도에 따라 매해 변동이 있지만 영어 1등급은 4%보다는 많은 인원이 받아왔습니다. 앞에서 살펴본 것처럼 실전 수능에서 등급을 받기가 더 어려워지는 상황을 감안한다면 영어는 다른 과목의 등급이 내려갈 것을 대비한 안전 장치로 최대치의 등급을 받아주는 전략 과목이 될 수 있습니다. 아무리 면접이나 논술 시험을 잘 치르더라도 대학에서 제시하는 수능 최저를 맞추지 못하면 불합격하게 됩니다. 아래 표는 2020학년도와 2021학년도 고려대의 수시 전형별 응시자의 수능 최저 충족 비율을 나타낸 것입니다. 최저를 맞춘 응시자가 최종 합격을 하게 되는 것을 고려했을 때 수능 최저가 발목을 잡아 불합격하는 사례가 적지 않은 것을 알 수 있습니다.

<고려대 수시 전형별 최저 충족 비율>

출처: 메가스터디

2021학년도 일반전형-학업우수형만을 따로 떼어내어 아래 도표로 보았을 때, 최저를 맞춘 응시생이 면접 응시생의 절반(56.3%)밖에 되지 않습니다. 응시생 중에 절반만이 합격 자격을 갖추게 되어 거품을 걷어내면 실질 경쟁률이 10:1에서 2:1로 5배 크게 하락하였다는 것을 알 수 있습니다.

<2021학년도 고려대 일반전형-학업우수 전형 결과>

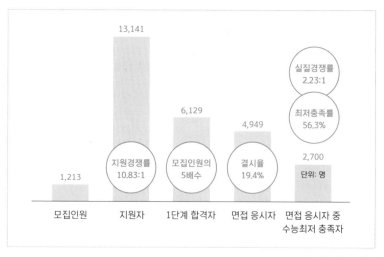

출처: 메가스터디

논술 전형은 특히나 엄청난 경쟁률을 기록하는데요, 예를 들어 2021학년도 서강대 자연계 논술 전형은 85:1을 기록했습니다. 하지만 실질 경쟁률은 22:1 정도로 4배 가량 하락했습니다. 수능 최저를 맞추지 못해서 입학이 취소되는 사례가 지원자의 상당 부분을 차지하기 때문입니다.

2022학년도 수능은 불수능이라 불릴 만큼 어려워 영어는 대입에서 당락을 결정할 수 있는 영역이었습니다. 따라서 '절대평가'라는 말에 혹하면 절대 안 됩니다. 수능 1등급은 현역 수험생들에게 만만치 않은 과업이 될 수 있기 때문입니다. 하지만 '절대평가'라는 수식어 때문에 긴장감이 낮아진 고등학교 3학년 교실은 영어 수업 시간조차 다른 과목을 붙잡고 있는 아이들로 채워집니다. 영어는 손 놓고 수학·과학에 매진하다가 실전 수능에서 낭패를 보는 아이들이지요. 재학생에게 불리한 수능 구조를 생각했을 때 영어는 이제 절대 전략 과목이 되어야 합니다. 실전 수능에서 타 과목들의 등급 조정이 일어날 것을 가정한다면, 영어는 1등급을 꼭 부여잡고 있어서 충격을 완화시킬 수 있는 완충 과목이 되어야 하는 것입니다. 2022학년도부터 서울대나 고려대의 경우, 영어 1등급을 제외하고 그 아래의 등급은 감점을 하는 방식을 채택하였습니다. 점수를 깎이지 않기 위해 꾸준히 공부하여 최상의 등급을 받는 것이 가장 좋겠죠. 그걸 모르고 아이들은 고등학교 1, 2학년 때 모의고사 1등급이라는 결과를 내세워 영어에서 슬슬 손을 놓기 시작합니다. 그러다가 믿었던 영어마저 배신하는 상황이 되어 버리면 어떻게 될까요? 영어는 전략적 완충 과목이라는 사실을 꼭 명심하셔야 합니다.

2장

초등 영어의 핵심 1.
목표 세우기

1

하루빨리 깨야 하는
부모와 아이의 영어 동상이몽

　　　　　학부모의 입장에서 자녀가 대입을 잘
치러내는 것은 중요합니다. 부모 노릇을 잘 해낸 듯한 뿌듯함을 주거
든요.

　아이가 학령기에 접어들면 '정보력을 가지고 성적과 이력을 관
리할 수 있다', 혹은 '관리해야 한다'는 통념으로 부모들은 바빠집니
다. '영어는 초등학교 때 끝내야 한다', '중학교까지 영어 성적을 만들
고 고등학교에 가서는 수학과 과학을 집중적으로 파야 한다', '영어
를 잘하려면 ○○ 학원을 가야 한다', '○○ 교재와 교구가 직빵이다'
등 여기저기서 들리는 영어 교육의 시기, 과정, 교구 등 다양한 방법
론에 대한 정보를 동력으로 영어 학습이 견인되기 시작합니다. 대입

을 향해 질주하는 전차 안에서 아이들은 부모가 정해주는 메뉴를 배가 터지도록 먹기도 하고, 소화를 못 시켜 탈이 나기도 합니다. 부모는 투자한 만큼 빠른 시간 내에 눈에 띄는 성장이 있길 바라지만 아이의 실력이 향상되지 않아 속이 터지기도 합니다. 아이들마다 속도가 다르기 때문입니다.

그 과정에서 부모가 중심을 잡지 못하면 주변의 말에 휘둘려 이것저것 여러 가지 방법들을 아이에게 시도하게 됩니다. 결국은 훌쩍 키가 클 아이지만, 그 '훌쩍'이 보이지 않는 동안 부모의 욕심으로 아이는 힘든 과정을 거칩니다. 대입에서 좋은 성적표를 얻기 위한 과정이라지만, 사실 그것은 엄마의 목표인 것이죠. '엄마의 욕심이 커지면 아이의 성취가 작아진다'란 말이 있습니다. 천천히 성장하고 있는 아이의 속도가 엄마의 욕심에 가려 보이지 않게 되고, 점차 영어 공부의 목적이 '엄마' 혹은 '시험'을 위해서로 변질되어 갑니다.

사실, 아이에게 있어 대입은 너무나 먼 미래의 이야기입니다. 고3을 코앞에 둔 고등학교 2학년 학생들조차도 믿기지 않는 현실이 바로 대입인 걸요. 따라서 엄마의 손에 이끌려 꾸역꾸역 공부를 하는 초등학생, 중학생들에게 수능 영어 만점이라는 목표는 손에 잡지 않는 저 너머의 일입니다. 더욱이 그것이 나의 목표가 아닌 부모의 목표라면 더욱 막연합니다. 내 것이 아니기에 목표를 이루기 위한 실행력도 약해질 수밖에 없습니다. 부모의 생각과 아이의 생각이 다르니 혼선과 갈등이 생겨납니다.

2

목표에 따른 과정과 태도의 변화

        부모를 거쳐와서 이 세상에 발을 딛고 서 있는 아이는 앞으로 저 너머의 미래를 살아갈 것입니다. 부모는 아이 앞에 펼쳐질 미래를 살지 못합니다. 아이의 인생과 살짝 오버랩 되는 현재에 잠시 동행을 하는 것뿐입니다. 그런데 과거의 낡은 경험을 바탕으로 부모가 가보지 않았고 대신 살아줄 수도 없는 아이의 미래를 좌지우지하는 경우가 많습니다. 부모와 아이는 축적된 경험의 폭과 깊이가 다릅니다. 부모는 자신의 경험이 넓고 깊다는 당연함으로 세상에서 가장 사랑하는 내 아이의 인생을 최선을 다해 돕습니다. 부지런히 정보를 물어다주며 아이가 떠먹도록 합니다. 아이의 생각보다는 부모의 생각이 먼저가 될 때가 있고 아이의 목표에 입김을

불어넣는 경우도 많습니다. 경험치를 들이대며 티칭Teaching을 하는 것이죠. 하지만 그렇게 스스로의 생각 없이 눈앞에 놓인 것을 받아먹다 보면 아이는 자신의 인생을 주체적으로 살아가는 연습을 하지 못합니다. '생각의 힘', '주체성 연습의 기회', '목표 설정'이라는 삼박자를 모두 박탈당하는 것입니다.

현재 부모의 티칭이 먹히지 않을 수 있는 미래를 살아갈 아이를 위해서는 코칭Coaching을 해야 합니다. 첫 출발은 아이가 스스로 살아가야 할 자신의 미래를 자신의 목표로 채울 수 있도록 하는 것입니다. 자신의 힘으로 생각을 해야 목표가 생기고, 목표가 있을 때 무엇을 해야 할지 실행 계획도 나옵니다. 아이에게 생각할 수 있도록 질문을 던져주세요. 질문을 해야 답을 찾기 위해 생각을 합니다. 또한 스스로 찾은 자신만의 답에 납득이 되어야 앞으로 나아갈 수 있는 힘이 생깁니다.

"스스로 공부하는 학생이라면 중위권이라도 전국 최상위권으로 만들 수 있다. 본인의 의지와 성적 상승 속도는 비례한다. 공부를 해야 하는 이유를 찾아주는 것이 무엇보다 중요하다."

한 영어 강사와의 인터뷰입니다. 여기에서 뽑아볼 수 있는 키워드는 바로 공부하는 이유, 즉 '목표'입니다. 목표의 차이가 현재의 모습을 변화시킬 수 있습니다. 현재가 과거의 생각과 행동의 총합인 것처럼 미래의 모습은 현재가 만듭니다. 조급해하지 말고 앞으로 달성하게 될 미래의 목표를 아이와 함께 그려보세요. 단순히 영어를 잘하는 것이 목표가 아니어도 됩니다. 영어가 필수가 될 미래 사회에서 영어는 목표를 이루기 위한 수단이라는 마음가짐으로 아이가 정말 원하는 꿈이 무엇인지 들여다보세요. 지금 당장은 뚜렷하지 않아도 질문을 통해 꿈과 영어를 연결해주세요. 그리고 영어 공부의 목표를 막연하지 않게 그려주세요.

영어 공부의 목표가 정해지면 과정과 태도가 달라질 수 있습니다. 아이도 억지로가 아니라 의무감을 가지고 공부하게 될 겁니다. 물론, 안 하던 걸 하려면 처음에는 힘들 수 있으니 습관이 되게 옆에서 잘 가이드해주시면 됩니다. 또한 목표의 큰 그림을 그린 후, 작게 쪼개어 '매일' 조금씩 실행 가능한 작은 목표를 세우도록 도와주세요. 구체적으로 매일 실천 가능한 작은 목표를 세우고 변화되는 것을 느껴야 합니다. 예를 들어, 매일 암송 구절 3번 크게 읽기, 매일 영어책 1권 읽고 요약하기 등 실천 목표를 세분화하여 실행 여부를 확인할 수 있어야 합니다. 아이가 작은 성취감을 맛보도록 하는 것, 이를 통해 평생의 습관을 만들어주는 것이 중요합니다. 작은 목표 달성으로 아이는 성취감을 느끼게 되고, 이로써 자신감이 붙기 시작할 것입니다. '이 세상 최고의 명품 옷은 바로 자신감을 입는 것이다'라는 말처럼 자신감은 목표의 50%를 이루는 큰 요소입니다. 아이에게 성취 목표, 실천 목표를 세워 수행해 가는 과정에서 자신감을 입혀주세요.

3

수능 영어 1등급은
'매일'의 목표를 수행한 끈기의 결과

　　　　　　　　　　　제 아이의 영어 공부 목표는 수능 1등
급이 아닙니다. 인생의 목표가 대입에만 있다면 당연히 수능 1등급
을 목표로 선택형 문제를 잘 푸는 방법을 훈련하면 됩니다. 현재 수
능 100%로 정시 비율이 높아지고 있는 대입에서 오지선다형 문제
를 잘 풀면 시험에서는 좋은 점수를 받을지 모릅니다. 하지만 저는
수능을 치른 후의 삶에 날개를 달아주는 것이 더 중요하다고 생각합
니다. 실제로 선택형 문제에 강한 수능 입학생들(정시파)이 학생부
종합, 논술, 면접 전형 등을 통과한 수시 입학생들(수시파)에 비해서
학업 역량이 현저히 떨어진다는 통계가 있습니다. 시대의 흐름에 따
라 현재의 평가 방식에도 변화의 움직임이 일고 있습니다. 2028학

년도 수능에서 서술형 · 논술형 문항의 도입이 거론되고 있으며, 이미 서울대에서는 수능 100% 정시 전형에서도 '교과 평가'를 포함하고 있습니다. 정시의 지역 균형 전형에서는 수능 60점, 교과 평가 40점으로 합격 여부를 가늠합니다. 교과 평가란 단 한 번에 결판이 나는 선택형 수능 시험의 망으로 걸러질 수 없는 고등학교 3년 동안의 학교 생활을 간과하지 않기 위한 장치입니다. 즉, 학생이 걸어온 3년의 시간들을 면밀히 들여다보고 종합적인 판단을 내리겠다는 것입니다.

미래를 살아갈 내 아이에게 필요한 역량은 정해진 선택지에서 답을 찾는 기술이 아닙니다. 영어를 통해 수행해야 할 종합적인 능력을 갖추는 것이 목표가 되어야 합니다. 대학에서 영어 원서를 읽으며 이를 온전히 소화하고 토론까지 할 수 있는 커뮤니케이션 능력, 영어 텍스트를 분석하고 종합하여 리포트, 보고서, 논문, 이력서 등 필요한 글을 쓸 수 있는 비판적 사고력과 문장력, 대학 졸업 후에 사회에서 만나는 다양한 국적의 사람들과 영어로 자신의 생각을 자연스럽게 나누고 협업하며 때로는 상대를 설득하는 능력 등은 단기간 반복되는 인지 훈련만으로는 얻을 수 없습니다. 이는 바로 축적된 시간의 힘에서 나옵니다. 그것은 거창한 과정이 아닙니다. 빌 워터슨Bill Watterson의《캘빈과 홉스》란 만화에 이런 말이 나오죠.

"You know what's weird? Day by day, nothing seems to change. But pretty soon...everything's different."

이상하게 있는데 뭔 줄 알아? 매일매일 아무것도 바뀌지 않는 것 같은데 곧 모든 것이 바뀌더라고.

축적된 시간의 힘은 바로 '매일'의 힘입니다. 너무 쉬운 말처럼 들리시나요? 맞습니다. 어떤 일을 '매일' 한다는 것은 모두가 할 수 있으니까요. 그런데 중요한 것은 모두가 할 수 있는 바로 이것을 아무나 할 수는 없다는 점입니다. 매일의 힘을 무시하지 마세요. 수능 너머에 있는 영어 실력에 목표를 두고 성실하게 하루하루를 가다 보면 수능 1등급은 그 과정에서 저절로 얻게 되는 부가적인 트로피가 될 것입니다.

3장

초등 영어의 핵심 2.
흥미와 동기 부여

1

일찍 시작하면 오래 걸린다, 늦게 시작하면 금방 간다

요즘 많은 아이들이 초등학교에 입학하기 이전인 영유아 시기부터 영어에 노출됩니다. 일찍 시작한 만큼 효과가 있을 것 같지만 시간 대비 쌓인 실력이 없는 학생들을 보면 안타까운 마음이 듭니다. 유창한 발음만 남아 있는, 겉은 화려해도 진짜 실력은 텅 빈 아이들, 왜 그런 걸까요? 잘못된 공부를 하고 있기 때문입니다. 잘못된 공부를 하면 시작한 시간이 빠를수록 부정적인 경험에 허우적거리는 시간만 더 길어지게 됩니다. 그렇다면 무엇이 잘못된 공부일까요? 바로 공부에 날개를 달아주는 '흥미와 동기가 상실된 공부'입니다. 초등학교 기간 부모가 아이에게 해주어야 할 것은 '영어 공부는 재미있다, 그래서 하고 싶다'라는 공식을 심어주는 일입니다. 단기적인 결과에 치중하다 보면 영어에 대한 저항감을 일으키는 강압적인 공부 방법을 따를 수밖에 없습니다. 왜냐하면 바로 효과가 있어 보이거든요. 강제로 하루에 몇십 개의 단어를 외우게 하면 당일에 치르는 시험은 다 맞을 수도 있습니다. 하지만 장기적으로는 영어 공부에 대한 거부감을 낳는 마이너스 효과를 가져옵니다.

'일찍 시작하면 오래 걸린다, 늦게 시작하면 금방 간다'라는 말이 있습니다. '다른 애들도 다 이 정도는 해'라는 생각에 억지로 학습지를 강요하다 보면 부모의 욕심으로 인해 아이가 꺾여갑니다. 퇴비를 준다고 생각하는데 땅이 썩어가는 것이죠. 자꾸만 어른의 기준으로 아이에게 좋은 것을 구겨 넣으려고 하다 보면 탈이 납니다. 책이 좋다고 오감을 익혀야 할 시기의 유아에게 다른 환경적 자극을 차단하고 오직 책에 둘러싸여 있게 해서 활자 중독증을 앓는 아이를 보게 됩니다. 영어에 빨리 노출되어야 좋다는 말에 24개월 이전의 유아가 과도하게 미디어에 노출되어 신체 능력, 대면 상호작용 등의 발달 제한은 물론 자폐증을 앓는 경우도 만나게 됩니다. 규칙이 전혀 이해가 안 되는 파닉스를 1년 내내 시키다가 '영어' 하면 치를 떠는 아이로 만들어 버립니다. 초등학교 고학년, 중학교로 넘어가는 시기쯤 되면 금방 이해가 되는 추상성 높은 문법 지식을 초등학교 저학년 아이에게 들이대어 고문과 같은 경험을 시킬 필요는 없습니다.

아이들에게는 '일찍'이 아니라 '적기'에 언어 자극을 주는 것이 필요합니다. 빠르게 잘 따라오는 아이에게는 빠른 시간이 적기이지만, 그렇지 않은 아이들에게는 그 아이의 속도에 맞춰주는 것이 답입니다. 그런데 아이의 적기가 엄마가 생각하는 적기와 달라서 항상 갈등이 생깁니다. 나의 아이이기 때문에 특별하게 키우고 싶은 욕심을 품는 것은 이해합니다. 하지만 아이의 인생에는 아이의 시간이 정답입니다. 부모의 시간을 강요하지 마시고 때론 아이를 위해 멈춰서 기다리는 소신이 필요합니다. 충분한 영어책 읽기가 선행되면 파닉스를 조금 늦게 시작하더라도 한 달 만에 원리를 간파하는 경우도 많습니다. 조금만 기다리면 비상할 수 있는 아이의 날개를 미리 꺾지 마세요. 아이가 영어 공부에 대한 '흥미'와 '동기'를 잃어버리지 않을 방법을 궁리해야 합니다. 준비되지 않은 오늘이 아니라 준비된 내일을 기다려 주세요.

2

끝까지 가는 영어 체력의 기초: 흥미와 동기

아이들은 뭘 하든 재미있어야 하고 싶어 합니다. 영어를 처음 시작하는 초등학생들이라면 더욱 그렇습니다. 그래서 어린이들을 대상으로는 학습보다는 노래, 게임, 요리 및 신체 활동 등으로 재미있게 영어 수업이 구성됩니다. 재미있게 하다 보면 실력이 쌓이고, 잘하면 더 잘하고 싶어져서 더 노력하게 되는 선순환이 만들어집니다. 반면 학습으로 영어를 시작하면 처음에는 앞서가는 것처럼 보이지만 이내 흥미를 잃게 되어 성적이 하향 곡선을 타는 경우가 많습니다. 이른 사교육의 시작이 끝까지 높은 수준의 영어 실력을 보장하지는 않습니다. 일찍 시작하다 보니 영어 공부의 절대 시간만 늘어날 뿐입니다. 오히려 문제 풀이 위주의 입시 교육과 같은 부정 경험이 족쇄가 되어 영어 공부에 흥미를 잃어버리는 사례가 허다합니다. 따라서 초반에 속도가 잘 붙지 않는 것 같아도 시간이 갈수록 영어를 좋아하고 잘할 수 있는 토대를 만들어주는 것이 더 중요합니다.

아이들이 좋아하는 것은 흥미진진한 스토리입니다. 요즘 영어 그림책 읽기가 활성화되고 있는 것도 이 때문이죠. 하지만 낯선 영어책을 좋아하지 않는 아이들도 있습니다. 그럴 때는 영어 그림책으로 바로 접근하지 말고 한글 번역서를 먼저 접하게 하면 좋습니다. 한글로 번역된 책으로 내용을 인지하고 시간이 흐른 후 영어로 된 그림책으로 다시 읽게 되면 거부감이 줄어들고, 내용 환기를 위한 호기심도 갖게 됩니다. 영어 그림책, 만화책, 스토리북 등 다양한 영어 스토리에 접근할 때 아이가 좋아하는 캐릭터와 좋아하는 분야를 공략하는 것도 좋은 방법입니다. 이때 애니메이션과 영상 등을 함께 잘 활용해보세요. 자동차, 로봇, 레고, 영웅물을 좋아하던 제 아이는 〈꼬마버스 타요〉를 시작으로 〈퍼피 구조대〉, 〈헬로 카봇〉, 〈레고 닌자고〉 등의 영어책과 영어 영상에 자연스럽게 입문할 수 있었습니다. 공룡, 로봇, 자동차 등 각종 캐릭터들의 그래픽이 주는 호기심과 재미로 인해 조금씩 영어에 물들 수 있습니다.

다양한 게임으로 영어 학습에 재미를 불어넣어 주는 것도 좋습니다. 지루하게 학습지 혹은 문제집을 풀거나 어려운 단어를 외우게 하는 것보다 훨씬 더 효과적일 수 있습니다. 아이들은 게임이나 직접 체험 등의 활동을 통해서 더 많은 배움을 경험합니다. 교사들이 많이 애용하는 워드월(https://wordwall.net)이라는 사이트를 추천드립니다. 전 세계 영어 교사들이 제작해 놓은 학년별 파닉스, 단어, 문법, 문장 구성 등의 게임 자료들이 가득합니다. 이미 만들어 놓은 게임을 공유하여 아이가 재미있게 영어 놀이를 할 수 있도록 해보세요. '재미'는 어린이의 학습에서 빠뜨릴 수 없는 요소입니다.

하지만 학습을 재미만으로 지속하는 것은 한계가 있습니다. 내신·수능 등의 시험을 준비하는 장기전에 돌입하기 전, 꼭 필요한 기본 체력 두 가지 중 나머지 하나는 바로 '동기'입니다. 동기는 무언가를 시작하고 방향을 결정하고 행동을 지속시켜주는 원동력입니다. 동기는 공부하는 데 있어 가장 중요한 '자기 주도학습력'의 본체라고 할 수 있죠. 목표가 설정되면 동기가 따라오며 그 동기로 목표가 달성되기도 합니다. 초등학생은 스스로 필요에 따라 자기 조절력을 발휘하여 의지적으로 행동을 지속하는 것이 자연스러운 시기는 아닙니다. 연습과 훈련이 필요합니다. 따라서 아이들에게 지속적으로 동기, 즉 '왜(Why)'에 대한 답을 환기시킬 수 있도록 '생각'할 기회를 주어야 합니다.

이를 통해 일방적인 지식의 전달과 강요가 아니라 함께 왜(Why)라는 질문을 하고 생각을 통해 무엇(what)을 어떻게(how) 할지 실행해 가는 단계를 거칠 수 있습니다. 아직 영어 공부의 목표가 정해지지 않았다면 '동기'를 찾아주는 것부터 시작하면 됩니다. 동기가 목표를 만들어갈 것입니다. 첫 질문은 "왜 영어 공부를 할까?"여야 합니다. '동기'를 불어넣기 위한 작업이지요. 생각해본 적이 없는 질문이라면 아이들은 "몰라요", "엄마가 하라니까요", "시험을 잘 보려고요" 등의 단답형으로 대충 얼버무리게 됩니다. 점차 "영어를 잘하면 뭐가 좋을까?", "영어를 못하면 할 수 없는 것은 뭘까?", "영어를 잘하는 ○○는 무엇을 어떻게 했을까?" 등으로 질문을 연계하여 확장해 나가보세요. 아이들이 답하기 쉬운 질문으로 생각의 물꼬를 트는 것이죠. 미래의 큰 목표를 이루기 위해 지금 순간을 지속적으로 힘 있게 밀고 나갈 동기를 채워주는 질문을 던져주세요. 이때 부모의 칭찬이 큰 동기가 되는 것도 잊지 마시기 바랍니다.

3

하브루타, 생각하는 영어

하브루타란

하브루타Havruta는 친구를 뜻하는 히브리어 '하베르'에서 나온 말로, 두 사람이 짝이 되어 함께 질문하며 대화하는 유대인의 토론식 학습법을 의미합니다. 끊임없이 '왜(Why)'라는 질문을 하며 생각하고 답을 찾아가는 과정에서 사고의 범위를 확장하고 창의력을 높일 수 있는 유대인의 교육법으로 많은 관심을 받고 있습니다. 《공부 기술》의 저자 조승연 씨가 유대인 친구와의 일화를 소개한 적이 있는데, 여기서 하브루타의 진가가 드러납니다. 그의 고등학교 절친이었던 유대인 친구는 머리가 아주 좋은 편은 아니었다고 합니다. 그런데

도 하버드대에 입학하고 SAT 만점을 받아 백악관에도 초대되어 상을 받았습니다. 그 비결에 대해 묻자 친구의 대답은 다음과 같았습니다.

"식탁에 앉아서 아버지와 했던 대화와 토론 내용에 비해 하버드대학교 논술 문제가 더 쉽게 나왔어."

유대인 친구의 하버드대 합격 비결의 가장 큰 힘은 가정이었습니다. 집에서 부모와 나눈 질문, 토론, 대화였죠. 이것을 영어 교육에 적용하면 영어 하브루타가 됩니다. 영어 하브루타는 영어 학습의 기초체력이 되는 흥미와 동기, 그리고 학습 효과까지 모두 챙길 수 있는 좋은 방법입니다. 왜 그럴까요? 영어 하브루타는 질문을 통해 답을 생각하고 표현하는 과정에서 일어나는 소통이 기본 뼈대를 이룹니다. 오지선다형 문제에서 답을 찾는 게 목적이 아니라 아이가 스스로 질문을 만들거나 질문을 받으며 생각하고 상상하며 자신의 생각을 말과 글 혹은 그림으로 표현하는 과정은 지루할 틈이 없습니다. 재미의 요소가 곳곳에 있습니다. 또한 부모와 함께 생각과 감정을 주고받는 소통과 대화의 과정이기 때문에 아이가 손꼽아 기다리는 시간이 됩니다. 충분한 영어 학습의 동기를 부여할 수 있죠. 여기에 상대에게 가르치는 활동이 추가되면 아이는 신나게 자신이 알고 있는 것을 알려주며 기억에 오래 남는 학습 효과까지 가져갑니다.

머리에 남는 효과적인 학습법

미국 MIT 대학의 사회심리학자 레윈Lewin이 세운 미국행동과학연구소NTL: The National Training Laboratories에서 발표한 학습 피라미드에 의하면 가장 효과적인 학습 방법은 '가르치기'라고 합니다. 다양한 공부 방법으로 학습한 후 24시간이 지난 후 머릿속에 남아 있는 비율을 측정한 결과, 가르치는 것이 학습에 가장 효과적이었다는 것이죠. 저 역시 수업 시간에 일방적인 강의보다는 아이들끼리 짝을 짓거나 모둠으로 서로 가르쳐주고 질문하며 문제를 해결해가는 활동식 수업을 선호합니다. 인풋에서 그치지 않고 아웃풋을 해야 하는 하브루타의 효과를 알기 때문입니다.

<학습 피라미드>

평균 기억률

수동적 학습방법	5%	수업 듣기
	10%	읽기
	20%	듣고 보기
	30%	시연하기
참여적 학습방법	50%	집단 토의
	75%	연습
	90%	가르치기

출처: National Training Laboratories, Bethel, Maine

일방적인 강의식 수업의 효과를 여실하게 보여준 미국 MIT 대학의 랩 실험(2010년)도 함께 살펴볼까요? 이 실험은 실험 대상자가 일주일간 기기를 부착하고 일상적인 활동을 했을 때 활동별 교감신경계의 활성화 여부를 알아보는 실험이었습니다.

<일상 활동별 교감 신경계 활성화 여부>

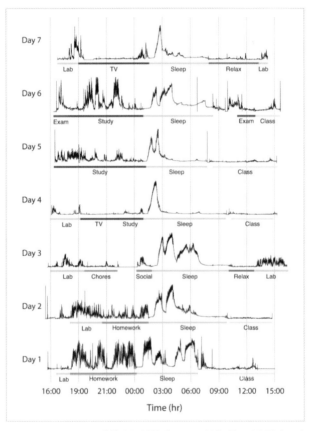

출처: Poh, M.Z., Swenson, N.C., Picard, R.W. (2010)

교감신경계가 활성화된다는 것은 집중하거나 각성 혹은 깨어 있는 상태를 의미하고, 비활성화된다는 것은 아무 각성이 없는 멍한 상태를 의미합니다. 충격적인 결과는 공부Study, 숙제Homework, 실험Lab, 시험Exam 등의 활동을 할 때는 그래프가 위아래로 파동을 치며 교감신경계가 활성화되는 것을 보여주지만, TV를 시청할 때나 강의식 수업Class을 들을 때는 거의 수평으로 멈춰 섰습니다. 즉, 수동적으로 수업을 듣고 있는 상태는 TV를 시청하는 것과 똑같이 멍한 상태라는 것입니다. 이는 학습의 효과를 높이기 위해서는 학습자가 적극적으로 학습에 참여하여 가르치고 활동하는 등의 아웃풋을 내는 것이 중요하다는 시사점을 줍니다. 따라서 효과적인 학습을 위해서는 아이가 학습에 능동성을 가질 수 있는 기회를 주어야 합니다.

영어 하브루타의 실제

그렇다면 영어 하브루타는 어떻게 하면 될까요? 간단합니다. 영어 그림책으로 시작하면 됩니다. '영어 공부를 시키야지'가 아니라 '생각을 담아준다'를 목표로 하면 부담 없이 시작할 수 있습니다. 꼭 모든 문장을 영어로 말하지 않아도 됩니다. 처음에는 한글로, 차츰 영어 단어만으로, 그러다가 짧은 구절이나 문장으로 점점 영어의 양을 늘려가면 됩니다. 영어가 목적이 아니라 '생각'이 먼저이니까요. 우선, 그림책의 구성부터 살펴볼게요. 모든 그림책은 앞뒤 표지, 내지, 그림, 색깔 하나하나에 작가의 계획과 생각이 담겨 있어 처음부터 끝까지 하나도 버릴 것 없이 영어 하브루타의 소재가 됩니다. 존 에이지Jon Agee의《The Wall in the Middle of the Book》이란 그림책으로 예를 들어보겠습니다.

▲ 앞표지

▲ 뒤표지

▲ 앞뒤 표지 펼침

© Scallywag Press

앞표지에는 거인과 갑옷을 입은 꼬마, 그리고 오리가 보입니다. 뒤표지 아래에는 보일락 말락 하게 조그만 생쥐가 있습니다. 앞뒤 표지를 펼치면, 아이와 오리를 생쥐가 뒤처져 있는 듯하지만 열심히 따라가는 전체 그림을 볼 수 있습니다. 그림책을 읽을 때는 반드시 앞표지와 뒤표지를 펼쳐서 전체 그림을 보여주세요. 작가가 전달하고자 하는 의미를 연결하여 파악할 수 있습니다. 눈에 잘 띄지 않는 그림 하나하나에도 작가가 전달하고자 하는 메시지가 담겨 있기 때문에 그냥 지나치지 않고 꼼꼼하게 살핍니다. 자세히 관찰하는 것만으로도 아이에게 던질 질문거리를 무궁무진하게 만들 수 있습니다.

"무서운 거인이 왜 벽 뒤에 있을까?"
"거인은 왜 손을 뻗고 있지?"
"아이는 왜 하필 무거운 갑옷을 입고 있을까?"
"아이가 들고 있는 팻말에 적힌 제목은 뭘 뜻하는 걸까?"
"벽은 왜 있는 걸까?"
"오리와 생쥐는 왜 아이를 따라가는 걸까?"

이번엔 내지를 한번 살펴볼게요.

▲ 앞내지

▲ 뒷내지 1

▲ 뒷내지 2

책을 한 장 넘기니 가운데 벽이 그려져 있습니다. 독특한 구성이죠? 벽을 사이에 두고 왼쪽과 오른쪽의 풍경이 다릅니다. 벽 왼쪽에는 벽돌 하나가 땅에 떨어져 있습니다. 가만히 보시면 벽에서 떨어진 벽돌이라는 것을 알 수 있는데, 이것이 실마리가 되어 이야기가 시작됩니다. 벽 오른쪽에는 'A book that celebrated freedom of movement and thought(이동과 생각의 자유를 기리는 책)'이라는 문구가 새겨져 있습니다. 본격적으로 이야기가 시작되기 전 의미심장하게 '자유'라는 화두를 던지고 있습니다. '이동의 자유'와 '생각의 자유'는 무슨 뜻일까요? 묵직한 주제이지만 가볍게 자유로울 때와 벽이 가로막고 있는 것처럼 자유롭지 못할 때의 경험과 느낌을 나눌 수 있습니다. 그리고 전체 이야기가 끝나고 다시 돌아와서 왼쪽 세계와 오른쪽 세계의 차이를 이야기해볼 수 있어요. 내용을 곱씹으며 적용해보는 과정이죠. 뒤표지 바로 앞에도 내지가 있습니다. 앞쪽 내지에 있었던 벽이 사라지고, 거인과 동물들이 어우러져 뛰어갑니다. 왼쪽 세계일까요, 오른쪽 세계일까요? 마지막 페이지에 조그만 생쥐가 이들을 뒤쫓아갑니다. 이를 보고도 많은 질문을 던질 수 있습니다.

"아이의 표정은 어때?"
"무슨 생각을 하고 있을까?"
"이들은 지금 어디로 달려가고 있을까?"
"생쥐는 왜 늦어도 따라가려 하는 걸까?"

"열심히 따라가고 있는 생쥐를 보면 생각나는 친구가 있니?"

그림책에는 삶의 철학이 담겨 있습니다. 아이 수준에 너무 쉬우니 시시하다고 무시할 수 없습니다. 생각이 들어갈 수 있거든요. 그 안에서 아이의 정서와 감정이 만져지고 소통을 통해 아이는 인생의 교훈까지 가져갈 수 있습니다. 성인들도 그림책을 곱씹으며 읽는걸요. 배울 만한 단어나 훌륭한 문장도 곳곳에 많이 있습니다. 읽을 때마다 눈에 띄는 그림과 메시지가 다르며, 무한한 질문과 생각할 거리들이 많은 보물창고라고 할까요?

영어 그림책으로 하브루타를 할 때는 리딩 수업의 모델인 '읽기 전 활동-읽기 중 활동-읽기 후 활동'으로 단계를 따라가면 좋습니다. 각 단계에서 활용할 수 있는 간단한 질문 활동을 살펴볼게요. 영어 하브루타는 PART IV에서 자세히 소개할 슬로 리딩 활동과 연계해서 적용하면 좋습니다.

① 읽기 전 활동

예시를 들었던 것처럼 내용으로 들어가기 전, 그림책 표지와 내지에 보이는 제목, 글, 그림으로 여는 대화를 해보세요. 무궁무진하게 아이의 생각을 이끌어 낼 수 있습니다. 간단하게 던질 수 있는 질문 유형의 예시를 참고하셔서 활용하세요.

예측하기	◆ What do you think there will be behind the wall? 벽 뒤에는 뭐가 있을까?
	◆ Why do you think the boy is wearing a suit of armour? 왜 아이가 갑옷을 입고 있을까?
	◆ Why do you think the ogre is reaching his hands out from behind the wall? 왜 거인이 벽 뒤에서 손을 뻗고 있을까?
	◆ Do you think the ogre is good or bad? Why? 좋은 거인일까 나쁜 거인일까? 왜 그렇게 생각해?
	◆ What made the brick drop from the wall? 벽돌은 왜 벽에서 떨어졌을까?
	◆ What do you think the story will be like? 어떤 이야기일까?
느낌 묻기	◆ How do you feel when you see the wall? 벽을 보면 무슨 느낌이 들어?
	◆ How do you feel about the little mouse following behind? 뒤따라가는 생쥐를 보니 어떤 느낌이 들어?
배경지식 및 경험 나누기	◆ Can you tell me any story that you've read about ogres? 거인이 등장하는 이야기 읽었던 거 있으면 말해줄래?
	◆ When do you need to wear a suit of armour? 언제 갑옷을 입어야 할까?
	◆ Can you tell me about your experience that you really wanted to follow your friends like the mouse? 생쥐처럼 친구들을 정말 따라가고 싶었던 적이 있었으면 얘기해줄래?
	◆ What are the creatures that live in the water and on land? 물에서 사는 생물과 육지에서 사는 생물은 뭐가 있을까?

② 읽기 중 활동

아이와 책을 읽는 동안에도 질문과 대화를 주고받는 활동을 할 수 있습니다. 읽으면서 멈춰서 질문을 던지고 함께 이야기 나누며 책의 내용에 더 깊이 있게 몰입할 수 있습니다. 핵심은 좋은 질문을 던지는 것입니다. 시간적 여유가 되신다면 부모가 책을 먼저 읽은 후에 양질의 질문을 미리 연구해 놓는 것도 좋은 방법입니다. 주의할 것은 그냥 Yes나 No로 답하게 되는 단답형의 폐쇄형 질문Closed Question이 아니라 사고의 확장을 이끌어내는 개방형 질문Open-ended Question을 던져야 대화가 뚝 끊기지 않고 주고받기가 일어난다는 점이죠. 질문에 왜(Why), 어떻게(How), 무엇(What)의 의문사를 많이 활용해보세요. 책에 자주 등장하는 주요 단어나 표현을 미리 알려주고 책을 읽으면서 어디에 나오는지 찾아보는 활동도 읽기 집중력을 높일 수 있습니다. 특정 표현이 왜 반복되는지를 고민하고, 서로의 생각을 나누어보세요. 표현이 반복된다면 주제와 메시지를 함축하고 있는 경우가 많습니다. 또한 책을 읽으면서 마음에 드는 문장, 인상 깊은 문장, 외우고 싶은 예쁜 문장 등을 하나씩 고르는 미션을 가지고 시작해보세요. 미션이 있으면 동기가 높아져 보물같은 문장을 찾기 위한 탐색과 읽기 몰입도가 높아집니다. 또한 찾은 문장을 이야기하다 보면 다양한 시각과 생각을 공유할 수 있어서 좋습니다. 똑같은 책을 읽어도 모두 다른 문장을 골라내는 경우가 많으며 같은 문장을 골라도 고른 이유가 다르기 때문입니다. 수동적으로 읽고 지나가면 기억에 남지 않을 표현, 문장, 메시지 등을 이렇게 적극적으로 읽는 활동으로 바꾸면 아이의 마음에 의미 있는 책들이 차곡차곡 저장될 것입니다.

단어 및 표현 찾기	◆How many times do the words 'ogre', 'eat up', 'on the other side' show up? '거인', '잡아먹다', '다른 쪽에'라는 표현이 몇 번 나올까? ◆Why do you think these words are repeatedly used? 왜 이런 단어들이 반복해서 사용된 걸까?
질문에 대한 답 찾기	◆What is happening on the left side of the book? 책 왼쪽에서는 무슨 일이 일어나고 있니? ◆Why does the boy not notice what's happening on his side of the world? 왜 아이는 자기 쪽 세상에서 무슨 일이 일어나는지 모르는 걸까? ◆What is happening on the right side of the book? 책 오른쪽에서는 무슨 일이 일어나고 있니? ◆What do you think the ogre would do and why? 거인은 어떻게 할까? 왜 그렇게 생각해? ◆What is the difference between two sides of the world? 양쪽 세계의 다른 점은 무엇일까? ◆How would you feel if you were the ogre? 네가 거인이라면 어떻게 느꼈을 거 같아? ◆What do you think the boy will do next? 아이가 다음에 뭘 할 거 같아?

| 마음에 드는
문장 찾기 | • Find the most interesting sentence while reading.
읽으면서 가장 흥미로운 문장을 찾아봐.

• What is the most impressive sentence and why?
가장 마음에 드는 문장이 뭐야? 그 이유는? |

③ 읽기 후 활동

독후 활동은 영어 수업에서도 빠지지 않는 활동입니다. 읽은 책에서 배운 언어를 복습하며 책의 내용과 연계하여 자신의 생각, 느낌을 정리하고 성찰하며 적용하는 과정이기 때문입니다. 여기서 주의할 것은 읽기 후 활동이 아이에게 힘겨운 과제가 되어서는 안 된다는 점입니다. 너무 과하게 해치워야 하는 과업이 되면 아이는 책 읽기 자체를 부담으로 느끼게 됩니다. 간단하게 할 수 있는 활동, 그리고 아이가 원하면 확장해서 할 수 있는 활동들을 소개해 드리겠습니다.

우선, 가장 간단하게 할 수 있는 활동은 '질문 만들기'입니다. 질문을 만들다보면 무엇을 이해하고 있는지 이해하지 못하는지에 자신의 사고 과정을 면밀하게 파악할 수 있습니다. 자신이 생각한 답과는 사뭇 다른 답에 대해 호기심과 유연성을 가질 수 있으며 상호작용에 대한 동기 또한 높아집니다. 그 외에 요약하기, 적용하기 활동도 다음 표를 참고하셔서 병행해보세요.

질문 만들기	• Let's make some questions about the story you read. 이야기를 읽고 질문을 만들어보자.
요약하기	• What is the book about? 이 책은 뭐에 관한 이야기야?
	• Can you summarize the story? 이야기를 요약해볼래?
	• Can you briefly tell me about the story? 책 내용을 간단히 얘기해줄래?
적용하기	• What is the lesson to take from the book? 이 책에서 얻을 수 있는 교훈은 뭐야?
	• What did you learn from the book? 이 책에서 무엇을 배웠어?
	• What would you do if you were _____(a character's name) in the story? 네가 _____라면 어떻게 했을 것 같아?
	• How would you change the end of the story if you were an author? 네가 작가라면 결말을 어떻게 바꾸고 싶어?

4장

초등 영어의 핵심 3.
문해력의 기본,
어휘력 쌓기

1

우연적 학습 vs. 명시적 학습

　　어휘 학습은 크게 우연적 학습Incidental Learning과 명시적 학습Explicit Learning으로 나뉩니다. 우연적 혹은 암묵적 학습은 의도적으로 단어를 외우지 않아도 반복에 의해 자연스럽게 그 뜻이 습득되는 경우를 말하며, 이는 다독(多讀)을 통해서 가능합니다. 영어책 읽기가 강조되는 이유 중 하나가 바로 이것입니다. 책을 통해서 같은 단어에 수십 번 노출되다 보면 외우기 싫어도 머릿속에 남게 되는 것, 이것이 독서의 마법입니다. 반면, 명시적 학습은 학습 과정의 일환으로 단어를 따로 떼어내어 공부하는 것을 일컫습니다.

　　그렇다면 이 두 가지 중 어떤 방법을 택해야 할까요? 영어를 외국어로 학습하는 경우, 어느 하나를 버릴 수 없습니다. 우리말을 공부했던 기억을 떠올려봅시다. 어려서부터 독서량이 풍부한 아이들은 고등학교에 가서도 '국어'라는 과목에서 어휘력 때문에 힘겨워하지는 않습니다. 다만, 고득점을 받기 위해서는 사전을 찾아가며 추가적인 어휘 공부를 병행해야 합니다. 모국어를 배울 때도 이렇게 명시적인 어휘 학습을 하는데 외국어 학습에서도 실력을 높이기 위해서는 당연히 어휘 공부를 해야 하지 않을까요? 관건은 어떻게 효과적으로 명시적 어휘 학습을 하느냐입니다. 이 부분은 PART Ⅳ에서 자세히 다루도록 하겠습니다.

2
다독을 통한 어휘 학습

　　　　　　　　어휘 학습의 필수이자 제1원칙인 영어
책을 많이 읽는 다독Extensive Reading부터 짚어보겠습니다. 다독의 출발
이자 핵심은 '재미'입니다. 재미가 있어야 책을 많이 읽게 되겠죠?
그런데 책이 너무 어려우면 재미있을 리 만무합니다. 따라서 아이의
읽기 수준에 맞는 책을 고르는 것이 무엇보다 중요합니다. 다독을 위
한 책 선택 방법은 여러 가지가 있는데, 그 중 '다섯 손가락 규칙Five
Finger Rule'은 즉석에서 쉽게 판단할 수 있는 손쉬운 방법입니다. 일단,
읽고 싶은 책의 한 페이지를 펼칩니다. 처음부터 글을 읽어 내려가면
서 모르는 단어가 나오면 손가락을 하나씩 폅니다. 한 페이지의 텍스
트를 끝까지 다 읽었을 때 5개 이상의 생소한 단어가 나온다면 그 책

은 다독을 하기에 적합한 책이 아닙니다. 새로운 단어, 즉 신정보가 6개 이상이 되면 이해하려는 인지적 전략을 포기하게 되기 때문입니다. 또한 어려운 단어들이 계속 나오면 줄거리를 따라가기 힘들어 재미를 놓칠 수밖에 없습니다. 다독은 첫째도, 둘째도, 셋째도 재미를 따라 자발적으로 읽는 활동이 되어야 합니다. 펼쳐든 손가락의 개수에 따라서도 책의 난이도를 가늠해볼 수 있습니다. 쉬운 책은 쉬운 대로 어려운 책은 어려운 대로 유익합니다. 쉬운 책은 읽으면서 자신감이 채워지고 알고 있었던 단어들을 공고히 할 수 있습니다. 조금 어려운 책이 읽고 싶은 책이라면 의지를 가지고 끝까지 내려놓지 않을 것입니다. 이 과정에서 새로운 단어들을 유추하며 책을 읽게 되고 그것을 반복하다 보면 어휘 습득이 저절로 될 것입니다.

모르는 단어 개수	의미
0~1	Easy book 쉬운 책
2	Good choice 읽기 좋은 책
3	A little hard but still good choice 약간 어렵지만 여전히 괜찮은 책
4	Difficult to read. You may need to help. 어려워서 도움을 받아 읽을 책
5	Try a different book 실력이 쌓이고 난 다음에 읽을 책

영어 그림책은 반복되는 단어들이 많습니다. 게다가 문어체가 아닌 일상생활 용어들에 반복적으로 노출되는 효과를 얻을 수 있습니

다. 다독을 통해 이루어지는 우연적 어휘 습득은 단어가 문맥 속에서 어떻게 쓰이는지 그 용법Usage까지 통으로 흡수할 수 있는 가장 이상적인 방법입니다. 단어 하나하나를 개별적으로 습득하지 않고 한 단어가 어떤 상황 속에서, 어떤 문장에서, 어떤 뉘앙스로 사용되는지 통째로 생생하게 머릿속에 각인됩니다.

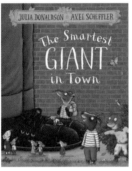

© MacMillan Children's Books

그루팔로 시리즈로 유명한 그림책 작가 줄리아 도널드슨Julia Donaldson의《The Smartest Giant in Town》을 예로 들어보겠습니다. 이 책에는 smart라는 단어가 수십 번 나옵니다. a smart shirt, a smart belt, a smart stripy tie 등인데요, 우리가 당연하다고 생각하는 smart의 뜻인 '똑똑한'과는 쓰임이 확연히 달라 보입니다. 'I'm the smartest giant in town.'이라는 말도 계속 반복됩니다. 이야기의 흐름을 따라가다 보면 smart가 '똑똑한'이란 뜻이 아닌 '말끔한'이라는 의미로 쓰인다는 것이 그림과 함께 자연스럽게 머릿속으로 그려집니다. 게다가 smart와 반대의 의미인 scruffy(지저분한)라는 다소 어려워 보이는 어휘도 여러 번 반복 등장하기 때문에 함께 세트로 습득하게 됩니다.

그림책뿐만 아니라 시리즈가 있는 챕터북 역시 반복되는 단어와 더불어 동일한 패턴의 문장들이 계속 사용됩니다. 따라서 시리즈물을 쭉 읽다 보면 자연스럽게 특정 문장을 통째로 암기하게 되는 경우도 많습니다.

도서명	권마다 반복되는 동일한 문장 패턴
Fly Guy	A boy had a pet fly. He named him Fly Guy. Fly Guy could say the boy's name—Buzz!
Nate the Great	My name is Nate the Great. I am a detective.
Little Red Train	Duffy put on the brakes with a screech and the little red train stopped just in time.
The Treehouse series	This is my friend Terry. We live in a tree. Well, when I say "tree," I mean treehouse. And when I say "treehouse," I don't mean any old treehouse. So what are you waiting for? Come on up!
Magic School Bus	Ms. Frizzle is the strangest, most surprising teacher ever. She got that funny gleam in her eyes.
Franny K. Stein, Mad Scientist	The Stein family lived in the pretty pink house with lovely purple shutters down at the end of Daffodil Street. Everything about the house was bright and cheery. Everything, that is, except the upstairs bedroom with the tiny round window.

일반적으로 초등학교 아이들은 다독을 통한 어휘 습득이면 충분합니다. 자칫 강요된 명시적 어휘 학습은 영어에 대한 거부감으로 이어져 아이의 영어 정서를 망쳐 버리는 시작점이 될 수 있기 때문입니다. 힘겨운 학원 생활을 떠올리며 영어 공부를 접은 고등학생들을 꽤 만난다는 말씀을 드렸죠? '억지로'보다는 '자연스럽게' 책 읽기를 하며 학습 같지 않은 진정한 학습으로 이끌어주시기만 하면 됩니다. 하지만 영어에 대한 욕심이 있고, 더 잘하고 싶은 동기가 충만한 아이라면 명시적 학습을 병행해도 좋습니다. 적극적인 개입을 통해 책 읽기 이상의 어휘력 향상을 가져올 수 있습니다. 단, 단기간에 성과를 내려는 욕심을 버리고, 매일 꾸준하게 학습을 이어나가는 것이 좋습니다.

게임을 통한 어휘 학습

단어 리스트를 던져주고 "이거 외우자!"라고 하기보다는 아이와 함께 재미있게 어휘를 학습할 수 있는 게임을 소개해 드립니다.

워드 헌트(Word Hunt)

워드 헌트는 많은 단어를 건지는 사람이 승리하는 단어 사냥 게임으로, 개인적으로 수업 시간에 자주 활용하는 게임입니다. 아이와 집에서 할 때는 한 달에 한 번 달력을 찢을 때, 달력 뒷장에 단어를 마구잡이로 써놓고, 다른 색의 펜으로 아빠와 대결하는 구도를 만듭니다. 제가 무작위로 단어를 부르면 그 단어를 빨리 찾아서 동그라미를 치면 되고, 더 많은 수의 단어를 찾은 사람이 승리합니다. 아이의 흥미를 돋우기 위해서 아빠가 단어를 먼저 찾았더라도 그 단어를 그림으로 표현해서 잘 그리면 가져갈 수 있도록 장치를 해두었습니다. 승부욕이 강한 아이는 특히 열심히 참여합니다. 엄마와 단둘이서 할 수도 있습니다. 순서를 정한 뒤 돌아가며 단어를 발음하고 열을 셀 동안 그 단어를 상대가 찾는 것이죠.

워드 헌트에 사용하는 단어는 아이가 평소 만들어 놓은 〈나만의 단어장〉에서 리스트를 뽑아도 되고, 새로 외우기를 바라는 어휘들을 이용해도 됩니다. 학습할 단어들을 일정 시간을 주고 외우도록 한 후 게임을 시작하는 것이죠. 단어의 스펠링과 뜻을 직접 써보는 버전으로 게임을 하셔도 좋습니다.

다음 그림과 같이 가운데에 단어가 흩어져 있고, 양옆에 찾은 단어의 스펠링과 뜻을 적는 보드가 있습니다. 두 명의 게임 참여자는

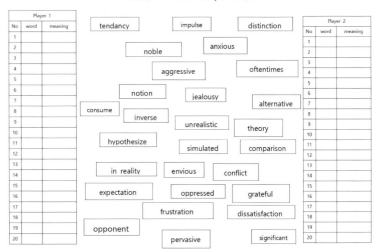

WORD HUNT : The more, the better!!

각각 좌우로 나란히 앉아서 게임을 하면 됩니다. 엄마가 단어를 무작위로 부르면 빠르게 찾아서 동그라미를 치고 뜻을 말한 후, 그 단어를 자신의 칸에 적습니다. 명확하게 우리말 의미까지 말해야 자기 단어로 가져올 수 있으므로 수준이 한 단계 더 상승했다고 볼 수 있습니다. 단어를 많이 가져온 사람이 승리합니다. 혹은, 단어의 스펠링과 뜻이 무작위로 섞여 있는 상태에서 스펠링을 부르면 뜻을 찾고, 뜻을 부르면 스펠링을 찾는 방식으로 응용해도 좋습니다.

플래시 카드(Flash Card)

<버전 1>

영단어와 한글 뜻을 적은 한 쌍의 카드를 여러 세트 준비합니다. 영어와 한글 뜻을 무작위로 섞어 놓은 후 게임을 시작하며 주어진 시간 안에 쌍이 되는 두 개의 카드를 짝지어 가장 많이 찾는 사람이 승리합니다.

<버전 2>

영단어와 한글 뜻을 적은 한 쌍의 카드를 여러 세트 준비합니다. 카드를 무작위로 섞은 후 동일하게 나누어 가집니다. 카드의 내용이 상대방에게 보이지 않게 카드 앞쪽이 자신을 향하도록 펼쳐 쥔 상태에서 순서를 정해 번갈아 상대방에게서 두 장의 카드를 뽑아 옵니다. 자신이 가진 카드 중 영단어-한글 뜻이 맞는 카드를 찾아 바닥에 내려 놓습니다. 들고 있는 모든 카드를 가장 먼저 바닥에 내려 놓는 사람이 승리합니다.

단어 오목

바둑알로 오목을 두는 것에서 착안하여 만든 단어 오목 게임입니다. 게임 규칙은 오목과 같이 가로, 세로, 대각선으로 5개의 단어를 연속해서 동그라미하면 승리합니다. 학습한 단어를 빈칸에 씁니다. 모든 칸에 다른 단어를 써도 되고 같은 단어를 중복해서 써도 됩니다. 단어를 읽고 뜻을 말해야 자기 단어로 동그라미 칠 수 있습니다. 상대와 다른 색깔의 펜을 이용하세요. 같은 단어가 중복이 되어 나오면 반복의 효과가 있어서 게임을 하면서 바로 어휘를 암기할 수 있게 됩니다.

파운드 잇(Found It!)

　왼쪽에는 영단어와 한글 뜻이 무작위로 적혀 있고, 오른쪽에는 격자무늬 네모 칸이 빼곡한 종이를 준비합니다. 각자 같은 종이를 들고 게임 순서를 정해 순번대로 영단어 혹은 한글 뜻을 하나 부릅니다. 상대는 영단어를 들었으면 그에 해당하는 한글 뜻을, 한글 뜻을 들었으면 영단어를 재빨리 찾아서 "Found it!"을 외칩니다. 단어를 부른 사람은 상대가 "Found it!"을 외치기 전까지 첫 번째 줄, 첫 번째 열에 있는 네모 칸을 시작으로 오른쪽으로 X 표시를 해나갑니다. 자신이 단어를 부르는 순서가 왔을 때에만 X 표시로 영역을 확장해 갈 수 있습니다. 차례를 반복하고 최종적으로 X 표시된 네모 칸이 많은 사람이 승리하게 됩니다.

FOUND IT!

Fame	steam	날씨	bathroom	soup	봄
크리스천	april	Silly	greedy	5월	suck
7월	keyboard	fly	ring	bloom	친구
뾰족한 끝	사다리	letter	message	homework	weekend
Toilet	덤불	bath tub	주말	stair	microbe
메시지	friend	French	May	dip	줄기
욕실	수프	frame	숙제	bush	July
명성	계단	빨아들이다	4월	미생물	tip
당혹스러운	날다	꾀다	문자, 글	웃긴	키보드
calendar	ladder	고리	변기	닮그다	욕조

워드 서치(Word Search)

무작위로 섞여 있는 알파벳 더미 속에서 단어를 찾아내는 게임입니다. 알파벳 인지력과 집중력을 높이면서 어휘 학습까지 할 수 있는 게임으로, 혼자서도 할 수 있고 두 명 이상도 할 수 있습니다. 퍼즐메이커 사이트(https://puzzlemaker.discoveryeducation.com/)를 이용하면 편리하게 만들 수 있습니다.

배스킨라빈스 31 게임(Baskin Robbins 31)

골라 먹는 재미가 있는 배스킨라빈스 아이스크림에서 착안한 단어 게임입니다. 31개의 칸에 각각 하나의 단어가 있습니다. 게임 순서를 정하고 순서대로 단어를 읽어 나갑니다. 자신의 차례에 몇 개의 단어를 읽을지는 매번 달라질 수 있고, 스스로 정하도록 합니다. 최대 세 개의 단어까지 단어를 읽을 수 있고 선택한 개수의 단어를 소리 내어 발음합니다. 31번째의 단어를 발음하게 되는 사람이 승리합니다.

1	2	3	4	5	6	7	8	9	10
Cozy 안락한	Bite 물다	Bamboo 대나무	Fashion 패션	Kettle 주전자	Square 정사각형	Tension 긴장	Battle 전투	Spare 여분의	Cancer 암
11	12	13	14	15	16	17	18	19	20
Grace 은혜	Shape 형태	Clock 벽시계	Ballon 풍선	Pepper 후추	Tropical 열대의	Bake 굽다	Tug 끌어당기다	Swap 바꾸다	Begin 시작하다
21	22	23	24	25	26	27	28	29	30
Argue 주장하다	Dodge ball 피구	Basketball 농구	Peep 살짝보다	Great 위대한	Albow 팔꿈치	Bank 은행	Glue 풀	Wall 벽	Paper 종이
31			1차 winner	2차 winner	3차 winner				
Ice-cream 아이스크림	Congratulations						Congratulations		

위에 소개한 여러 가지 게임을 통해 어휘를 습득하는 것 이외에도, 아이의 눈에 잘 띄는 곳에 단어를 붙여놓는 것도 효과적인 어휘 학습 방법입니다. 책상에 앉아서 외우기 힘든, 혹은 쉽게 외워지지 않는 단어들을 아이의 동선을 따라 붙여놓으면 자주 반복하는 효과를 낼 수 있습니다. 유아기에 한글, 숫자 등의 보드판을 여기저기 붙여두었던 것과 같은 방식이죠. 예를 들어, 접두어나 접미어의 뜻과 관련 예시 단어들을 함께 붙여놓으면 오다가다 자꾸 단어에 노출되게 되고 자연스럽게 인지와 흡수가 일어납니다.

5장

초등 영어의 핵심 4.
문해력의 뼈대,
문법 기초 세우기

문법, 구문, 어법은 엄밀히 말하면 차이가 있지만 혼용해서 사용되고 있습니다. 일반적으로 문법Grammar은 한 언어의 규칙을 포함하는 말로 음운, 의미, 형태, 구문을 모두 내포하는 포괄적인 개념입니다. 구문Syntax은 문장을 구성하는 법칙, 즉 문장을 만들기 위해 단어와 구가 조합을 이루는 방식을 정의하는 규칙으로, 문법의 일부라고 보시면 됩니다. 어법Usage은 실제로 문법이 어떻게 사용이 되느냐를 다루며, 단어가 가진 문법 정보를 포함합니다.

이 책에서는 통칭해서 문법이라는 용어를 사용하겠습니다. 가장 기초적인 질문부터 던질게요. 도대체 문법은 왜 공부해야 할까요?

1

문법을 배우는 진짜 이유

　　많은 학생들이 문법을 어려워합니다. 지극히 당연한 현상이죠. PART Ⅱ에서 살펴본 것처럼 한국어와 영어는 언어의 체계가 완전히 다른데, 영어 문법이 쉽다면 그게 이상한 것입니다. 그래서 '문법 교육은 구시대적인 교육과정이다'라며 회화 위주의 교육을 주장하기도 합니다. 만일 여러분이 얕은 언어의 바다에서 첨벙대는 정도로 만족한다면 맞는 말입니다. 하지만 깊이 들어가서 자유 수영을 하고 싶다면 문법 교육을 완전히 배제하는 것은 답이 되지 않습니다. 문법은 문해력의 뼈대이기 때문입니다. 문법은 말을 듣거나 글을 읽고 의미를 파악하는 것에서부터 머릿속에 있는 생각을 전달하기 위해 문장을 만들어내고 창의적인 글쓰기까지 나아갈 수 있는 발판입니다. 아는 단어들로 손짓 발짓 동원해가며 소통한다면 생존에 필요한 기본적인 의사 전달은 가능할 수도 있을 것입니다. 하지만 쌍방의 오해 없는 완벽한 의사소통은 불가능합니다. 정확한 의사전달의 중요한 열쇠가 바로 문법입니다.

실제로 학생들이 수능 영어에서 난조를 겪는 주요 원인 중 하나가 문법 실력이 삐걱거리기 때문입니다. 사실, 수능에서 어법 문제는 완전히 축소되어 한 문제 정도밖에 출제되지 않습니다. 하지만 문법이 중요한 이유는 눈에 드러나는 어법 문제 때문이 아니라, 독해의 근간이 문법으로 이루어지기 때문입니다. 수능 영어는 어법 문제 한 문항을 제외하면 독해력이 다입니다. 귀에 걸면 귀걸이, 코에 걸면 코걸이 식으로 아는 어휘를 끼워 맞춰 해석은 겨우 한다지만 문장 분석이 안 되니 정교한 의미 파악에 실패하여 난도 높은 문제를 풀어내지 못합니다.

문법 지식은 비단 수능 고득점만을 위한 것만이 아닙니다. 수능이 끝난 이후에 만나게 되는 토플, 토익, 텝스 등의 공인 영어 시험에서 문법의 점수 비중을 무시할 수 없습니다. 토플은 문법 능력을 읽기와 쓰기 영역에 통합하여 테스트합니다. 읽기에서는 문법이 고득점을 견인하는 핵심 능력이며 쓰기 영역의 채점 기준에 문법성이 포함될 정도로 문법력은 영어 기술의 전 영역에 걸쳐 실력의 근간을 이루기 때문입니다. 토익의 경우, 읽기 영역에서 문법적 지식을 따로 측정합니다. 다음 표에서 보면 어휘와 문법을 통합하여 총 30문항을 출제하고 있다는 것을 알 수 있습니다. 텝스는 문법을 아예 독립적으로 떼어 놓고 테스트하며, 전체 배점에서 문법 비중이 25%에 이릅니다. 또한, 독해와 쓰기의 기반은 문법이기 때문에 어차피 해야 할 문법 공부, 처음부터 탄탄하게 해 놓으면 이후의 삶이 편해집니다.

<공인 영어 시험의 문법 문항 비율>

평가종류		텝스(TEPS)		토익(TOEIC)	
영역	세부영역	문항(개)	점수(점)	문항(개)	점수(점)
듣기	청해	40	24	100	495
읽기	어휘	30	60	30	495
	문법	30	60		
	독해	35	240	70	

2

무엇보다 중요한 문법 공부의 시작

'문법 공부만 하는 것은 구시대적 발상이다'라는 말에서 우리의 영어 학습의 시작(when)과 방법(how)을 점검해 볼 필요가 있습니다.

많은 학자들은 효과적인 외국어 습득을 위해서 모국어의 습득 과정과 같이 '듣기-말하기-읽기-쓰기'의 자연스러운 수순을 밟을 것을 제안합니다. 즉, 영어 학습을 할 때 재미있는 동화책 듣기, 영어 영상 등에 충분히 잠기는 것이 선행되어야 한다는 것입니다. 이런 과정을 통해 영어 학습의 자양분이 만들어진 다음, 문법 노출을 병행해야 하는 것이죠. 처음부터 문법책을 들이대고, 드릴 문제를 푸는 것은 경계해야 합니다. 이유식을 소화해야 할 단계의 아이에게 밥을 먹이면 탈이 나기 마련입니다. 영어를 떠올렸을 때 복잡하고 어려운 문법 이미지가 튀어나오면 절대 안 됩니다.

그렇다면 문법 학습의 시기를 언제쯤으로 잡으면 될까요? 아이가 챕터북을 읽는 수준에 도달했을 때가 무난합니다. 단, 이것도 필수는 아닙니다. 억지로 문법 문제집을 숙제하듯 해내는 것보다 초등학교 때까지는 책 읽기에 더 시간을 할애해도 괜찮습니다. 수많은 연구에서 '다독' 자체가 문법 실력을 높여주는 활동임을 입증하고 있으니까요. 다독은 무의식적인 문법 학습의 기본기임을 잊지 마세요. 아이들마다 성향을 고려해서 의식적인 문법 학습을 병행하느냐 책 읽기에 집중하느냐를 선택하시면 됩니다.

3

시작은 가볍게

초등학교 때 문법 공부를 시작한다면 '가볍게' 시작하세요. 피아제Piaget의 인지발달 단계에서 추상적 개념 이해와 논리적 사고가 가능한 시기는 형식적 조작기, 즉 만 11세 이후입니다. 한국의 경우, 초등학교 고학년과 중학교 초기에 해당하는 시기라고 할 수 있습니다. 발달 단계상, 만 11세 이전의 아이들에게 아무리 문법의 개념을 쉽게 설명하더라도 완전한 이해가 불가합니다. 따라서 너무 이른 시기부터 조바심을 내며 문법을 들이미는 것은 효과가 없습니다. 가볍게 시작할 수 있는 문법 학습 세 가지를 소개합니다.

귀납적 문법 학습: 예문으로 문법의 규칙성 찾기

인지적 이해도가 넓어지는 초등학교 5, 6학년 때부터 아이들은 규칙성을 찾는 것에 재미를 느낍니다. 예외가 있긴 하지만 문법의 규칙을 찾고, 그것을 적용하는 과정에서 아이들은 발견의 기쁨을 누립니다. 그런데 학습서를 들여다보며 달달 외우는 반복적인 과정이 먼저 들어오면 '문법은 어렵고 지루하다'라는 공식이 새겨질 수 있습니다. 특정 문법을 공부하고, 적용 문제를 푸는 방식은 숙제를 해야 하는 부담으로 작용할 수 있습니다. 순서를 바꾸어보세요. 다양한 예문을 보고 공통되는 규칙을 뽑아내는 귀납적 방법이 '유레카'의 순간으로 이어집니다. 간단한 문장부터 시작해서 당연하다고 생각했던 것이 당연하지 않게 되면 사고력까지 발달하게 됩니다.

실제 수업 현장에서 사용했던 귀납적 문법 학습의 예시는 다음과 같습니다. 이는 집에서도 지도할 수 있습니다. 보통 문법 관련 지도서나 문제집은 '규칙 설명-예문 제시-퀴즈-해설'과 같이 연역적으로 구성되어 있습니다. 이를 거꾸로 활용하시면 됩니다. 제시된 다양한 예문들을 먼저 뽑아서 공통으로 발견되는 문법 개념을 스스로 찾아보고 정리하게 하는 것이죠. 이리저리 머리를 굴리는 인지적 과정이 선행되면 규칙을 발견하지 못하더라도 기억에 훨씬 오래 남는 학습 효과가 있습니다.

<귀납적 문법 학습의 예시>

| 1 | 알고 보면 간단한 분사 구문! 출생의 비밀 |

◆ 아래 표의 문장들을 관찰하고 각각 답해봅시다.

	Original Sentence	Changed Sentence
1	When I arrived at the theater, I checked the movie schedule.	Arriving at the theater, I checked the movie schedule. (V-ing 의미:)
2	Jessica studies as she listens to music.	Jessica studies listening to music. (V-ing 의미:)
3	If you take a short shower, you'll save water.	Taking a short shower, you'll save water. (V-ing의미:)
4	Because she didn't have a pen, Kelly couldn't take notes.	Not having a pen, Kelly couldn't take notes. (V-ing 의미:)

1. Original Sentence 각 문장에서 접속사를 찾아 동그라미 치세요.
2. Original Sentence 각 문장에서 변화 후 없어진 성분에 밑줄 치세요.
3. Changed Sentence에서 형태가 변한 동사에 동그라미 치세요.
4. Changed Sentence에서 동사 앞에 남아 있는 성분이 있으면 밑줄 치세요.

◆ 지금까지 찾은 것을 바탕으로 발견한 문법 규칙을 정리해봅시다.

시키는 시어머니(~하게 하다): 사역동사 <_____, _____, _____>

◆ 아래 표의 문장들을 관찰하고 각각 답해봅시다.

	A - OK(정확한 문장)	B - Not OK(뭔가 틀린 문장)
1	I made Charlie come back home early.	I made Charlie to come back home early. I made Charlie coming back home early.
2	Brian didn't let his son go to the party.	Brian didn't let his son to go to the party. Brian didn't let his son going to the party.
3	Mr. Kim had his students write notes.	Mr. Kim had his students to write notes. Mr. Kim had his students writing notes.

1. A의 각 문장에서 주어(마치 시키는 시어머니 같은)를 찾아 물결 치세요.
2. A의 각 문장에서 진짜 동사(~하게 하다) 하나씩을 찾아 네모 치세요.
3. A의 각 문장에서 목적어(마치 당하는 며느리 같은)를 찾아 동그라미 치세요.
4. A의 각 문장에서 남은 부분에 밑줄 치고, 주어와 목적어 둘 중 누구와 관련이 있는
   지 생각해보세요.

◆ 지금까지 찾은 것을 바탕으로 발견한 문법 규칙을 정리해봅시다.

암것도 아닌데 그냥 세워놓기만 하는 바지사장: 가(짜) 목적어 it

◆ 아래 표의 문장들을 관찰하고 각각 답해봅시다.

1	She thinks it possible [to finish the work].
2	I found it difficult [to keep a diary in English without a dictionary].
3	The heavy rain made it difficult for me [to open my eyes].
4	The loud music made it hard for John [to focus on his studies].

1. 위의 각 문장에서 주어(S)를 찾아 물결 치고, 각 문장에서 진짜 동사(V) 하나씩을 찾아 네모 치세요.
2. 위의 각 문장에서 "it"에 동그라미 치고, 각 문장에서 형용사를 찾아 밑줄 치세요.
3. "for+사람"에 세모 치고 어떤 부분과 관련 있는 사람인지 생각해봅시다.
4. "it"과 "[to부정사구]"가 어떤 관계인지 생각해봅시다.

◆ 지금까지 찾은 것을 바탕으로 발견한 문법 규칙을 정리해봅시다.

음독으로 자연스러운 문장 통암기

명대사, 명언, 속담, 성경 구절 등을 읽고 암기하는 것 역시 가볍게 시작할 수 있는 문법 학습의 한 가지 방법입니다. 좋은 구절들을 암송하는 과정에서 자연스럽게 문장 구조에 익숙해집니다. 일주일 단위로 한 문장 외우기 미션을 주세요. 매일 그 문장을 한 번씩 음독(音讀)하도록 하고, 아이의 동선을 따라 문장을 붙여 놓으면 오며 가며 자주 노출이 되어 훨씬 기억을 잘할 수 있습니다. 가족 구성원 전체가 함께 암송하며 일주일의 마지막 날 경연을 해보는 것도 재미와 동기를 높일 수 있습니다.

음독은 이미 그 효과가 잘 알려져 있습니다. 많은 뇌과학자들은 소리 내어 읽으면 전두엽에 혈액 흐름이 좋아져서 기억력과 학습력이 좋아질 수 있다고 합니다. 가와시마 류타 박사는 《총명한 두뇌를 가진 아이 평범한 두뇌를 가진 아이》라는 저서에서 '지금까지 수백 번의 실험을 하여 뇌의 활동을 보아 왔지만 음독만큼 뇌를 활성화시키는 상태를 볼 수가 없었다'라고 말합니다. 그만큼 음독(낭독)과 병행된 암기는 뇌의 활성화와 더불어 문장의 뼈대를 세우는 문법 학습에 효과적입니다. 매일 같은 문장을 일주일간 반복하여 음독하면 외우고 싶지 않아도 저절로 암기가 되겠지요. 저희 아이는 영어를 읽지 못할 때 짧게 끊어서 제가 읽어주면 따라서 읽는 방식으로 암송을 시작했습니다. 일주일 동안 같은 문장을 매일 아침 읽어주고 반복해서 따라 읽으면서 암송을 했는데요, 어느 순간 상황 속에서 관계대명사가 있는 문장을 자연스럽게 발화하는 모습을 보고 깜짝 놀란 적이 있습니다. '관계대명사'는 문법 습득 위계상 상위 단계에 속해 있는 어려운 항목입니다. '관계대명사'라는 용어도 모르는 아이가 반복적으로 문장에 노출이 되니 의식적인 학습 이상의 효과를 볼 수 있다는 것을 깨닫게 되는 순간이었습니다.

필사로 글쓰기까지 확장

영어 필사 역시 가볍게 문법 학습을 시작할 수 있는 좋은 방법입니다. 문법의 뼈대를 세우는 필사, 그 과정은 다음과 같습니다. 눈으로 좋은 문장을 읽고, 종이 위에 꾹꾹 눌러쓴 후, 또박또박 읽는 음독 활동으로 마무리하는 것입니다. '눈으로 읽기 → 문장 쓰기 → 소리 내어 읽기' 과정을 통해 같은 문장과 구문이 3번 반복됩니다. 매일 한 문장씩 일주일이면 7개의 문장이 공책에 차곡차곡 모입니다. 일주일 후, 모아진 문장의 한국어 뜻을 알려주고 영어로 어떻게 표현하는지 맞추는 게임을 해보세요. 가볍게 문법을 상기하며 일주일을 정리할 수 있습니다.

《단단한 영어공부》라는 책에서 필사는 문장부호, 단어, 문법 세 가지 영역의 집중적인 인지가 가능하다고 말합니다. 첫째, 옮겨 적지 않았으면 무심코 지나쳐버릴 수 있는 콜론(:)이나 세미콜론(;)같은 문장부호의 쓰임을 익힐 수 있습니다. 둘째, 읽기만 했을 때는 지나쳐버리기 쉬운 개별 단어에 주목할 수 있고 특정 단어와 함께 쓰이는 연어Collocation 및 구동사를 분명하게 기억하는 데 도움이 됩니다. 셋째, 문법 요소에 주목할 수 있게 합니다. 정확히 베껴 쓰다 보니 평소에는 눈에 띄지 않던 관사, 수 일치, 분사 등의 문법 요소가 보이게 됩니다. 다양한 문장의 구조에도 차근차근 자연스럽게 노출이 됩니다. 필사는 비단 문법만을 위한 수단이 아닙니다. 듣기나 읽기 과정에서 후루룩 지나칠 수 있는 문장부호, 단어, 문법을 새어나가지 않게 꼼꼼하게 챙기는 그물망입니다. 저자가 보는 필사는 텍스트가 눈을 통해 뇌에서 잠시 머물다가 손을 통해 종이 위에 새겨지는 기계적인 과정으로 '텍스트 깊이 읽기 전략'이라고 합니다. 필사를 단순히 베껴 쓰는 활동으로 이용할 경우에는 그렇습니다.

베껴 쓰기Copying에서 글쓰기Writing로 넘어가는 징검다리 활동으로 필사를 활용할 수도 있습니다. 피카소는 "훌륭한 예술가는 모방을 하고 위대한 예술가는 훔친다"라고 했습니다. 이는 완전한 무에서 유를 창출할 수는 없다는 뜻입니다. 작가들은 습작의 방법으로 좋은 문장들을 베끼는 필사를 꼽습니다. 자신만의 훌륭한 글을 쓰기 위한 탄탄한 토대를 필사를 통해 쌓을 수 있다고 믿습니다. 마찬가지로 영어 필사를 통해 문법을 어렵지 않게 흡수하고, 문장력을 키워나가는 영어 글쓰기로 확장할 수 있습니다.

처음에는 가볍게 한 문장 필사로 시작을 하고, 익숙해지면 점점 양을 늘려주세요. 한 권의 그림책을 읽고 난 후 발견한 좋은 문장들, 혹은 인상 깊은 대사를 아이가 고르고 베껴 쓰도록 하면 됩니다. 한 문장 쓰기가 습관이 되고 아이의 영어 실력도 향상되면 베껴 쓰는 양을 한 문장에서 몇 개의 문장, 한 문단 순으로 늘려가세요. 그리고 베껴 쓴 문장에 아이의 생각을 넣어주시면 됩니다. 어떻게 할까요? 시작은 가볍게 하세요. 베껴 쓴 문장을 활용하여 비슷한 문장 구조로 자신의 문장을 만들어보도록 합니다. 나의 실제 상황을 적용하여 표현Personalizing 함으로써 유의미한 문법 활용력을 기르게 됩니다. 베껴 쓴 문장이 길어지면, 혹은 아이의 인지 능력이 어느 정도 자라난 상태라면 자신이 문장을 고른 이유, 같은 상황에서 나라면 어떻게 할지, 깨닫거나 배운 점 등을 간단하게 쓰도록 합니다. 한글로 써도 좋습니다. 차차 자신의 생각을 할 수 있는 범위 내에서 영어로 써보는 분량을 늘려가면 좋은 글쓰기 연습이 됩니다. 필사의 소재는 그림책뿐만 아니라 영어 명언, 영시, 소설 등 다양하게 가져올 수 있습니다.

저는 필사를 글쓰기로 확장할 수 있다는 것을 직접 체험했습니다. 단순 필사가 아니라 좋은 문구를 곱씹으려 생각을 넣자 한 편의 글이 완성되고 글이 모아지고 책이 된 것이죠. 그 산물인 두 권의 책을 소개드립니다. 첫 번째 책은 한 달간 필사할 수 있도록 짧은 명언 혹은 영시를 한글 번역과 함께 실었고 그 외에 아이들이 필사할 만한 좋은 원서 목록을 소개해 두었습니다. 개인적인 에세이가 함께 실려 있어서 아이를 키우는 엄마들도 공감하며 직접 필사를 해보실 수 있습니다. 두 번째 책은 하루 하나씩 100일간 필사할 수 있도록 원서의 좋은 문구들을 선별해서 한글 번역과 함께 실었습니다. 엄선한 양서 6권에서 발췌한 텍스트를 필사하며 삶의 가치를 생각해볼 수 있습니다.

《아침 10분 영어 필사의 힘》　　　《하루 10분 100일의 영어 필사》

연역적 문법 학습: 점차 깊고 넓어지는 심화의 과정으로

앞에서 소개한 귀납적 문법 학습은 다양한 영어 문장을 접할 수 있는 다독과 예문을 통해 문법 규칙을 파악해 가는 방법입니다. 이 방법이 큰 효과를 거두기 위해서는 영어 노출의 빈도와 시간이 관건입니다. 그런데 만약 노출이 충분하지 못한 경우나 혹은 빠르고 정확하게 문법 규칙을 학습하고자 할 때 보완적인 역할을 할 수 있는 것이 바로 연역적 문법 학습입니다. 언어 경험이 부족한 EFL 상황에서는 절대적으로 부족한 언어 입력을 보완하는 데 있어 의식적인 학습, 즉 지적이고 논리적인 이해만큼 좋은 것이 없습니다. 따라서 초등학교 6학년을 기점으로 중학교 시기에 이르러서는 문법을 체계적으로 정리할 필요가 있습니다. 학교에서 사용하는 문법 용어들에도 익숙해져야 하고, 시험에 자주 등장하는 문제 유형이 문법을 다수 포함하기 때문입니다. 또한 수행평가에서 실시하는 말하기 및 쓰기 영역에서 좋은 점수를 받기 위해서는 문법 지식이 탄탄해야 합니다. 게다가 수능까지 이어지는 어려운 지문 독해를 위해서는 문법적 기반을 토대로 심화 수준까지 올라가야 합니다.

문법 규칙을 학습하고 나면 반드시 예문을 분석하며 어떻게 문장에서 그 규칙이 적용되고 있는지를 이해해야 합니다. 그리고 이해한 내용을 반복함으로써 암기를 해야 합니다. '이해'를 바탕으로 '반복'을 통한 '암기'까지 가면 암기된 문법 항목을 실제적으로 '적용'하는 완전 학습으로 갈 수 있습니다. 적용의 단계는 학습한 문법 관련 문제를 풀거나 직접 새로운 문장을 만들어보는 작문을 의미합니다.

이때 문법책을 이것저것 여러 권을 보기보다는 자신에게 맞는 한 권의 책을 골라서 반복해서 보는 것이 좋습니다. 기본 문법 뼈대를 세우기 좋은 문법책과 학습법은 PART IV에서 자세히 소개해 드리겠습니다.

6장

초등 영어의 핵심 5.
문해력의 핵심,
독서 근력 다지기

1

모든 것을 압도하는 읽기의 힘

경제협력개발기구OECD에서는 미래 시대 아이들이 갖추어야 할 네 가지 스킬로 문해력Literacy, 수리력Numeracy, 디지털 리터러시Digital Literacy, 데이터 리터러시Data Literacy를 제시하고 있습니다. 전통적인 학습의 핵심 기초로 꼽는 문해력과 수리력에 시대의 흐름인 디지털화와 빅데이터가 더해져서 디지털 리터러시와 데이터 리터러시가 포함되었습니다. '문해력'을 뜻하는 리터러시 Literacy라는 말이 시대의 변화로 다른 영역으로까지 확장된 것입니다. 최근 일상생활에서부터 사회적인 성공에 이르기까지 '문해력'이 화두가 되고 있습니다. 그렇다면 이토록 중시되는 문해력을 어떻게 키워야 할까요? 영어 문해력의 기본은 무엇일까요? 세계 최고의 언어

학자이자 제2 외국어 학습에서 읽기의 중요성을 강조하는 크라센 Steven D. Krashen 교수는 자신의 저서《크라센의 읽기 혁명》에서 다음과 같은 해답을 제시합니다.

"읽고 쓰는 능력인 리터러시는 읽기를 통해 발달시킬 수 있습니다. 읽기는 유익한 것입니다. 많은 연구 결과 더욱 강력한 결론을 내릴 수 있습니다. 읽기는 유일한 방법입니다. 읽기는 좋은 독자, 훌륭한 문장력, 풍부한 어휘력, 고급 문법 능력, 철자를 정확하게 쓰는 능력을 갖출 수 있도록 해주는 유일한 방법입니다."

그는 외국어 교육에서 책 읽기가 직접 가르치는 것보다 더욱 효과적이라는 수많은 연구를 분석하여 읽기의 중요성을 강조합니다. 결국, 그 어떤 강의보다 독서가 모든 것을 압도한다는 것이죠. 소리 언어와 다르게 문자 언어는 저절로 학습되지 않습니다. 시간의 축적, 미련한 듯 보이는 1만 시간이 쌓여야 합니다. '독서' 하면 누구나 쉽게 생각할 수 있지만, 진정한 독서 능력은 마법처럼 하루 아침에 뚝딱 생기는 것이 아닙니다. 또한 '읽기' 능력은 습득해야 하며 습득 후에도 퇴화될 수 있으므로 지속성을 가져야 합니다. 문해력은 비단 국어에만 국한되지 않습니다. 가령, 수학의 기본 공식에 표현되는 한자식 단어, 단순 계산이 아닌 줄글형 수학 문제 유형이 등장합니다. 수리력이 아닌 문해력이 필요합니다. 모국어의 어휘력과 문장 이해력이 큰 폭으로 하락하고 있다면 영어 문해력은 두말할 것도 없겠지요. 모든 학습의 근간이 되는 문해력은 모국어에서 먼저 탄탄하게 잡혀야 합니다. 사고력의 뼈대가 되는 모국어를 바탕으로 영어책 읽기 능력도 꾸준하게 다져야 합니다. 모든 영어 고수들에게 발견되는 공통점은 '독서'의 저력입니다.

그렇다면 그렇게 중요한 책 읽기, 엉덩이를 붙이고 읽는 시간이 쌓이도록 하는 습관의 출발을 어떻게 해야 할까요? 문해력 발달에 읽기 환경이 미치는 영향을 연구한 결과 크라센은 다음과 같은 도식을 도출합니다. 읽을거리가 많으면 많을수록, 즉 읽기 환경을 조성해주면 문해력이 발달할 가능성을 높일 수 있다는 것입니다.

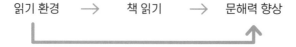

2

영어책 읽기를 시작하는 팁

　　가장 중요한 것은 우선적으로 아이가 영어책을 읽을 수 있도록 '환경 조성'을 해주는 것입니다. 어떻게 하면 될까요? 첫 번째 환경은 바로 '엄마'입니다. 엄마의 책 읽어주기는 아이의 언어 능력, 독서 습관, 사고력을 향상시켜 주는 필수 조건입니다. 물론 매일 엄마가 책을 읽어주기란 결코 쉽지 않습니다. 특히나 맞벌이 엄마들은 체력적 고갈과 힘겹게 맞서야 하는 고통이 따릅니다. 하지만 아이에게 책을 읽어줄 수 있는 시기는 정해져 있습니다. 문자 습득 이후, 초등학교 고학년까지 아이가 원하면 부모가 책을 읽어주는 것을 권장하지만, 보통 아이의 독서 독립 시기는 그보다는 훨씬 빠릅니다. 영원히 해야 할 일이 아니란 말입니다. 대신 아이에게 필요한 이 시기를 놓치면 얻을 수 있는 교육적 효과를 놓치게 됩니다. 이를 염려한다면 책 읽어주기를 결코 소홀히 할 수 없습니다. 영어책을 읽어주려니 부담이 느껴지시나요? 이는 지나치게 완벽을 추구하기 때문입니다. 초 · 중 · 고 정규 과정을 마치셨다면 충분히 영어 그림책을 읽어주실 수 있는 기본 실력을 갖추고 계십니다. 모르는 단어가 나오면 엄마가 함께 영어 공부를 하시면 됩니다. 엄마의 영어 공부는 아이에게는 좋은 자극과 모델이 됩니다. 게다가 요즘은 대부분의 책들이 음원을 가지고 있습니다. CD, 오디오북, 유튜브 등 성의만 있다면 얼마든지 활용 가능합니다.

두 번째는 물리적인 환경입니다. 아이가 책을 읽을 수 있도록 책 읽는 공간으로 데려가야 합니다. 바로 도서관과 서점이죠. 이 두 곳은 책을 안 보려야 안 볼 수 없는 장소입니다. 아이가 서고로 바로 들어가는 것을 힘들어한다면 도서관에서 제공하는 다양한 프로그램들에 참여해 보세요. 인형극, 명화 전시, 영화 상영, 과학 교실 등의 보물 같은 양질의 프로그램에 참여하면서 도서관과 친해지게 되는 계기가 됩니다. 서점 역시 책 읽기에 좋은 환경을 제공합니다. 일반 서점의 경우 영어책이나 외서는 비닐 포장이 되어 있기 때문에 책을 열어볼 수 없어서 저는 아이와 중고 서점에 자주 갑니다. 구매 가능한 책 권수를 정해주면 아이는 살 수 없는 책들은 앉아서 읽고 오죠. 중고 서점은 이미 손이 한번 탄 책들이기에 부담 없이 들춰보고 고를 수 있는 장점이 있습니다. 또한 책만 읽을 수 있는 것이 아니라 팬

시용품 등 이것저것 구경하며 눈을 즐겁게 하고 동시에 간식을 팔기도 해서 입도 즐거운 오감 만족의 장소라고 할 수 있습니다.

도서관과 서점을 거쳐 가장 오래 머무는 장소인 집은 가장 좋은 읽기 환경이 될 수 있습니다. 아이는 눈에 보이는 것이 장난감이라면 장난감을, TV라면 TV를, 책이라면 책을 많이 접하게 됩니다. 그래서 저는 아이가 가장 많은 시간을 보내는 거실에 TV를 두지 않고, TV가 있을 자리에 책꽂이를 쭉 배치했습니다. 바로 거실의 서재화입니다. 그러니 책에 대한 노출이 높아질 수밖에 없습니다. 동시에 '오늘의 책' 등 아이의 눈에 띌 수 있도록 소형 전면 책장 하나를 아이가 자주 다니는 곳에 둡니다. 오며 가며 눈에 띄면 책을 열어보는 횟수가 늘어나게 됩니다.

아이의 책 읽는 자세와 동기를 모두 잡을 수 있는 리딩 누크Reading Nook를 만들어주는 것도 추천하는 방법입니다. 리딩 누크는 본래 교실에서 학생들이 휴식을 취하며 편안하고 안락하게 책을 읽을 수 있도록 조성된 공간입니다. 편안함을 주는 주변 색상, 실내 조명, 안락 의자, 책꽂이 등으로 꾸며져 아이가 편안하게 쉬며 책을 자연스럽게 들춰볼 수 있는 공간이죠. 리딩 누크를 집 안으로 가져오면 두 가지 효과가 있습니다. 바로 '자세 교정'과 '늘어나는 독서 시간'입니다. 아이들이 책상에 앉아서 반듯한 자세로 책을 읽으면 좋지만, 제 아이의 경우 바닥에 엎드리거나 자세가 구부정한 채로 책을 읽더군요. 그래서 어려서부터 테이블에 독서대를 놓았으며 안락한 유아용 소파를 책장 앞에 두었습니다. 조금 크고 나서는 아예 이케아 포엥 암체어에 아이가 좋아하는 캐릭터 담요와 애정하는 강아지 인형들을 둘러놓고 은은한 조명 아래에서 책을 읽을 수 있도록 책장 바로 옆에 리딩 누크를 만들어주었습니다.

다시 한번 말씀드리지만 영어 실력의 본체는 바로 가정에 있습니다. 가령 초등학교 기준으로, 학원 수업을 주 3회 2시간씩 받는다면 숙제하는 시간 2시간을 포함해서 일주일에 총 12시간 영어를 공부합니다. 이는 하루 평균 2시간이 채 안 되는 시간이며, 영어 학습의 핵심 키워드인 '매일'의 지속성을 이어가는 데 한계가 있습니다. 하지만 학원 수업과 숙제 이외에 가정에서 이루어지는 영어책 읽기, 영자 신문 및 잡지 읽기 등은 매일의 연속성을 받쳐주는 영어 실력의 기둥입니다. 여기에 음원 듣기, 영상 시청, 영어 뉴스 시청 등을 병행하여 영어 실력의 저력을 가정에서 다져나가는 것입니다. 가정의 환경과 엄마의 역할은 아이 영어 실력의 핵심을 이루는 중요한 요소입니다. 즉, 엄마가 가장 좋은 사교육 코치라는 것을 아셔야 합니다.

3

진정한 문해력은
읽기 유창성이 아닌 확장된 사고력

'문해맹'이라는 말을 들어보셨나요? 글을 유창하게 읽어내지만 깊은 의미를 파악하지 못하는 현상을 말합니다. EBS 기획 다큐 〈당신의 문해력〉에서는 성인들의 '읽어도 읽지 못하는' 이해되지 않는 상황들을 진단하고 있습니다. 특히 디지털 환경에 익숙한 젊은 직장인들이 문해력 부족으로 어려움을 호소하는 경우가 많다고 합니다. 여기서 키워드가 되는 '문해력'에 대해서 좀 더 깊이 있게 이야기할까 합니다.

아이들은 파닉스, 사이트 워드 등 문자 인식 교육을 시작으로 영어 리딩 훈련을 시작합니다. 문자 읽기의 유창성이 어느 정도 확보되면 리딩 수준에 따라 책 읽기 단계로 넘어가게 되죠. 리딩 지수를 테스트해가며 자신의 수준에 따라 주어진 영어책을 읽기 시작합니다. 독후 활동으로 책 내용과 다른 문장을 골라내는 선다형 문제 혹은 맞는지 틀린지를 판단하는 True/False 퀴즈도 풉니다. 술술 영어라는 문자를 읽어내고, 어려움 없이 선다형이나 단답형 독후 퀴즈를 풀어내고, 자신의 학년보다 높은 레벨의 영어책을 읽어냅니다. 하지만 과연 이것으로 충분할까요? 혹시 내 아이의 영어 교육이 문해력으로 포장되었을 뿐, 독서 레벨을 올리려는 경쟁 속에서 알맹이 없는 속도전이 되고 있지는 않나요? '남들보다 더 빨리'에 대한 집착이 조급증이 되고 아이의 삶이 고단해지고 있지는 않은지 반드시 점검해봐야 합니다.

진정한 독서력은 짧은 시간 안에 많은 글을 읽어내는 리딩 유창성이나 틀리지 않고 문제를 푸는 리딩 스킬이 아닙니다. 핵심은 바로 독서를 통해 길러지는 '문해력'입니다. "책을 읽으면 자연스럽게 길러지는 것이 문해력 아닌가요?" 하고 반문할 수 있습니다. 이는 맞기도 하고 틀리기도 합니다. 독서와 문해력은 비례하는 경우가 많지만, 영어 독서 교육이 단지 글자를 수월하게 읽어내는 리딩 유창성에 머무는 경우도 많아 보입니다. 게다가 인식된 정보의 사실 여부를 구분하는 수렴적 질문이 읽기 능력을 가늠하는 잣대로 자주 활용됩니다. 하지만 읽은 내용의 이해도를 단순 체크하는 것, 객관식 문제로 표준화된 해석을 강요하는 문제 풀이가 얼마나 생각의 깊이를 자라게 할까요? 유사한 풀이와 해석을 반복하는 정답 찾기로 인해 아이들은 요령을 익힐 뿐, 확장된 사고를 할 수 있는 기회는 잃고 있지는 않을까요?

다음은 2015년도 국제학업성취도평가Program for International Student Assessment, PISA의 결과입니다. 문제 풀이 속도를 보면 한국 학생들은 다른 참여국들에 비해 읽기, 수학, 과학 영역에서 모두 1등으로 월등히 빠릅니다. 하지만 점수는 어떤가요? 속도에 비해 점수는 싱가포르에 뒤처집니다. 빠르게 문제를 푸는 속도전에 익숙한 한국 아이들은 빨리 정답을 찾는 데만 관심이 있을 뿐, 깊이 생각해야 하는 문제에 시간을 들이지 않습니다. 즉, 문제는 빨리 풀지만 깊이 생각하지 않으려고 하는 경향성을 보여줍니다.

<영역별 전체 문항 풀이 소요 시간 비교>

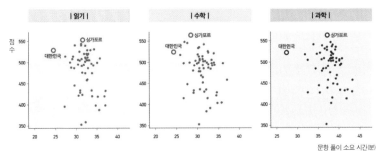

출처: ETS(2016), An investigation about the response time in Korea for PISA 2015 Main Survey

아이들은 인지적 발달 단계를 넘어서는 높은 수준의 책들을 경쟁적으로 읽는 것에 매몰되기도 합니다. 높은 리딩 레벨이라는 수치적 만족감을 위해 적정 연령대에 소화할 수 없는 내용을 꾸역꾸역 읽고 있는 것이죠. 하지만 이해력의 범위를 넘어서는 내용에 아이의 생각이 잘 버무려질 수 있을까요? 문해력은 단순히 주어진 텍스트와 정보를 읽어내는 능력이 아닙니다. 문해력은 글의 의미와 맥락을 통해 숨은 뜻을 파악하고 해석하며, 자기의 생각을 넣어 자율적으로 메시지를 생성해 가는 것까지를 포함하는 종합적인 사고력입니다. 따라서 생각과 이해도의 깊이가 확장되는 문해력과 맞닿는 독서를 해야 합니다.《책 읽는 뇌》의 저자 매리언 울프Maryanne Wolf는 이런 말을 했습니다. "인류는 책을 읽도록 태어나지 않았다. 독서는 뇌가 새로운 것을 배워 스스로 재편성하는 과정에서 탄생한 인류의 기적적인 발명이다." 우리는 독서 능력을 가지고 태어난 것이 아니므로 노력과 연습이 필요합니다.

그렇다면 문해력으로 이어지는, 확장적 사고가 일어나는 진정한 독서력은 어떻게 기를 수 있을까요? 흥미 위주의 스토리책만 편향적으로 읽어서는 문해력이 늘지 않습니다. 단계에 맞게 다양한 글들을 읽고 자신이 가진 배경지식과 경험을 끌어와서 텍스트를 이해하며 이리저리 머리를 굴려 생각을 넣고 비판적인 사고를 한 후 새로운 것을 만들어내는, 즉 자신의 말과 글로 풀어내는 과정이 있어야 합니다. 이는 숙제하듯 후다닥 해치우는 수동적인 독서로 끝나서는 절대 달성되지 않는 영역입니다.(이에 대한 구체적인 방법은 PART IV에서 소개하도록 하겠습니다.)

4

문해력의 필요 조건인 다독

영어 독서는 EFL 환경에서 충분한 언어 입력을 할 수 있는 가장 쉽고도 현실적인 방법입니다. 우리나라의 경우 일상생활에서 영어를 사용해 의사소통을 하는 일이 극히 드뭅니다. 하지만 영어 독서만큼은 마음만 먹으면 누구나 자신에게 맞는 책을 자신의 속도에 맞춰서 진행할 수 있습니다. 게다가 제공되는 음원과 함께 듣기를 병행한다면 차고 넘칠 만큼의 입력이 가능합니다. 어느 정도의 인풋량이 차야 아웃풋을 끌어낼 수 있습니다. 물은 99도에서도 끓지 않으며, 100도에 이르러서야 끓기 시작합니다. 물이 끓는 점에 도달하기 전 0도에서 99도까지 열기를 충분히 채워야 하는 것처럼, 다독은 문해력의 선행 조건이자 필요 조건이라고 할 수 있습니다. 부담 없이 그리고 재미있는 영어를 배우기 위해서 영어 그림책 읽기부터 시작하세요. '가볍게', '즐겁게', '단계적으로' 책 읽기를 하다 보면 초반에는 속도가 느려 보여도 결국 아이를 영어의 추월차선에 태울 수 있습니다. 재미있게 하다 보면 많이 하게 되고, 많이 하다 보면 가속도가 붙게 되니까요. 다독이 생활화되면 영어 실력은 빠르게 상승곡선을 탈 수밖에 없습니다.

영어 그림책 읽기의 효과는 이미 널리 알려져 있습니다. '그림책 테라피'라는 용어가 나올 정도로 그림책은 어린이뿐 아니라 청소년, 어른에 이르기까지 정서적인 효용성이 탁월합니다. 그림책만이 줄 수 있는 미학과 철학, 힐링과 교훈 가득한 스토리의 매력에 아이가 충분히 빠질 수 있도록만 해주시면 됩니다. 문자가 전혀 없는 그림책도 있을 만큼 좋은 그림책은 영어를 잘 못하더라도 그림을 통해서 메시지를 따라가고 이해할 수 있도록 구성되어 있습니다. 아름다운 그림을 보며 아이가 상상력을 펼치고, 교과서에서 볼 수 없는 살아 있는 표현들을 만나게 됩니다. 이렇게 영어 그림책에서 시작된 감흥과 재미를 챕터북을 통해 자연스럽게 확장해 가면 됩니다. 물론 이때도 재미가 우선이 되어야 합니다. 누가 시키지 않아도 몰입하여 다독을 하기 위해서는 읽고 싶은 텍스트여야 합니다. 따라서 딱딱한 논픽션 지문보다는 문학적 요소가 들어간 스토리텔링 책을 위주로 읽어 나가게 하면 됩니다.

5

다독 + α: 단계별 책 읽기와 정독

　　　　　책 읽기 습관이 잘 잡히고 다독에 가속
도가 붙으면 문학에서 논픽션을 읽는 단계로 넘어가야 합니다. 문학
은 스토리 위주의 글을 말하며 논픽션은 스토리북 이외의 모든 글을
의미합니다. 논픽션은 인문, 역사, 사회, 과학, 예술 등을 주제로 주로
사실적인 정보 전달이나 주장 및 비평 등을 총망라한다고 할 수 있
습니다. 신문, 잡지, 칼럼, 만평, 주장문, 안내문 등이 다 이에 해당하
죠. 사실, 우리가 앞으로 만나게 되는 대부분의 글들은 논픽션 지문
입니다. 문학과 논픽션은 내용과 구성 자체가 다릅니다. 그림책, 리
더스북, 챕터북, 소설 등의 스토리 위주의 문학 장르는 재미를 기본
으로 깔고 있으며 등장인물, 배경, 사건, 해설 등의 다채로운 구성과

중첩되는 장치들을 통해 중간중간 놓치는 틈새도 상상을 가미하여 메꿀 수 있습니다. 게다가 독자마다 같은 장면과 사건을 다르게 해석할 수 있으며 그 차이 역시 허용됩니다. 반면, 논픽션은 글 자체가 딱딱하고 문학 지문에 비해 재미가 없으며 다양한 해석이 허용되지 않습니다. 그래서 시험에 등장하는 지문의 대부분은 답이 하나로 딱 떨어지는 논픽션입니다.

주제가 정해져 있는 글은 행간을 읽어내고 글쓴이의 의도와 뜻을 해석하고 파악하는 논리적 읽기 훈련이 필요합니다. 결국, 진정한 문해력은 논픽션 읽기에서 빛을 발한다고 할 수 있습니다. 문해력 향상을 위해서는 소설책을 읽는 것만으로는 부족합니다. 문해력의 도약을 이룰 수 있도록 단계별로 책의 종류를 조정해주어 논픽션을 읽도록 해야 합니다. 다독이라는 전체적인 틀 안에서 '정독'이 필수적으로 병행되어야 하는 것이죠. 정독을 통해서 글을 꼼꼼하게 읽으면서 문장 간의 연결, 유기성, 글쓴이의 의도 파악 등의 논리성을 키우는 훈련을 하게 됩니다.

그렇다면 문학과 논픽션 텍스트 읽기의 비율을 어느 정도로 맞추어야 적절할까요? 미국의 전국교육성취도평가National Assessment of Educational Progress, NAEP에서 제시한 읽기 체계Reading Framework는 문학과 논픽션의 비율을 다음과 같이 가이드하고 있습니다. 눈여겨보아야 할 점은 초등, 중등, 고등학교로 학교급이 올라갈수록 논픽션 읽기 비중이 점차 높아지는 것입니다. 학교급이 올라가면서 궁극적으로 학생들이 습득해야 하는 것은 바로 핵심적인 교과 내용과 사고력, 비판력, 문제 해결력 등의 인지 능력입니다. 이는 단순한 재미를 넘어서서 논픽션을 읽고 처리하는 인지 과정을 통해 단련될 수 있습니다. 단, 영어를 모국어로 사용하는 아이들을 대상으로 설정된 비율임을 감안하여 아이의 리딩 레벨에 따라 문학과 논픽션의 비율을 적절히 조율해주시면 됩니다.

미국 학년	만 나이(세)	문학(Literary)	논픽션(Informational)
Grade 4 (초)	9~10	50%	50%
Grade 8 (중)	13~14	45%	55%
Grade 12 (고)	17~18	30%	70%

출처: Reading framework for the 2009 National Assessment of Educational Progress(2008)

6

논픽션 읽기를 시작하는 팁

　　스토리 중심의 재미있는 글을 읽던 아이에게 갑자기 딱딱하고 지루한 글을 쥐여주면 힘겨워할 수밖에 없습니다. 논픽션을 바로 읽어나가는 아이는 많지 않을 거예요. 따라서 논픽션 지문으로 넘어가는 징검다리 역할을 할 수 있는 논픽션 그림책을 추천드립니다. 그림책과 비슷한 구성을 하고 있어서 아이의 흥미를 자극하면서도 그림책인 듯 아닌 듯 논픽션 지문에 입문할 수 있게 될 것입니다. 사회, 과학, 역사 등 다양한 주제를 픽션 형태로 잘 버무려 놓은 챕터북 시리즈도 아이들이 가볍게 논픽션으로 넘어갈 수 있게 하는 데 도움이 됩니다. 대표적인 논픽션 그림책과 챕터북을 소개해 드립니다.

1. 로렌 리디(Loreen Leedy)의 수학 시리즈

덧셈, 뺄셈 등 수학 기본 개념을 만화의 형태로 쉽게 설명한 책

2. 로렌 리디(Loreen Leedy)의 경제 개념 책

레모네이드 판매를 통해 수익, 투자의 경제 개념을 익힐 수 있는 책

3. 스테이시 매카널티(Stacy McAnulty)의 Our Universe 시리즈

지구, 화성, 달, 바다, 태양 등 우주의 주요 행성들에 대해 귀여운 삽화와 함께 설명한 책

4. 실비아 롱(Sylvia Long)의 자연 관찰 시리즈

곤충, 광물, 화산 등을 섬세한 일러스트와 함께 감상할 수 있는 책

1. What If You Had/Could

'만약 동물의 코, 귀, 발, 털, 이빨을 가지고 있다면?'의 가정으로 출발하여 동물들의 특성을 실사로 엮어 놓은 책

2. The Danger Zone

고대부터 현대까지 세계사의 사건들을 재미있는 글과 그림으로 엮어 놓은 책

3. Who Would Win?

'둘이 싸우면 누가 이길까?'라는 호기심을 자극하며 두 동물의 특징을 비교해주는 책

4. Fly Guy Presents

계절, 우주, 공룡, 동물, 곤충 등 다양한 주제를 가볍게, 유쾌하게 접근할 수 있는 책

5. The Cat in the Hat's Learning Library

닥터 수스 특유의 라임도 가미하여 과학적 개념이나 현상을 알기 쉽게 이야기식으로 풀어 놓은 책

1. Magic School Bus

프리즐 선생님과 무엇으로든 변신하는 신기한 스쿨
버스를 타고 과학적 현상을 알아가는 책(논픽션 리더
스, 챕터북, DVD까지 망라한 베스트셀러)

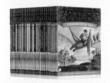

2. Magic Tree House

마법의 시간여행을 통해 역사, 지리, 과학 등의 주제
로 모험을 펼치는 판타지 동화

3. Flat Stanley's Worldwide Adventures

스탠리의 전 세계 모험담 속에 지리, 역사, 사회적인
지식을 녹여 놓은 책

4. Who Was/Is 시리즈

미국 및 유럽의 현재, 혹은 미래의 인물들에 대한
전기를 재미있게 읽을 수 있는 책

5. What Was/Is 시리즈

주요 사회, 역사적인 사건들 중심으로 인문학적 소양
을 쌓을 수 있는 책

6. Blast to the Past

시간 여행을 통해 미국 역사 속의 주요 인물들을 만나
는 이야기

7. Andrew Lost

아이들이 작아져서 이곳저곳을 모험하는 이야기로
과학 상식에 도움을 주는 챕터북

7

논픽션 읽기를 확장하는 팁

논픽션 시리즈에 어느 정도 담금질이 되고 나면 자연스럽게 신문 읽기로 넘어가 보세요. 신문은 세상 돌아가는 이야기에 관심을 가질 수 있고, 다양한 기사와 글을 접하며 삶을 살아가는, 혹은 앞으로 만나게 될 수많은 글들을 이해하는 배경지식을 쌓는 데에도 좋은 매개체입니다. 신문활용교육Newspaper In Education, NIE은 교육적 효용성이 높아서 수업 현장에서도 많이 활용되고 있습니다. 세상을 보는 안목과 가치관을 기를 수 있고 사회적 이슈에 대한 올바른 비판력과 논리력, 종합적 사고력을 키울 수 있습니다. 신문 읽기는 빼곡하게 들어찬 기사를 한 글자도 빠짐없이 읽는 것이 목적이 아닙니다. 실려 있는 사진과 헤드라인, 부제, 리드 문장

(기사 첫 문장)만으로도 얼마든지 호기심을 자극하며 신문 읽기를 시작할 수 있습니다. 신문 읽기에 친숙해지면 자연스럽게 읽기의 경험과 배경지식이 확장됩니다. 한국어 신문을 읽는 활동과 병행한다면 더할 나위 없이 좋습니다. 배경지식을 가지고 영어 지문을 읽게 되면 훨씬 이해도가 높아질 뿐만 아니라 영어와 한국어를 오가며 한국어를 영어로, 영어를 한국어로 적절하게 표현하는 법을 익힐 수 있기 때문입니다.

신문은 논리적이고 체계적인 구조 때문에 문장 하나하나가 군더더기 없는 핵심 정보를 전달하고 있습니다. 따라서 신문 기사는 그 자체가 모방 글쓰기로 활용할 수 있는 유용한 모델 문장으로 가득합니다. 사건을 정확하고 간결하게 표현하는 기자들의 문장력은 요약문의 모델이 될 수 있는 것이죠. 기사를 읽은 후, 요약 활동과 연계하여 읽기를 쓰기로 확장하세요. 읽기와 요약 활동의 효과는 큽니다. 버클리대학교 교육대학원 학장인 데이비드 피어슨David Pearson은 읽기와 작문을 함께 배울 때 여러 조합의 전략을 배울 수 있다고 말합니다. 자신의 생각을 정리하여 글을 쓰는 과정은 읽고 해석하여 처리한 후, 연결 지어 써내는 논리적 · 융합적 사고력을 발달시키며 뇌의 전 영역을 활성화하기 때문입니다.

논픽션 읽기를 확장해가는 데 있어 한 가지 중요한 팁이 있습니다. 신문을 비롯하여 주장, 설명, 실용문 등의 논픽션 글은 종류별로 글의 구조는 다르지만, 일정한 틀을 가지고 있습니다. 무작정 읽어나가는 것보다 글의 특성을 이해한 후 읽으면 글에 대한 이해도를 높일 수 있습니다. 글의 패턴과 특성, 문장 간 연결어에 대한 사전 지식은 글의 전개를 예측하고 주제를 파악하는 전략적 읽기를 가능하게 하기 때문입니다. 글을 더 잘 읽기 위해 논픽션 글의 구조와 글의 패턴에 따른 신호어Signal Words를 간략하게 살펴보겠습니다.

신문 기사의 구성

신문 기사는 핵심 결론이 먼저 제시되는 역피라미드 구조를 가진 대표적인 글입니다. 5W 1H 원칙(When, Where, Who, What, Why, How), 즉 육하원칙에 의거하여 사실을 전달합니다. 상단에는 이목을 집중시킬 수 있는 짧지만 임팩트 있는 문구의 '헤드라인Headline'이 위치합니다. 헤드라인 바로 아래에는 기사를 읽어야 할 의미와 가치를 부여하는 한 줄 요약인 '부제Kicker'가 따라옵니다. 그러고 나서 본격적인 기사로 이어지는데, 기사의 첫 문장을 '리드Lead'라고 하며 육하원칙에서 강조하고 싶은 내용을 포함해서 전체 기사의 내용을 요약하여 제시합니다. 한두 문장으로 이루어진 리드는 가장 중요한 정보를 압축하여 전달하고 있기 때문에 세부 내용을 포함한 전체 기사를 다 읽지 못하더라도 중심 내용을 파악을 위해서 집중해야 할 부분입니다.

Weatherwatch: Climate Crisis Causing Tropical Viruses to Spread

] Headline
제목, 머리기사

Infections such as dengue fever on rise in Europe as virus-transmitting mosquitoes expand habitats

] Kicker
부제

This summer, dengue fever got a foothold in France.

] Lead
기사 첫 문장

주장 + 근거 및 예시(Argument + Evidence & Example)

글쓴이의 주장이나 중심 생각을 담은 주제문이 먼저 나오고, 이를 뒷받침할 만한 근거나 예시가 뒤따르는 글의 구조입니다. 한국어와 다르게 영어는 두괄식이라는 말을 들어보셨죠? 영어는 하고자 하는 말을 먼저 명료하게 제시한 후, For example, For instance 등의 연결어구를 통해 주제에 대해 상술하고, 마지막으로 요약 · 정리하며 마무리 짓는 흐름입니다. 수능 지문에서도 주제 찾기, 제목 찾기, 요약문 등의 문제 유형을 연습할 때 가장 기본이 되는 글의 구조로 자주 등장합니다. 영어 텍스트의 대표적인 기본 틀이므로 글을 읽을 때 앞부분을 신경 써서 읽는 습관을 들일 필요가 있습니다. 주제가 파악되지 않을 경우, 예시 등을 통해 설명하는 세부 사항을 따라가며 이해하면 됩니다. 흐름을 따라가다 보면 결론으로 다시 한번 정리해주기 때문에 전형적이면서도 논리적으로 생각을 따라가기 쉬운, 친절한 글의 형태라고 할 수 있습니다.

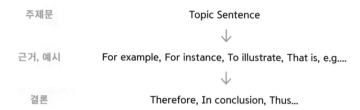

주제문	Topic Sentence
	↓
근거, 예시	For example, For instance, To illustrate, That is, e.g....
	↓
결론	Therefore, In conclusion, Thus...

통념 + 사실 및 비판(Myth + Truth & Criticism)

일반적으로 사람들이 믿고 있는 신념을 서두에서 언급한 후에 이를 반박하는 사실을 근거로 비판을 하거나 글쓴이의 중심 생각을 드러내는 구조입니다. 앞에서 말한 사실에 반하는 내용이 연결되기 때문에 But, However와 같은 역접의 의미를 가진 연결어가 자연스럽게 따라 나옵니다. 'A 그러나 B'의 흐름은 B의 내용에 더 주목해야할 필요가 있습니다. 반전이 있는 뒷부분에서 주제문이 드러나기 때문에 이러한 글의 구조는 끝까지 읽어야 핵심을 파악할 수 있다는 점을 숙지해야 합니다.

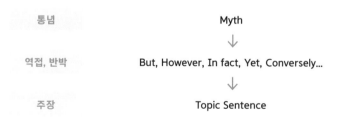

통념	Myth
	↓
역접, 반박	But, However, In fact, Yet, Conversely...
	↓
주장	Topic Sentence

비교 및 대조(Comparison & Contrast)

두 개의 사물, 개념, 현상 등의 공통점과 차이점을 설명할 때 사용되는 구조입니다. 익숙한 예시를 들어 비교하며 중심 생각을 전달하거나, 주요 차이점 자체를 중심 생각으로 부각시키기 위해 비교·대조하며 글을 전개합니다. 2022학년도 수능 영어 킬러 문제였던 34번 지문이 비교·대조의 구조를 띠고 있습니다. 구체적인 사물이나 현상의 경우 글을 이해하는 데 큰 어려움 없이 따라갈 수 있지만 추상적인 개념을 대조하여 설명하는 글은 내용 파악 자체가 난해할 수 있습니다. 따라서 이런 구조의 글을 읽을 때는 단편적인 정보 처리를 하기보다는 중심 내용을 포착한 후, 비교·대조되는 대상의 특징들을 묘사하는 단어나 어구들 사이의 일관성 혹은 차이점 등을 종합적으로 판단하며 맥락을 이해해야 합니다. 아래와 같이 사용되는 연결어를 단서로 둘의 관계를 명확하게 비교하며 두 대상 간의 속성과 특징들을 설명하는 내용 요소들이 유기적으로 일관성을 유지하는지 큰 그림도 그릴 수 있어야 합니다.

비교	Likewise, Similarly, In the same way, Compared with...
	VS.
대조	However, On the other hand, In contrast, On the contrary, Whereas

원인 및 결과(Cause & Effect)

어떤 현상에 대한 원인을 분석하거나 그 현상의 결과로 나타나는 상황을 설명하고자 할 때 사용되는 구조입니다. 어디에 중점을 두는가에 따라서 글 전체 구조에서 원인과 결과를 배치하는 순서와 분량이 달라집니다. 원인으로 인한 결과를 나열하든, 결과(현재 상황)를 제시하고 원인을 분석하든 간에 원인과 결과라는 관계를 잘 따져가며 읽어야 합니다. 이러한 글은 문장 간에 논리적이고 합리적인 인과관계를 가지게 되므로 선후 관계를 판단하며 읽는 인지적 훈련을 할 수가 있습니다. 원인이 되는 문장과 결과가 되는 문장을 연결해주는 단어를 실마리로 어떤 이유로 혹은 어떤 결과가 초래되는지 논리적인 판단을 하면서 글을 읽는 연습을 하면 좋습니다.

원인	Because, Due to, Owing to, The reason is...
	VS.
결과	Therefore, Thus, Hence, As a result, Consequently, For this reason, This is why, The result is...

열거 및 부연(Listing & Addition)

가장 간단하면서 쉽게 사용되는 글의 구조입니다. First, Second,

Third, Last와 같이 차례대로 모든 내용을 나열하여 글을 전개하기도 하며, 첫 문장에서 모든 정보를 보여준 후 뒤에서 더 자세하게 하나씩 내용을 다루기도 합니다. 각 항목이 동일한 중요성을 갖기도 하며 Finally, and most important(마지막으로 가장 중요한 것은)와 같은 신호어를 통해 중심 생각의 중요도가 더해지기도 합니다.

열거 및 부연	Also, Furthermore, Likewise, In addition, Moreover, Finally…

8

국어와 영어의 상관관계: 모국어 실력을 절대 못 넘어서는 영어 실력

세상에 완벽한 이중 언어자는 없다고 합니다. 두 개의 언어를 자유자재로 구사하는 듯한 언어 사용자들조차도 하나의 주 언어를 기반으로 복잡하고 추상적인 인지 과정과 문제해결 과정을 수행합니다. 주로 모국어가 주 언어가 되는데요, 이 생각의 중심축이 되는 제1 언어의 기반이 탄탄하게 잡혀 있어야 깊이 있는 사고를 할 수 있습니다. 하지만 반대로, 모국어 실력이 부실해서 영어 실력이 도약할 수 없는 경우도 존재합니다. 주된 사고의 틀이 되어주는 모국어가 확고하게 정립되지 않은 상태에서 외국어를 받아들이다 보니 모국어도 어눌해지고 영어 실력도 치고 올라가지 못하는 어정쩡한 상태가 바로 이 경우입니다.

수업 중, 원어민과 같은 유창한 영어 실력을 가진 학생들이 지문을 읽을 때 논리적인 구조를 따라가지 못하는 경우를 종종 봅니다. 지문을 잘 읽고 문장 하나하나의 해석은 해내는 듯하지만 독해가 안 되는 경우로, 한마디로 국어 실력이 없어서 영어 독해가 안 되는 것입니다. 심한 경우에는 영어 지문에서 '임계량', '비영리 단체' 등에 대한 단어의 사전적 지식을 몰라서 국어 수업이 되어버릴 때도 있습니다. 영단어의 뜻을 한국어로 알려주면 당연히 알 것이라고 생각했는데 "선생님, 그건 무슨 뜻이에요?"라며 허를 찌르는 사례가 비일비재합니다. 게다가 학생들이 지문에 대한 배경지식이 없어서 행간의 의미들을 하나하나 이해가 되게 씹어서 설명을 해주어야 하는 상황도 많습니다.

영어도 언어입니다. 따라서, 모국어 실력을 기반으로 향상됩니다. 이중언어학자인 짐 커민스Jim Cummins 교수가 연구(1981)에서 밝힌 것처럼 외국어 습득에 영향을 주는 요소들 가운데서 가장 크게 영향을 끼치는 것은 다름 아닌 모국어 능력입니다. 물 위에 떠 있는 두 바위가 수면 위에서는 별개로 보이지만 수면 밑으로 내려가보면 커다란 하나의 바위에서 갈라져 나온 것과 같은 이치Common Underlying Proficiency Model로, 영어 실력은 모국어 실력을 넘어서지 못합니다. 모국어 능력이 부족한 상태에서 조기유학을 가면 실패 확률이 높은 이유, 한국어 능력이 뛰어나며 우등생이었던 아이늘이 영어권 국가의 명문대학에 입학하는 이유가 바로 이 때문이죠. 영어 점수가 높은 학생들은 대체로 국어 실력도 탄탄합니다. 국어 점수가 안 나오는데 영어 실력이 비균형적으로 높은 경우는 거의 없습니다. 실제로 국어 성취도와 영어 성취도의 상관관계를 분석한 국내 연구를 살펴보면 국어를 잘하는 학생들이 영어 성적도 높았으며 놀랍게도 국어 능력의 수준에 따라 그대로 영어 실력 수준도 일정하게 변동하고 있는 결과까지 보여주었습니다. 국어 능력과 영어 능력이 서로 상관관계가 있음을 증명해 보인 것이죠. 모국어 실력과 떼려야 뗄 수 없는 영어 실력, 한국어 독서를 꾸준히 해야 할 필요성이 절실해집니다.

9

영어로의 전환이 쉬워지는
생각하는 힘과 배경지식

독서는 생각의 문을 여는 열쇠입니다. 독서의 종착역은 문제를 푸는 리딩 스킬을 연마하거나 단순히 활자를 흡수하는 것이 아니라, 입력된 지식이나 자료를 자기 것으로 재구성하는 '생각의 깊이'가 더해지는 것입니다. 책을 읽는 동안 자신이 가진 배경지식과 경험을 끌어와서 텍스트를 이해하고 이리저리 머리를 굴려보며 생각을 넣어 자신의 말과 글로 풀어내다 보면 독해력이 상승하게 됩니다. 미디어 세대의 아이들은 소셜 미디어를 통해 단문 위주의 정보 처리나 인터넷을 통한 즉각적인 정보 검색에 익숙합니다. 잠깐의 휴식 시간조차도 끊임없이 스마트폰을 들여다보고 있는 아이들은 뇌에 생각할 수 있는 틈을 주지 않습니다. 즉각적인 자극과 즉각적인 반응으로 꽉 차버린 이 아이들의 일상에서 한 움큼의 여백을 뚝 떼어낼 필요가 있습니다. 생각의 여백이죠.

쇼펜하우어는《문장론》에서 '생각하는 독서'를 강조합니다. 진정한 독서는 사색을 해야 하며, 사고 없는 다독은 생각하는 힘까지 잃게 만든다고 합니다. 그는 '독서는 타인에게 자신의 생각을 떠넘기는 행위이다'라고까지 주장하며 생각 없는 독서를 경계합니다. 속도와 양에 급급하지 말고, 읽은 내용에 자신의 생각을 덧입혀보는 능동적인 독서를 지향해야 합니다. 생각을 자극하기 위해서는 단순 기억이 아니라 질문을 던지고 답을 찾아가는 과정이 중요합니다. 이를 돕는 하브루타(PART III)와 슬로 리딩(PART IV)을 활용해보세요.

책을 읽으면 이해가 되어야 합니다. 책과 관련된 사전 지식이나 배경지식을 스키마Schema라고 합니다. 이 스키마가 갖춰져야 읽은 내용과 결합되어 의미를 파악하고 이해력이 향상됩니다. 공교롭게도 스키마를 갖추기 위해서는 또 책을 많이 읽어야 한다는 결론이 나옵니다. 직접 경험만으로 스키마를 쌓는 것은 한계가 있기 때문입니다. 지식을 집약적으로 전달할 수 있는 가장 효과적인 매개체가 바로 책입니다. 꼭 영어책을 의미하는 것이 아닙니다. 무엇보다 한글책을 많이 읽어야 합니다. 유사한 난이도의 어휘와 구조를 가진 두 개의 영어 지문이 주어졌어도 독자의 배경지식 유무에 따라서 이해도가 달라집니다. 내가 잘 알고 있는 내용은 생소한 어휘나 맥락도 예측하며 이해할 수 있습니다. 배경지식의 힘은 영어 독해력과 직결됩니다.

PART IV

수능 1등급으로
이어지는 초·중등
영어 로드맵

1장

초등 학년별 영어 로드맵:
흥미·동기 내공

1

중·고등 영어를 견인하는 기초 근력

　　　　초등학교 때 다져야 하는 영어 학습의 기초 근력은 '흥미'와 '동기'입니다. 영어를 '재미있는 활동'으로 생각하고 신나게 지속할 수 있도록 동기를 공급받아야 합니다. 이를 위해 재미있게 영어 원서에 흠뻑 빠지는 것, 즉 몰입을 경험하도록 도와주세요. 초등학교 전 학년에 걸쳐 단계적으로 영어 원서를 읽는 것은 기본입니다. 읽기 실력이 나날이 향상되고 책의 수준과 독서 목록이 올라가면 아이들의 성취감과 자신감이 쌓여갑니다. 그 내공이 빛을 발휘하게 되는 순간이 꼭 옵니다.

매일 듣기와 매일 읽기의 힘

초등학교 전 학년 동안 매일 영어 듣기와 읽기를 하도록 지도해 주세요. 매일의 지속성을 절대로 무시해서는 안됩니다. 매일의 힘이 얼마나 큰 것인지는 아놀드 슈왈제네거Arnold Schwarzenegger의 인터뷰에서 알 수 있습니다. 역사상 최고의 보디빌더로 유명한 그는 75세의 나이에도 여전히 근육맨으로 놀라움을 주고 있습니다. 그가 〈터미네이터〉로 유명해졌을 때 한 기자가 질문을 했습니다.

"당신 같은 탄탄한 근육을 가지려면 어떻게 해야 할까요?"
"주의 깊게 호흡하면서 아령을 반복해서 들었다 놓았다 하세요. 하루에 1시간씩, 일주일에 7일 동안 단 하루도 빠지면 안됩니다. 1년 365일 2년 계속 반복하면 저와 비슷한 근육을 가질 수 있을 거예요."

매일 영어 듣기와 읽기를 하는 습관은 저절로 만들어지지 않으며, 부모의 수고와 노력이 필요합니다. 뇌과학을 근거로 만들어진 습관 형성 프로그램은 최소 3주(21일) 동안 꾸준히 목표 행동을 반복하도록 합니다. 최소 21일을 반복하면 습관을 형성해주는 신경회로 절연물질인 미엘린의 효과가 나타난다고 합니다. 아이와 함께 영어 학습의 계획을 세울 때 21일 단위로 3번 정도 사이클을 반복하다 보면 처음에는 힘들어도 차츰 습관이 정착될 것입니다. 이때 중간중간 아이가 좋아하는 보상을 통해 동기를 부여해주는 것도 좋습니다.

부모의 역할: 페이스메이커

초등 시기는 초·중·고 시기 중 아이가 집에서 가장 오래, 그리고 가장 부담 없이 지낼 수 있는 시기로, 영어 교육의 적기입니다. 영어 학습의 투입량을 마음껏 늘릴 수 있는 이 황금기를 어떻게 보내느냐가 아이의 영어 실력과 자신감을 좌우합니다. 또한 초등 시기는 학교 교육 이상으로 부모의 영향력이 큰 시기이기도 합니다. 부모의 소신과 끈기가 아이에게도 그대로 흘러가죠.

아이에게 영어 교육을 제공한다 생각하지 마시고, 부모도 함께 영어를 공부해 보세요. 마라톤의 페이스메이커Pacemaker처럼 부모가 옆에서 함께 뛰다 보면 아이의 학습 동기 역시 올라갑니다. 아이 옆에서 책을 읽으면 아이도 책에 관심을 가지게 되는 것처럼, 부모가 영어 공부를 하면 아이도 관심을 가지고 따라 합니다. 지금 내 아이가 어떤 책을 읽고, 어떤 수준인지, 어떻게 도와주어야 할지는 같이 공부를 하다 보면 더 잘 보입니다. 사실, 언어는 소통이기 때문에 비언어적인 요소까지 포함하며 실생활에서 사용해보는 경험이 중요합니다. 때론 부모가 가르쳐주고 때론 아이가 가르쳐주면서 서로 상호 작용하며 부모와 소통하는 아이는 영어에 흥미를 잃지 않고, 장기전으로 갈 수 있는 내공을 쌓게 됩니다.

초등 시기는 아이의 생각과 자기 주도성이 자라는 시기라는 것도 인지해주세요. 아이에게 강압적으로 과제를 주어 자기 주도성과 학습 동기를 억눌러 버리면 안됩니다. '무조건 해라'가 아니라 스스로 매일 해야 할 일을 정할 수 있도록 선택권을 주고 적절하게 조율하고 납득하는 과정을 거치도록 하세요. 영어 학습의 목표를 함께 나누고 그것을 위해 매일 어떤 활동을 할 것인지, 습관이 잘 정착되면 어떤 보상으로 동기 부여를 할 것인지를 논의합니다. 상황에 따라 유동적으로, 지혜롭게 대처하며 자기 주도성을 잘 가꾸어주려면 부모의 노력이 필요합니다. 초등학교 시기부터 아이에게 주도권을 갖는 기회를 제공해주세요.

인풋, 인테이크, 아웃풋

영어의 네 가지 영역인 듣기, 읽기, 말하기, 쓰기 중 인풋Input에 해당하는 듣기와 읽기부터 시작하도록 합니다. 인풋의 양이 찬다는 것은 말하기, 쓰기에 해당하는 아웃풋Output을 할 때 끌어 쓸 수 있는 자료가 쌓인다는 의미입니다. 충분한 인풋이 없이 아웃풋을 기대할 수는 없습니다. 모국어를 습득할 때도 침묵기Silent Period, 즉 언어를 이해하지만 발화하지는 못하는 시기를 거칩니다. 이는 외국어도 마찬가지입니다. 침묵기는 아웃풋으로 가기 위해 어느 정도 인풋을 채우는 과정입니다. 그런데 잠복기가 지나면 모국어를 할 때처럼 영어도 아웃풋이 저절로 나오게 될까요? 안타깝게도 그렇지 않은 경우도 있습니다. 이에 당황한 언어학자들이 다시 연구를 거듭한 결과 '모든 인풋이 흡수되는 것은 아니다'라는 사실을 발견합니다.

인풋이 흡수가 되려면 어떻게 해야 할까요? 인풋의 양만 강조해서는 안 되며, 인풋의 질에도 관심을 가져야 합니다. 언어의 궁극적인 목적은 의사소통이며, 이를 위해서는 첫째, 이해 가능한 인풋이 주어져야 합니다. 아무리 인풋이 많아도 흡수Intake가 되지 않으면 소용이 없습니다. 둘째, 인풋과 아웃풋의 차이를 알아채는Noticing 기회를 주고, 유의미하게 인풋을 처리하여 아웃풋으로 연결될 수 있도록 도와야 합니다. 무슨 말일까요? 아웃풋은 인풋에 비해 학습자의 지적인 노력이 많이 필요하며 보다 깊은 언어적 처리를 요구합니다. 듣고 이해하는 것과 직접 말하고 쓰는 것은 큰 차이가 있죠? 이 둘의 갭Gap을 직접 경험하게 되면 학습자는 언어적 한계를 인식하게 되며 부족한 것을 채우기 위한 노력을 하게 됩니다. 알고 쓸 수 있다고 생각했는데 그것이 착각이었다는 사실에 눈을 뜨게 되죠. 그렇게 되면 앞으로 만나게 될 인풋에도 더 주의를 집중하게 되고 능동적이고 효과적으로 인풋을 흡수하게 됩니다. 이제, 초등 학년별 영어 로드맵에서 중요한 두 가지 뼈대가 도출되었습니다.

첫째, 양과 질을 고려한 인풋에 담금질되도록 하자.

둘째, 인풋이 제대로 흡수되어 아웃풋이 될 수 있도록 하자.

2

초등 1, 2학년 영어 로드맵

       초등학교 1, 2학년은 영어의 첫 단추를 끼우는 시기로 '재미'가 가장 중요합니다. 영어뿐만이 아니라 전 과목에서 중요한 포인트입니다. 시작인 만큼 어렵게 접근하게 되면 나쁜 감정과 연결됩니다. 그 과목을 싫어하게 되어 길게 멀리 가지 못하는 낭패를 겪게 됩니다. 부모의 불안감 또한 꼭 경계해야 할 대상입니다. 요즘은 유아기부터 영어 노출이 시작되는 경우도 많아서 내 아이가 언제 영어를 시작하든 그보다 일찍 시작한 아이들이 있기 마련입니다. 따라서 다른 아이들과 비교를 하다 보면 불안감과 조급함으로 아이를 닦달하게 되는데, 이것이 영어 교육을 망치는 주요 요인이 됩니다. 다른 아이들과 비교하기에 앞서 생소한 언어를 접해야 하는 아이의 스트레스를 먼저 생각해주는 것이 필요합니다. 어른도 새로운 것에 도전하는 것은 쉬운 일이 아니잖아요. 초등학교에 가서 영어를 시작하는 것은 결코 늦은 것이 아닌, 가장 적기에 출발하는 것입니다. 그러니 초등 저학년 시기에는 영어에 대해 크게 걱정하지 마시고 아이가 활짝 필 때를 기대하며 응원해주세요.

영어 음원 노출

초등학교 1, 2학년 시기의 영어 공부의 목표는 영어의 소리에 익숙해지는 것입니다. 이를 위해서 '영어 음원 노출', '영어책 읽기', '영어 영상 시청' 이 세 가지를 일상의 루틴으로 잡아주세요. 영어 음원 노출의 첫 단추는 리듬감 있는 영어 동요가 가장 좋습니다. 영어 노래, 챈트, 이야기 노래 음원으로 시간이 날 때마다 영어라는 새로운 '소리'에 자연스럽게 노출될 수 있도록 해주세요. 차로 이동하는 시간에 잠깐씩 틀어주거나 집에서 보내는 시간 동안 영어 CD나 음원을 스피커로 연결하여 배경음악으로 틀어놓으면 됩니다. 스마트폰이나 이어폰으로 영어를 오랫동안 들으면 귀가 피로할 수 있으므로 전원을 사용하는 스피커를 사용하는 것도 추천합니다.

1. Super Simple Song

nursery rhyme(너서리 라임: 전래 동요)
을 비롯해서 아이들이 쉽게 따라 부를 수
있는 동요가 가득한 캐나다 유튜브 채널

2. 마더구스

nursery rhyme(전래 동요)에서 영어
동화로 자연스럽게 넘어가는 음원과 유튜브
채널

3. 노부영

'노래로 부르는 영어 동화'의 약자로, 책의
내용을 노래로 듣고 흥얼거리며 말하기까지
이어질 수 있는 음원(책과 CD) 제공

영어 그림책 읽기(청독)

영어책 읽기는 전 학년에 걸쳐 필수적인 활동입니다. 읽기의 기
본이 되는 '듣기'와 '청독(聽讀)'을 진행할 수 있거든요. 청독은 귀

로 음원을 들으면서 눈으로 글자를 따라가는 것을 말하는데, 아직 문자 언어에 익숙하지 않아 스스로 책을 읽기 힘든 아이, 혹은 이제 막 책 읽기를 시작한 아이들에게 활용할 수 있는 읽기 방법입니다. 처음부터 글자와 매칭하게 하지 마시고 자연스럽게 책을 귀로 읽는 것부터 시작하도록 해주세요. 그렇게 책을 듣고 읽는 시간이 쌓이면 차츰 글자를 짚어가면서 소리 언어를 문자 언어로 덧입힐 수 있도록 하면 됩니다. 이를 통해 자연스럽게 알파벳과 단어 스펠링에 노출될 수 있습니다. 한글책을 리딩펜이나 CD로 들으면서 어느 순간 한글을 깨우치는 아이들을 종종 봅니다. 영어도 마찬가지입니다. 자연스럽게 보고 듣다 보면 소리 언어뿐만 아니라 문자 언어에도 익숙해집니다. 아이들마다 습득의 방법이 다른데, 청독을 통해서 파닉스와 사이트 워드를 건너뛰는 효과도 있습니다. 영어 음원 노출을 자연스럽게 진행하면서 아이에게 영어 그림책을 읽어주는 시간을 꼭 가지세요. 이때 '매일'이라는 지속성이 중요합니다. 최고의 영어 고수인 동시통역사들도 매일 영어를 듣고 읽는 작업을 필수로 생각하고 실천합니다. 잠들기 전 베드타임 스토리Bedtime Story를 가볍게 읽어주는 것으로 시작해보세요.

영어 그림책은 그림을 통해 이야기를 상상하며 따라갈 수 있어서 언어 자체를 완벽하게 이해하지 못해도 충분히 즐길 수 있습니다. 영어 소리, 알파벳, 영어책에 자연스럽게 노출될 수 있도록 점차 시간을 늘려가면 됩니다. 아이가 관심을 보이지 않으면, 부모가 진짜 재미있는 것처럼 연기하며 책을 읽어보세요. 아이가 '뭐지?' 하며 옆에 앉을 겁니다. 그때를 잘 포착해서 책 한 권을 덮을 때까지 몰입할 수 있도록 갖가지 시도를 해보세요. 책을 읽을 때 그림도 보고, 질문을 통해 우리말로 대화를 주고받으며 아이의 생각과 감정을 공감해주는 것이죠.

아이가 좋아하는 주제의 영어 그림책을 찾는 것도 중요합니다. 아이가 직접 책을 고르도록 하는 것도 좋습니다. 주도권을 아이에게 주면 당연히 자발성이 올라갑니다. 보상이라는 강력한 동기 부여의 방법으로 영어책을 읽을 때마다 스티커를 붙여주고, 스티커를 다 붙이면 적절한 보상을 해주는 것도 초반에 습관을 형성하는 데에 도움이 됩니다. 영어책을 엄마와 함께 읽을 때는 하브루타 영어책 읽기 방식으로 진행해주세요. 아이의 생각 그릇을 키워주는 것이 중요하거든요. 영어 그림책은 대부분 음원을 쉽게 찾을 수 있습니다. 책을 CD와 함께 판매하거나 원어민들이 그림책을 소리 내어 읽어주는 유튜브 채널도 많습니다. 책을 구매하지 않고 도서관에서 대여할 경우 딸림 자료로 CD를 함께 대출하면 됩니다. 부모가 읽어준 영어 그림책의 음원을 하루 일과 중에 배경음악으로 틀어주거나 혹은 잠자기 전에 잔잔하게 틀어주면 아이는 들었던 내용을 반복적으로 들으며 영어를 습득하게 됩니다. 다음은 원어민들이 동화책을 읽어주는 무료 음원 사이트입니다. 참고하셔서 적절하게 활용하세요.

1. Storyline Online

어린이 동화책을 배우들이 읽어주
는 사이트로 생동감 있는 음악과
영상 제공

2. EBS 펀리딩

초·중·고 수준별 소설·논픽션 원
서를 무료로 읽어주고 간단한 테
스트 및 학습 자료 제공

3. Storynory

영국식 발음으로 동화책을 들을
수 있으며 음원 다운로드 가능

온라인 도서관을 활용하는 것도 좋은 방법입니다. 요즘은 종이책
을 디지털화하여 화면으로 영어 문장을 보며 듣기를 할 수 있도록
제작된 온라인 독서 프로그램들이 많습니다. 학교에서 사용하는 영
어 교과서 역시 디지털 북과 함께 수업 시간에 활용하는데요, e학습
터(https://cls.edunet.net)에 접속하면 각 지역별 초등학교, 중학교
온라인 학습자료와 함께 디지털 교과서를 열람할 수 있습니다. 이곳

의 영어 교과서 듣기 자료는 무료로 사용할 수 있습니다. 또한 유료로 운영되고 있는 온라인 영어 도서관도 소개해 드릴게요. 각 사이트에서 제공되는 독서 프로그램의 특성과 요금을 살펴보시고 내 아이에게 맞는 프로그램을 선택하셔서 활용해보세요.

온라인 영어 듣기 음원(디지털 교과서, 영어 도서관)

1. 디지털 교과서(e학습터)

시도별 e학습터에서 제공하는 디지털 교과서 무료 영어 음원

2. 리딩게이트(Reading Gate)

레벨에 따라 원서를 읽고 독후 활동을 할 수 있는 온라인 독서 프로그램(유료 서비스)

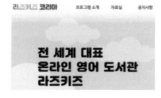

3. 라즈키즈(Raz-kids)

레벨에 따라 동화에서 챕터북까지 책을 듣고 읽을 수 있는 온라인 영어 도서관(유료 서비스)

4. 리딩앤(Reading &)

영국에서 개발한 ORT(Oxford Reading Tree) 리더스 읽기 교재 기반 디지털북(유료 서비스)

5. 마이온(myOn)

미국 르네상스사에서 개발한 SR3(그 이상은 오픈 예정) 수준까지의 독서 프로그램(유료 서비스)

6. 오디오 북(오디오 클립)

네이버에서 제공하는 어플로 영어 동화, 한국 동화의 영어 번안, 외국어 컨텐츠들을 다양하게 골라 들을 수 있음(콘텐츠별 유·무료 서비스)

　책의 음원 듣기는 말하기, 쓰기, 읽기 전체를 위한 자양분입니다. 듣기로 충분하게 토대를 쌓는 동안 말하기나 쓰기에 너무 집착하지 않도록 합니다. 임계점에 도달하기까지 시간이 걸리겠지만 '듣기'의 양이 먼저 차올라야 말하기, 쓰기로 도약할 수 있기 때문입니다. 아이의 귀에 영어가 익숙해지면 흥얼거리며 따라 하게 되는데, 그것이 말하기의 시작입니다. 아직 한글 글쓰기도 힘든 아이에게 영어 글쓰기의 짐을 억지로 지우지 마세요. 한글로 받아쓰기 연습을 하는 1학년에게 영어로 글을 쓰게 하는 것은 어불성설입니다. 글쓰기는 생각을 담아내는 고차원적인 인지 과정입니다. 생각이 자라야 글도 잘 쓸 수 있습니다. 따라서 쥐어짜듯 영어로 글을 쓰는 부담을 주기보다 한글책을 많이 읽으며 자신의 생각과 세상을 이해하는 힘, 글감이 되는 다양한 배경지식을 쌓게 하는 것이 먼저입니다. 그러다가 아이의 영어 실력이 향상되면 한글로 쌓아온 자신의 생각을 영어로 풀어내기만 하면 됩니다.

영어 영상 노출

영어 영상은 효과적이고 강력한 소리 노출입니다. 하나의 에피소드가 10분 혹은 20분 정도 되는 애니메이션 시리즈물로 시작하고, 영상 노출 시간은 1~2시간이면 적당합니다. 유튜브나 다른 채널들은 중간중간 광고가 많아서 그냥 흘려버리는 시간이 많고 주의 집중력을 떨어뜨려서 저는 개인적으로 리틀팍스, 넷플릭스, 디즈니를 선호합니다. 한도 끝도 없이 보고 싶은 만큼 TV를 보지 못하는 아이를 위해서 집에서 놀고 있는 스마트폰을 녹음기로 활용해보세요. TV 시청 후, 아이의 요청으로 녹음된 음원을 귀로만 반복해서 들을 수 있습니다. TV를 보며 대화했던 서로의 목소리가 함께 녹음되기 때문에 다시 들으면서 그 시간을 추억하는 재미도 쏠쏠합니다.

　적절하게 영상을 활용하는 것이 유용한 이유는 상황 속의 실제적인 영어와 영어권 국가의 문화를 배울 수 있기 때문입니다. 언어 학습의 목적은 상황 속에서 적절하게 의사소통을 하는 것인데, EFL 환경에서는 영상 시청이 가장 좋은 대안이 됩니다. 예를 들어, "I don't think so."는 문장 그대로 해석할 경우 "나는 그렇게 생각하지 않아"이지만, 실제 상황에서는 정중한 거절이나 사양을 할 때 "안 될 것 같아"란 뜻으로도 많이 사용됩니다. 문화적 측면에서도 한국은 이를 뽑으면 지붕으로 이를 던지는 풍습이 있지만, 영어권 국가에서는 이 요정_{Tooth Fairy}이 이를 가져갑니다. 한국의 추석 음식은 송편이지만, 영어권 국가에서는 칠면조입니다. 외국 문화에 대한 이해는 문해력을 높이기 위한 배경지식과도 관련되어 있으며 아이들의 흥미도 돋울 수 있습니다.

　영상 시청은 같은 것을 반복하는 것이 효과적이라고 합니다. 반복 시청과 반복 듣기를 통해 문장을 통으로 외울 수 있기 때문이죠. 하지만, 이것도 아이의 성향에 따라 다릅니다. 같은 영상을 반복해서 보기 싫어하는 아이도 있는데, 새로운 것을 보고 싶어하는 아이에게 억지로 반복 시청을 강요할 필요는 없습니다. 아이의 연령대에 맞게 원하는 영상을 골라서 볼 수 있는 선택권을 주세요. 저는 DVD보다는 다음 세 채널을 통해 다양하게 영어 노출을 시켜주었습니다. 부지런하지 못한 탓에 영어 DVD를 콘텐츠별로 분류해서 반복시키고 단계별로 넘어가는 계획을 세우지는 않았습니다. 아이가 같은 것을 보고 싶다고 하면 보여주었고, 시리즈물로 쭉 이어서 보고 싶다고 하면 그렇게 했습니다. 단, 아이가 보는 영상은 함께 보거나 내용을 꼭 체크했습니다.

영어 영상 채널

1. 리틀팍스

'애니메이션 동화를 이용한 영어 학습'을 목적으로 설립된 채널. 영상별 학습지는 유료 제공.

2. 디즈니플러스

어린이 영어 영상을 선택해서 볼 수 있는 구독형 OTT 서비스 채널

3. 넷플릭스

어린이 영어 영상을 선택해서 볼 수 있는 구독형 OTT 서비스 채널

3

초등 3, 4학년 영어 로드맵

초등 1, 2학년 때 소리로 충분히 담금질이 되었다면 초등 3, 4학년은 영어의 기초를 잘 다지고 기본 파닉스와 아웃풋에 살짝 시동을 걸 수 있는 시기입니다. 학교에서도 영어가 정규 과목으로 들어오면서 영어 학습이 이루어지는 시기이죠. 이 시기는 2년간의 인풋을 토대로 아웃풋을 끌어내는 연습을 적절히 병행하기 좋습니다. 초등 3, 4학년의 구체적인 목표는 '기본 파닉스', '단어 및 문장 소리 내어 읽기', '기초 회화', '간단한 글쓰기'입니다.

꾸준한 영어책 읽기와 영상 시청

이 목표를 이루기 위해서 기본적으로 1, 2학년 때 해왔던 '영어 책 읽기'와 '영어 영상 시청'을 꾸준히 이어가세요. 이 두 가지는 지속적인 영어 인풋을 제공하는 필수적인 활동입니다. 영어책 읽기를 할 때 생각을 넣는 활동을 조금씩 해보세요. 3학년이 되면 아이들은 국어 교과서에서 한글책 읽기 독서 활동을 체계적으로 할 수 있도록 배우게 됩니다. 책을 고른 이유와 목적을 말해보고 책 내용도 요약하고 이전에 읽었던 책과 연계해서 생각해보고 독서 감상문을 쓰며 자신의 생각을 표현해보는 활동을 합니다. 아이들이 국어 시간에 연습하는 책 읽기 과정을 영어 학습에도 적절히 접목하여 활용해보세요. 영어책을 읽을 때도 엄마와 다른 책을 읽고 서로 읽은 책에 대해서 간단히 이야기해보며 자신이 읽은 책에 의미와 재미를 더해보는 것이죠. 책을 선택하게 된 이유나 왜 이 책이 재미있었는지, 어떻게 내 생활에 적용해 볼 수 있을지 등에 대해 생각을 나누는 활동을 해보세요.

기본 파닉스

이 시기에는 알파벳을 인지하고 알파벳의 음가를 아는 파닉스를 가볍게 넣어주세요. 중요한 것은 '가볍게'입니다. 영어 원어민 아이들도 파닉스를 초등학교 1학년 때 시작하여 전 학년에 걸쳐서 배웁니다. 단자음, 단모음, 이중자음, 이중모음 등 학년별로 난도를 심화해서 읽기와 함께 꾸준히 병행하는 과목이 파닉스입니다. 원어민들도 헷갈려서 지속적으로 학습하는 파닉스를 영어를 갓 시작한 우리 아이에게 '파닉스 완전 정복'을 목표로 들이대며 몰아치지는 마세요. 파닉스를 안다고 모든 영어 단어를 읽을 수 있는 것도 아니거든요. 파닉스를 하지 않아도 책 읽기를 통해 자연스럽게 단어와 문장을 읽을 줄 아는 능력이 습득되는 경우도 많습니다. 무엇보다 문자 언어보다 소리 언어가 앞서야 하며, 영어 음원 듣기와 책 읽기로 영어 소리에 익숙해지게 하는 것이 먼저입니다. 아이의 속도에 따라 파닉스를 자연스럽게 넣어주되 파닉스 자체에 지나치게 욕심을 부리거나 힘빼지 마세요.

알파벳 숙지와 파닉스를 재미있고 가볍게 진행할 수 있는 워크시트 제공 사이트와 TV 프로그램 및 교재를 소개합니다. 아이가 알파벳 음가에 관심을 기울이기 시작하면 따라 쓰기 활동지(www.handwritingworksheets.com)로 천천히 써보거나 각 사이트별로 소개되어 있는 활동을 가볍게 워크시트를 활용해서 진행하시면 됩니다.

1. 키즈클럽

알파벳, 파닉스를 비롯한 활동
워크시트 무료 제공

2. 킨더가든

영어뿐 아니라 홈스쿨 아이들을
위한 전 과목 영어 워크시트
무료 제공

3. 키드존

과목별, 학년별 영어 워크시트
무료 제공

4. 라이브 워크시트

알파벳과 파닉스 관련 활동지를
출력 없이 인터넷에서 바로 참여

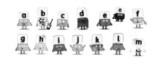

5. BBC 알파블럭스

파닉스를 익힐 수 있는 BBC 프로그램

6. Spotlight on One Phonics

단계별로 파닉스, 사이트 워드, 읽기,
게임 등의 활동 수록

음독과 섀도우 스피킹

초등 3, 4학년 시기의 말하기에서 중요한 것은 처음부터 완벽한 문장을 말하는 것이 아니라 목표 수준에 천천히 진입할 수 있도록 돕는 징검다리 활동을 하는 것입니다. 징검다리 활동이란 '이 주제로 말해봐'와 같이 결과에 초점을 맞추지 않고 말하기 과업을 수행할 수 있도록 중간 단계의 연습 과정을 넣어주는 것입니다.

말하기 능력이 향상되려면 상대방의 피드백을 받으며 상호작용을 해야 합니다. 하지만 EFL 상황에서는 '상대방의 피드백'이라는 조건을 맞추기가 힘듭니다. 특별한 경우가 아니면 외국인을 만나기 위해서 거액의 학원비를 지불할 수밖에 없습니다. 하지만 영어회화 학원에 다녀본 경험을 떠올려 보세요. 내가 말할 거리가 없으면 말을 많이 하기는커녕 단답형으로 몇 마디만 할 뿐 외국인 강사나 혹은 다른 사람의 말만 듣다 오는 경우가 대부분입니다.

'영어 말하기 능력'이란 단지 일상 회화 실력에 국한된 것이 아닙니다. 무슨 말을 하고 싶은지 내 생각을 잘 전달하는 것이 진정한 말하기 능력이죠. 해외 단기 영어 연수의 적기를 고등 사고 능력이 발달하는 초등학교 고학년 이상으로 잡는 이유가 이것 때문입니다. 단순한 일상 회화가 아닌, 생각을 담아낸 말하기 능력을 키우기 위해서는 그만큼의 사고력이 쌓였을 때가 더 효과적일 수 있습니다. 따라서 초등학교 3, 4학년의 시기는 한글책을 통해 생각과 사고력을 키우는 것이 먼저라 할 수 있습니다. 거기에 입 밖으로 영어를 내뱉는 연습을 차곡히 쌓아가는 시기이죠. 자유롭게 자신의 생각을 말할 수 있도록 영어로 표현할 수 있는 기반을 다지는 것입니다. 이를 위한 징검다리 활동으로 추천할 수 있는 것이 음독(音讀)입니다. 음독이란 '소리를 내어 읽는 것'을 말합니다.

1, 2학년 때는 청독을 하며 읽는 것에 초점을 맞추었다면 3, 4학년 때는 음독을 병행해 나가도록 합니다. 즉, 청독으로 읽은 책을 혼자서 다시 소리 내어 읽는 연습을 해야 합니다. 음독은 리딩의 유창성을 높이기 위한 필수 과정입니다. 단순한 읽기가 아니라 말하기 훈련까지 할 수 있습니다. 자신 없던 단어를 반복해서 소리 내어 읽다 보면 자신감 있게 읽을 수 있게 됩니다. 또한 어구와 문장을 의미 단위로 끊어 읽는 법 역시 자연스럽게 습득할 수 있으며, 반복되는 표현을 덩어리chunk째로 흡수하여 읽기와 말하기의 유창성을 높일 수 있습니다. PART Ⅲ에서 소개한 것처럼 음독은 뇌를 활성화시키고 지금껏 들어온 소리를 내뱉는 아웃풋으로 전환하는 효과를 가져다줍니다. 입 밖으로 영어를 꺼내어 말해보는 연습은 읽기 독립뿐만 아니라 말하기 활동을 위한 기초작업이 되는 것이죠.

소리 내어 영어책을 읽는 음독이 익숙해지면 소리 내어 읽은 책 중에 가장 마음에 드는 문장이 무엇인지 한 문장부터 말하도록 해보세요. 그리고 왜 그런지 그 이유를 말하게 하면 아이는 생각을 하게 됩니다. 아무 생각 없이 후루룩 책을 읽는 것이 아니라 책 내용에 대해 더 집중하며 읽게 되는 효과가 있습니다. 우리말로 해도 괜찮습니다. 반복하다 보면 어느 순간 영어로 말하게 될 것입니다. 이 과정이 쌓이면 책 내용을 간단히 요약해서 말하는 연습을 해보세요. 처음에는 책에 있는 표현 그대로 읽습니다. 하지만 읽은 내용을 반복해서 표현하다 보면 자신의 것으로 흡수하는 효과가 있으며, 점차 내용의 순서나 구문을 재구성하는 능력도 생겨납니다.

음독과 병행할 수 있는 활동으로 섀도우 스피킹Shadow Speaking을 추천합니다. 섀도우 스피킹이란 원어민의 말을 듣고 그림자처럼 그대로 따라 하는 것입니다. 문장 단위로 끊어서 듣고, 이를 그대로 따라 말하는 활동이죠. 영어의 발음, 인토네이션(단어·문장의 높낮이), 리듬감(끊어 읽기), 강세를 원어민의 소리 그대로 따라서 말하다 보면 발음 교정은 물론이고 원어민과 유사한 소리의 개선을 경험할 수 있습니다. 한국어의 소리와 영어의 소리는 다르므로 섀도우 스피킹을 통해서 원어민의 발음과 억양으로 교정하는 훈련을 할 수 있습니다. 소리 내어 따라 읽다 보면 읽기 유창성, 듣기, 말하기(발음) 능력도 동반 상승합니다. 우선 텍스트를 보며 문장 단위로 끊어서 듣고, 이를 그대로 따라 말합니다. 잘 안 들릴 때는 반복해서 듣습니다. 잘 들어야 잘 따라 말할 수 있기 때문입니다. 반복해서 듣다 보면 듣기 실력이 함께 향상되는 효과도 있습니다. 통번역 대학원 입시 지도 어학원에서도 영어 뉴스 음성 파일로 섀도우 스피킹을 연습합니다. 영어를 듣고 말하는 훈련을 섀도우 스피킹으로 하는 것이죠. 문장 단위로 끊어서 원어민의 소리 그대로 흉내 내다 보면 "영어 발음 좋네?"라는 말을 듣게 되고 말하기에도 자신감이 붙게 됩니다.

이때 유용하게 활용할 수 있는 것이 리딩펜입니다. 추천할 만한 교재로는 ORT Oxford Reading Tree를 꼽을 수 있습니다. ORT는 영국 초등학교 아이들이 영어를 읽을 수 있도록 만든 리더스로, 영국 초등학교의 80%가 사용하는 교재라고 합니다. 주인공 아이들이 매직 키 Magic Key를 통해 흥미로운 모험을 하게 되는 이야기입니다. 읽기 수준에 따라 단계별로 얇게 만들어진 책이라서 음독과 섀도우 스피킹을 부담 없이 할 수 있습니다. 꼭 구매하지 않더라도 리딩펜과 함께 대여해주는 인터넷 사이트가 많습니다. 부담 없이 한 권으로 시작했다가 점점 양을 늘려가시면 됩니다. 재미난 이야기로 매일 음독과 섀도우 스피킹을 연결한 활동을 꾸준히 하다 보면 어느새 아이는 말하기에 조금씩 자신감이 붙게 될 것입니다.

▲ ORT(Oxford Reading Tree)

무료 읽기 어플을 활용하는 방법도 있습니다. 구글에서 소리 내어 읽기를 위해 만든 〈Readable〉은 580여 개의 이야기를 무료로 다운받아 읽기 연습과 관련된 게임을 즐길 수 있도록 되어 있습니다. 이 시기의 기초 회화는 따로 떼어내어 학습해야 한다는 부담감을 가지지 마세요. 영어책 음원이나 영어 영상 시청을 반복해서 들려주면 됩니다. 계속 들으며 인풋이 쌓이다 보면 영어 문장을 통으로 외우는 놀라운 상황들이 생겨납니다. 이런 상황이 올 때, 아이가 좋아하는 장면들을 떠올리며 상황극을 종종 해주세요. 부모가 상대가 되어준다면 아이는 신나서 자기도 모르는 사이에 영어 문장들을 상기하며 아웃풋을 반복할 것입니다. 그 시기가 아이마다 다를 수는 있습니다. 관건은 아이가 좋아하는 영어책이나 영상을 찾아 아이의 성향에 맞는 다양한 인풋을 제공해주는 것, 그리고 반복해서 들려주는 것입니다.

영어 필사와 영어 일기 쓰기

우리 아이들은 글을 '쓰기'보다 '입력'하는 것이 익숙한 디지털 세대를 살아가고 있습니다. 하지만 미국 인디애나대학교 뇌신경학 연구팀은 자판으로 글을 칠 때보다 손으로 글씨를 쓸 때 논리적인 사고시 활성화되는 뇌의 부분과 동일하게 뇌가 활성화되는 것을 밝혀냈습니다. 손으로 글씨를 쓸 때 뇌의 여러 영역이 복합적으로 자극을 받게 되어 뇌 발달을 촉진한다는 결론인데요, 글씨를 쓰는 동안 글자의 크기, 모양, 간격, 철자의 시각적 정보에 신경을 쓰면서 동시에 손의 근육을 움직여야 하는 운동 능력이 요구되기 때문입니다. 손글씨를 쓰기만 해도 뇌 발달을 촉진하는데 생각을 넣어 논리적으로 구조화한 글쓰기는 말할 것도 없겠죠.

글쓰기 아웃풋을 끌어내기 위한 징검다리 활동으로 '영어 필사'와 '영어 일기 쓰기'를 소개합니다. 필사의 효용성과 방법에 대해서는 PART Ⅲ에서 이미 자세히 소개하였습니다. 초등학교 3, 4학년 아이들은 연필을 쥐고 글씨를 쓸 수 있는 필력이 충분합니다. 어떤 글을 어느 정도 양만큼 필사할지에 대해서 아이와 함께 정하시면 됩니다. 처음부터 무리하지 마시고 가볍게 시작하세요. 일단, 오늘 읽은 영어책 속에서 가장 마음에 드는 문장을 하나만 골라서 공책에 옮겨 쓰게 합니다. 이때 중요한 것은 형식적인 날림 쓰기가 아니라 또박또박 의미를 새기는 꾹꾹 눌러 쓰기입니다. 매일 날짜를 기록하며 오늘의 한 문장을 기록하도록 하세요. 시간이 쌓이면서 노트와 영어 쓰기의 내공이 채워지고 동시에 책을 읽고 난 후의 생각의 흔적까지 담긴 보물 기록으로 남습니다. 아이와 엄마 모두 필사 공책을 하나씩 정해서 함께 필사 습관을 길러가는 것도 좋은 방법입니다. 이때 영어 필체를 연습할 수 있도록 4선 공책을 사용하도록 합니다. 알파벳 대소문자의 크기와 모양을 식별하고 정확하게 영어 단어와 문장을 쓰는 연습을 할 수 있습니다. 정확성이 높아지면 차차 줄 공책으로 바꾸어주세요. 한 문장에서 두 문장으로, 점차 한 문단으로 늘려가면 됩니다. 여기에 자기 생각까지 확장해서 적어가는 필사 활동은 글쓰기로 가는 징검다리가 될 수 있습니다. 처음부터 양에 욕심을 부리지 마세요. 매일 한 줄씩 또박또박 영어로 옮겨 쓰는 습관 형성이 중요합니다. PART Ⅲ에서 소개한 것처럼 필사의 과정은 '눈으로 읽기 → 문장 쓰기 → 소리 내어 읽기'를 통해 3번의 반복을 거칩니다. 매일 써서 기록된 문장을 일주일 후에 한글로 번역한 후, 다시 영어로 써보게 하는 과정에서 영작도 함께 챙길 수 있습니다. 영어 필사의 장점은 자신의 글쓰기에서 필요한 부분을 더 주의 깊게 살피고 챙길 수 있다는 점입니다. 첫 문장은 대문자로 쓴다든지, 따옴표를 쓰는 법, 문장 뒤에 마침표 · 물음표 · 느낌표를 찍는 것, 대문자로 쓰는 고유명사 등에 대한 정보를 유의미하게 흡수하게 됩니다.

저는 학교에서 고등학생들과 함께 영어 필사를 하고 있습니다. 영어 명언, 영시, 영어 그림책, 영어책 등을 매일 조금씩 쓰고 생각을 기록하며 나누고, 일주일에 한 번씩 한 주 동안 쓴 문장 중 골라서 영작을 하는 과정으로 진행하고 있습니다. 한 학기가 지나고 나면 필사 노트가 작품이 되고 내 삶의 생각들을 모은 기록이 됩니다. 필사에 참여했던 학생들의 피드백을 추려보면 다음과 같습니다.

'영작 능력을 기르고 다양한 숙어를 외우는 데 도움이 많이 되었다.'

‘책 한 권을 필사해본 경험이 없는데 이루어내서 성취감을 느꼈고, 매일 아침에 하는 것이 처음에는 조금 힘들었지만 계속 하다 보니 습관으로 자리 잡게 되었다.’

‘좋은 시와 구절들을 새롭게 알 수 있었고, 친구들의 소감을 함께 읽어보며 같은 글을 읽더라도 다른 관점으로 바라볼 수 있다는 것을 느꼈고 많이 배웠다.’

아이들의 감상을 읽어보면 확실히 ‘매일’, 그리고 ‘함께’의 힘이 크다는 것을 알 수 있습니다. 아이 혼자 할 수도 있지만 엄마와 함께, 그리고 나중에는 필사 친구를 만들어서 함께 해보는 것도 좋은 방법입니다.

<함께 하는 영어 필사 >

영어 일기 쓰기 역시 매일 영어 아웃풋을 연습하는 글쓰기 징검다리 활동입니다. 필사와 마찬가지로 부담 없이 시작하되, 이때도 '매일'이 중요합니다. 요즘 초등학교에서 글쓰기 교육을 위해 한 줄 쓰기, 세 줄 쓰기, 다섯 줄 쓰기 등의 활동을 하는데요, 영어 일기 쓰기 역시 습관이 잘 정착될 수 있도록 한 줄 쓰기부터 시작해보세요. 부담 없이 한 줄로 시작해서 점차 세 줄 쓰기, 다섯 줄 쓰기로 양을 늘려가면 됩니다. 방법은 다음과 같습니다.

우선 영어 일기의 주제를 정합니다. 한글로 일기를 쓰는 것도 막연한데 영어로 일기를 쓰려고 하면 더 막막하겠죠? 그래서 처음에 주제를 정하고 시작합니다. 예를 들어, 초등학교 때부터 매일 쓰도록 하는 한글 일기의 글감을 그대로 영어 문장으로 옮겨와도 좋습니다. 오늘의 마음이나 감정 쓰기, 하루 감사 일기 쓰기, 독서 내용 쓰기, 맛있게 먹은 음식이나 친구들 이야기 등 무엇을 쓸지에 대한 글감을 정하는 것이죠. 매일 돌아가면서 글의 주제를 바꿔 써도 좋습니다. '무엇을'이 정해졌다면 '매일' 문장을 영어로 써나가는 것이 중요합니다. 문법적으로 완벽한 문장을 쓰지 않아도 됩니다. 언어 사용의 정확성을 따지면 초반부터 아이가 지쳐버릴 수 있으니 첨삭도 가능한 한 자제해주세요. 영어로 글을 쓰는 습관을 형성하는 것이 먼저입니다. 아이가 영어로 문장 만드는 것을 어려워하면 단어 몇 개라도 쓰도록 하고 그림과 함께 표현하도록 해보세요. 이때 유용하게 활용할 수 있는 도구가 감정 카드입니다. 영어 감정 카드는 시중에 교구로 판매되고 있습니다. 또한 구글에서 '감정 카드'라고 키워드를 입력하고 이미지 검색을 한 후 출력하여 사용해도 됩니다. 감정 카드는 영어 일기를 쓸 때 글감을 끌어내기도 좋고 아이의 마음을 읽어주는 시간이 되기도 하는 일석이조의 효과가 있습니다. 아이가 자신의 감정을 선택하면 그 이유를 물으며 대화를 나눈 후 영어로 써보는 활동으로 확장해 가면 좋습니다. 영어로 직접 글을 써보는 작업은 언어적 한계에 대한 인식을 통하여 앞으로 만나게 될 인풋을 더 의미 있게 받아들이는 자극제가 됩니다. 책을 읽거나 영상을 보면서 '내가 이걸 쓰고 싶었는데 저렇게 표현하면 되겠구나!' 하게 되는 것이죠.

영어 일기를 쓰기 위해 기본적으로 알고 있어야 할 날짜 쓰기, 날씨 표현 등을 알려드릴게요. 장소의 개념과 마찬가지로 시간 개념인 날짜 쓰기는 큰 틀과 정황이 중요한 우리 문화와는 반대로 구체적이고 세부적인 개념을 중시하는 영어권 문화가 반영되어 있습니다. 우리는 년/월/일 순서로 쓰지만 영어는 작은 단위에서 큰 단위로 씁니다.

\<연도, 월, 일 표기법\>

한국	YYYY/MM/DD	2023년 1월 9일 (요일)
미국	MM/DD/YYYY	(요일) January 9th, 2023
영국(유럽)	DD/MM/YYYY	(요일) 9 January, 2023

\<월, 요일 축약형 및 날짜 표기법\>

	월	축약형
1	January	Jan
2	February	Feb
3	March	Mar
4	April	Apr
5	May	May
6	June	Jun
7	July	Jul
8	August	Aug
9	September	Sep
10	October	Oct
11	November	Nov
12	December	Dec

	요일	축약형
일	Sunday	Sun
월	Monday	Mon
화	Tuesday	Tue
수	Wednesday	Wed
목	Thursday	Thu(r)
금	Friday	Fri
토	Saturday	Sat

일	
1일	first / 1st
2일	second / 2nd
3일	third / 3rd
4일	fourth / 4th
5일	fifth / 5th
30일	thirtieth / 30th
31일	thirty first / 31st

그 외 숫자 뒤에 -th
6 → sixth, 7 → seventh

<날씨 표현>

맑음	sunny	습함	humid
흐림	cloudy	따뜻함	warm
비	rainy	더움	hot
천둥·번개	thunder and lightning	선선함	cool
비 온 후 갬	clear	바람	windy
눈	snowy	추움	cold, chilly, freezing
안개	foggy	장마철 끈적끈적함	sticky
건조함	dry	먼지	dusty

4

초등 5, 6학년 영어 로드맵

　　피아제Piaget의 인지발달 이론에 따르면 초등 5, 6학년 아이들은 논리적이고 추상적인 사고가 가능한 형식적 조작기를 거치는 시기입니다. 지적 능력이 발달하게 되고 학습에 깊이가 서서히 생겨납니다. 부모의 입장에서는 예비 중학생이라는 부담감을 안고 본격적으로 공부를 시켜야 할 것 같아 고민이 많아지는 학년이기도 합니다. 이 시기에는 중학교 혹은 심하면 고등학교 수학까지 선행을 하는 아이들이 생겨나면서 조급해진 마음으로 과목의 무게 중심이 영어에서 수학 등의 타 과목으로 옮겨가기도 합니다. 선행이 꼭 나쁜 것은 아니지만 지나치게 앞서가는 것은 생각해볼 문제입니다. 저는 배짱이 두둑할 정도로 수학 선행을 하지 않는 학생들을 지금도 여럿 만나고 있습니다. 그런데 그 학생들이 수학 내신과 모의고사 1등급을 놓치지 않는다는 사실, 놀랍지 않나요? 선행이 아니라 제대로 된 충실한 학습이 더 중요하다는 것을 알기에 이들은 절대 무리해서 앞서가지 않는 선택을 합니다. 문제는 공부를 안 해서이지 선행을 안 해서가 아닙니다.

초등 5, 6학년이 되면 아이들에게 공부를 억지로 시킬 수가 없습니다. 더 이상 부모의 말을 고분고분 듣던 어린이가 아니거든요. 자기 고집과 주도성이 강해지는 사춘기 소년 소녀가 되어 가는 길목에서 억지로 끌고 가려 하면 오히려 심한 갈등이 유발됩니다. 따라서 아이와 충분히 대화를 하시고, 학습 계획을 세워가셔야 합니다. 초등학교 5, 6학년 때는 중학교 3학년 문제를 선행해서 풀게 하기보다 영어 실력의 도약을 이룰 수 있도록 기반을 잘 잡아주세요. 절대 다른 공부를 게을리하라는 말은 아닙니다. 적절하게 시간과 노력을 안배하여 어느 과목 하나에만 무게가 실리지 않도록 균형을 잘 잡아야 합니다. 초등학교 때 영어를 끝낸다는 생각으로 영어만 주구장창 하느라 다른 과목들을 놓치는 것 역시 지혜롭지 못한 방법입니다. 영어는 손을 놓는 순간 지금껏 쌓아온 실력이 순식간에 무너질 수 있으므로 학습량을 꾸준하게 유지하는 것이 필요합니다.

초등 5, 6학년의 구체적인 목표는 '문단 단위의 글 이해하기', '기본 회화', '글쓰기', '간단한 문법 정리'입니다. 이 목표를 이루기 위해서는 꾸준히 해왔던 '영어책 읽기'와 '영어 영상 시청'은 당연히 계속 유지해야 합니다. 1학년 때부터 쌓여온 실력으로 즐기면서 책 읽기를 할 수 있는 시기이자 어쩌면 마음껏, 그리고 '매일' 영어책을 읽고 영상을 볼 수 있는 마지막 시기일 수 있습니다. 아무래도 중학교 입학 이후에는 공부에 대한 부담을 갖지 않을 수 없거든요.

영어 슬로 리딩과 샛길 활동

영어 실력을 올리기 위해 다독은 필수 조건입니다. 인풋의 임계량에 도달하기 위해서 양적으로 채워야 하는 것이죠. 많이 읽다 보면 리딩의 유창성이 길러지면서 속독으로 넘어가게 되는데, 여기서 짚어볼 부분이 있습니다. 다산 정약용은 "마구잡이로 그냥 읽어내리기만 한다면 하루에 백 번 천 번을 읽어도 읽지 않은 것과 다를 바가 없다"고 하였습니다. 후루룩 읽고 나면 '재미있다'는 느낌만 남을 뿐 정작 알맹이는 휘발되어 버리는 경우가 허다합니다. 책을 읽는 양 못지않게 질이 중요합니다. 책을 문자로만 읽는 것이 아니라 한 문장 한 문장을 꼼꼼히 살피면서 표현이나 문장, 장면에 머물러도 보고, 나의 삶과 연결 짓는 과정을 통해 진정한 독서력과 생각하는 힘을 기르는 것이 중요합니다. 이를 위한 방법으로 다독과 병행하여 시도해볼 수 있는 '슬로 리딩'을 소개해 드리겠습니다.

'슬로 리딩'은 다독과 속독이라는 양적 독서에 반대되는 개념의 질적 독서로 주목받고 있습니다. 이미 2015 교육과정에서 '온 책 읽기'로 도입되어 초 · 중 · 고 국어 시간에 많이 활용되는 정독 방법입니다. 슬로 리딩은 용어 그대로 천천히 제대로 책을 읽는 것을 말합니다. 한 권의 책을 자신의 힘으로 읽어가는 과정에서 질문을 던지고, 중간중간 샛길 활동을 통해 생각을 확장하고 나눌 수 있는 독서법입니다. 리딩메이트Reading Mate, 책 친구와 함께 슬로 리딩을 해가면 나누는 효과가 큽니다. 책을 통해 알게 된 내용을 실제 삶에서 적용해보는, 앎이 삶이 되는 체험도 해보고, 글을 쓰는 과정과도 연계할 수 있는 통합적 독서 활동이기도 합니다. 시간이 오래 걸리더라도 오롯이 책 한 권이 통째로 나의 삶으로 들어오는 과정을 통해서 책 읽는 재미, 사고의 확장, 생각하는 힘을 기릅니다. 슬로 리딩 활동은 완전히 생소한 것이 아닙니다. 앞에서 소개해드린 소리 내어 읽기, 음독과 필사, 그리고 영어 하브루타가 모두 슬로 리딩 활동의 일환입니다.

슬로 리딩의 기본은 소리 내어 읽기, 성독(聲讀)입니다. 여기서 소리 내어 읽기는 디코딩 능력(글자를 소리 내어 읽을 수 있는, 문자를 소리로 전환하는 능력)을 훈련하는 목적이 아닙니다. 성독은 소리 내어 한 글자 한 글자 또박또박 끊어 읽으면서 행간의 숨은 뜻까지 읽어 내려가며 내 삶의 경험과 연결 짓는 활동입니다. 성독으로 끊어 읽으면 단어의 뜻이 분명해지고 문장의 구조가 눈에 들어오면서 문법성이 높아지는 효과가 있습니다. 또한 집중력과 사유의 깊이가 더해지며, 의미 있게 정보를 처리할 수 있어서 책의 내용과 상황을 이해하는

데 큰 도움이 됩니다. 중요한 것은 천천히 성독을 하면서 글을 통해 만나는 새로운 지식과 마음에 떠오르는 질문과 생각을 그냥 지나치지 않고 자유롭게 샛길로 빠질 수 있어야 한다는 것입니다. 잠시 책 읽기를 멈추고 샛길로 빠져나와 정확하고 깊이 있게 조사하고 탐색하고 사유하는 모든 탐색 활동이 바로 샛길 활동입니다. 책의 첫 장부터 마지막 장까지 전속력으로 완주하는 것이 중요한 게 아닙니다. 또한 독서 전 · 독서 중 · 독서 후 활동의 형식에 얽매이지 않아도 됩니다. 글 속의 인물, 사건, 배경, 내 안의 감정과 생각에 머무르며 충분한 공감과 생각을 끌어내어 스스로의 삶과 연결 지으며 생생한 나의 경험으로 재탄생시키는 과정이라 볼 수 있습니다. 처음에는 어떻게 하는 것인지 가이드를 해주다가 샛길 활동의 맛을 알게 되면 아이 스스로 궁금증을 갖고 탐색하게 됩니다. 자기 주도적 탐구력이 길러지는 것이죠. 성독과 함께 천천히 읽기 위한 방법으로 필사를 꼽습니다. PART Ⅲ에서 소개했던 짧은 필사 활동에서 나아가 소설책을 통으로 필사해보는 방법입니다. 책을 속도감 있게 읽지는 못하지만, 문장 하나하나에 머물러 행간을 읽어가며 깊이 있게 읽는 효과가 있습니다. 필사는 궁금해지는 질문들에 답하며 샛길 활동으로 자연스럽게 이어지는 연결 고리가 됩니다. 천천히 읽어도 되지만 필사하며 의식적으로 천천히 읽어가는 과정 속에서 깊이가 더해질 것입니다.

패트리샤 폴라코Patricia Polacco의《The Lemonade Club》이라는 책으로 샛길 활동들의 예시를 보여드릴게요. 샛길 활동을 하실 때는 샛길 공책을 따로 만들어 탐색 활동 기록들을 모아 보는 것을 추천합니다. 독서 활동의 결과물로 만들 수 있기 때문입니다.

① 표지 활동

책을 읽기 전에 할 수 있는 제목과 표지 관련 활동입니다. PART Ⅲ에서 영어 하브루타를 할 때 설명드렸듯이, 영어 그림책은 앞뒤 표지, 내지, 그림, 색깔 하나하나를 모두 샛길 활동의 소재로 활용할 수 있습니다.

《The Lemonade Club》은 제목부터 궁금증을 자아냅니다. '수많은 이름 중에 왜 하필 '레모네이드 클럽'일까?', '레모네이드는 어떤 특별한 의미가 있을까?' 궁금해집니다. 레모네이드는 레몬에 설탕을 넣어 달콤하게 만든 음료수입니다. 영어 명언에 이런 말이 있습니다.

"When life gives you lemons, make lemonade."
인생이 우리에게 레몬을 주면 레모네이드를 만들어라.

레몬과 관련된 표현을 검색하면 바로 찾을 수 있는 명언인데, 책 제목의 의미를 유추해 볼 수 있는 주요 단서가 됩니다. 영어에서 lemon은 '불쾌한 일, 힘든 일'이란 뜻이 있거든요. 따라서 책 제목을 통해 인생에서 힘든 일lemon이 있을 때 이를 긍정적으로 극복했던 노력의 결과lemonade에 대해서 아이와 곁가지 대화로 나눌 수도 있습니다.

▲ 앞표지

▲ 앞뒤 표지 펼침

▲ 뒤표지

▲ 내지

앞표지를 보면 각각 모자와 두건을 쓴 두 명의 소녀가 서로 손을 맞잡고 있습니다. 유심히 관찰해보면 머리카락이 없는 것을 발견할 수 있습니다. 뒤표지를 넘겨 보면 두건을 벗은 소녀가 삭발한 모습이 드러납니다. 왜 그럴까요? 수줍은 표정으로 혼자 서 있던 삭발 소녀의 손을 노란 모자 소녀가 꽉 잡아주고 있는 모습도 보이시나요? 내지로 가볼게요. 두 소녀가 신나게 뛰어가고 있습니다. 머리에 아무것도 쓰지 않은 건강한 모습의 아이들입니다. 그림 하나하나에 전체 이야기의 주제가 세심하게 담겨 있습니다. 여기서 해볼 수 있는 생길 활동 역시 무궁무진합니다.

우선, 책을 읽기 전에 자신이 작가가 되어 전체 이야기를 상상해보는 활동입니다. 제목과 표지, 내지를 관찰한 것을 근거로 해서 상상한 내용을 말로 하거나 글로 써보는 것이죠. 책 내용에 대한 궁금증을 자아냄과 동시에 이야기의 단서를 찾아내는 관찰력, 이야기를 만들어내는 상상력과 창작력, 이야기를 구성하는 논리력을 기를 수 있습니다. 그림 그리는 것을 좋아하는 아이라면 책 표지를 그대로 따라 그린 후 자신이 작가가 되어 상상한 이야기를 써보아도 되고, 말하는 것을 좋아하는 아이라면 이야기를 녹음해서 들어보는 것도 좋습니다. 내 아이의 특성에 맞게 여러 가지 형태로 변형을 해보세요. 이 활동을 하고 나면 책을 모두 읽었을 때, 책을 읽기 전 예측했던 나의 스토리와 비교하는 재미도 쏠쏠합니다.

② 어휘 활동

어휘 활동은 다양한 형태로 해볼 수 있는 샛길 활동의 대표적인 예입니다. 제목에 레모네이드가 등장하죠? 이 레모네이드의 주재료가 되는 레몬을 시작으로 과일과 관련된 영어 표현을 탐색해 볼 수 있습니다. 영어에서 각종 과일들이 어떤 의미로 사용되고 있을까, 그 이유는 무엇일까를 찾아보는 것이죠. 글을 읽다가 만나는 단어들을 지나치지 않고 직접 찾아보고 범위를 확장해서 관련 단어를 정리하면서 문장 안에서의 쓰임도 함께 살펴보면 유의미하게 어휘력을 늘려갈 수 있게 됩니다.

<과일이 들어간 영어 표현 탐색>

lemon	불량품	plum job	근사한[좋은] 일자리
peach	아주 멋진 사람	go pear-shaped	(일이) 잘못되다
sour grapes	지기 싫어함, 오기	top banana	주인공
cherry picker	얄미운[까다로운] 사람	apples and oranges	완전히 다른 두 가지
bad apple	나쁜 영향을 끼치는 사람	give a fig	타인에게 신경을 쓰다

책을 읽다보면 등장인물이 백혈병Leukemia 진단을 받기 전 숨을 쉴 수 없고, 피곤하고, 살이 빠지는 등의 질병의 증세가 나타나는데, 이 부분에서도 잠시 샛길로 빠져나가 질병과 증세에 관련된 어휘들을 탐색하는 활동을 해볼 수 있습니다.

<질병과 증상 관련 표현 탐색>

headache	두통	faint	기절할 것 같은
toothache	치통	dizzy	어지러운
stomachache	복통	nauseous	메스꺼운
sore throat	인후염	sneeze	재채기하다
insect bite	벌레 물린 상처	vomit	구토하다
runny nose	콧물	sprain	삐다
bloody nose	코피	scratch	긁다
sunburn	햇볕에 의한 화상	bruise	멍들다

의외로 일상생활에서 흔히 사용되는 영어 단어들을 잘 모르고 지나치는 경우가 많습니다. '이건 영어로 어떻게 표현할까?'라는 궁금증을 시작으로 일상 용어들에 대한 자발적인 탐구 활동을 통해 인지하지 못했던 무지(無知)를 환기하고 새롭게 알게 되는 재미를 느낄 수 있습니다. 글을 읽다가 만나는 단어들을 지나치지 않고 식섭 찾아보고 범위를 확장해서 관련 단어를 정리하면서 문장 안에서의 쓰임

도 함께 보면서 유의미하게 어휘력을 늘려갈 수 있게 되는 것이죠. 참고로 일상에서 빈번하게 사용되는 어휘들을 모아 놓은 《Word by Word》 그림 사전을 소개해드립니다. 100개의 주제별 단원으로 분류되어 있으며 3,000여 개의 단어가 칼라 삽화와 함께 수록되어 있습니다. 다양한 상황과 문맥에서 일상 어휘를 익힐 수 있도록 구성되어 있는 책입니다.

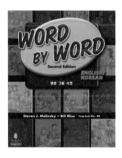

© Pearson

③ 작가와 만나기 활동

책에는 작가의 생각이나 삶에 대한 가치관이 녹아 있습니다. 작가의 삶과 지금까지 출간한 책들을 살펴보면 책 내용을 이해하는데 도움이 될 뿐만 아니라 좋아하는 작가가 생겨날 수 있고, 연계해서 읽고 싶은 책이 늘어날 수 있습니다. 패트리샤 폴라코Patricia Polacco는 러시아계 어머니와 유대인 친척을 둔 미국 태생의 동화 작가입니다. 복합적인 혈통이 이국적인 화풍을 탄생시켰으며, 자라온 환경적 영향들이 작품 속에 많이 반영되어 있습니다. 그녀는 가족애, 형제애, 우정, 따뜻한 인간상, 역사의식 등의 주제로 자신의 경험들이 녹아든 작품을 많이 만들었습니다. 대표적인 이야기가 바로 《The Lemonade Club》입니다. 자신의 딸이 겪은 실화를 바탕으로 한 이야기죠. 《Thank you, Mr. Falker》, 《Mr. Lincoln's Way》, 《Bully》와 같이 학교생활과 관련된 이야기들도 많습니다.

패트리샤 폴라코의 다른 작품들

1. Thank you, Mr. Falker

난독증의 소녀가 폴커 선생님을 만나 글을 읽게 된 저자의 실화를 바탕으로 한 이야기

2. The Butterfly

나치 시절, 유대인 소녀와의 아픈 우정과 역사의식을 녹여낸 이야기

3. Mr. Lincoln's Way

친절한 교장 선생님이 문제 아이와 소통하며 변화를 만들어가는 이야기

4. Bully

온라인 왕따 문제를 다룬 이야기로 십 대들과 공감힐 수 있는 이야기

아이들 또래의 이야기라서 공감하며 생각할 거리가 많습니다. 책들을 연결해서 읽고 작가의 책들 속에서 발견되는 공통점과 차이점들을 비교하며 작가가 전달하려는 삶의 가치를 찾아보는 활동으로도 이어갈 수 있습니다.

패트리샤 폴라코를 비롯해서 유명 작가들은 자신만의 웹사이트를 운영하거나 소셜 미디어로 독자들과 소통하고 있습니다. 특히 웹사이트에는 작가 소개, 작품, 연락처 등의 정보들이 담겨 있습니다. 작가의 삶과 책 내용에 대해서 질문이 있다면 웹사이트에서 궁금증을 해결함과 동시에 작가에게 직접 책과 관련된 질문이나 하고 싶은 말을 이메일로 남겨보는 활동을 해볼 수도 있습니다.

④ 영미 사회·역사·문화 탐색 활동

언어를 제대로 사용하기 위해서는 언어의 기능뿐만 아니라 해당 언어를 사용하고 있는 집단에 대한 사회·문화적 이해도 필수입니다. 사회 · 역사 · 문화적 배경지식이 녹아 있는 어휘, 표현, 속담 등은 피상적인 언어의 이해만으로는 파악하기 힘듭니다. 또한 오해 없는 의사소통을 하기 위해서는 사회적 관계 속에서 갖추어야 할 적절한 태도와 반응, 언어 사용자들의 인식과 생활 양식 등에 대한 지식이 있어야 합니다. 영어책 속에 숨어 있는 문화 코드 찾기, 사회 · 역사적 배경지식 탐구 활동은 배경지식 확장을 위해서도 유익한 활동입니다. 새로운 것을 알아가는 재미와 더불어 자기 주도적 탐구력 향상은 덤이지요.

《The Lemonade Club》에 보면 Career Day 포스터를 붙이고 선생님과 직업에 대한 이야기를 나누는 장면이 나옵니다. Career Day는 한국 학교에서도 진행하는 '진로의 날'을 가리킵니다. 영미권 학교에서는 어떠한 연간 행사가 진행되는지 궁금해집니다. 여기서 책 읽기를 멈추고 조사 탐색하는 샛길 활동을 하면 됩니다. 탐색 활동 후, 독특하거나 신기해서 꼭 참여해보고 싶은 행사가 있으면 집중적으로 이야기해 볼 수 있습니다. 또한 《The Lemonade Club》의 책 곳곳에는 교실의 모습이 그려져 있어 한국 교실과 미국 교실 모습의 공통점과 차이점을 비교 · 대조해 볼 수 있습니다. 우선, 교실 안 학생들의 피부색이 다채로운 것이 눈에 띕니다. 다양한 인종이 섞여서 살아가는 다인종 국가의 문화가 녹아 있습니다. 요즘 한국도 다문화 가정의 비율이 증가하고 있는데, 이러한 사회적 변화와 현상에 대한 이슈와 연계해서 각자의 생각을 나누는 기회를 가질 수 있습니다.

《The Lemonade Club》의 마지막 페이지는 결혼식 장면으로 해피엔딩입니다. 예쁜 신부와 화동의 모습이 행복해 보입니다. 여기서도 영미권 국가의 결혼식에 대한 조사 및 탐색을 해볼 수 있습니다. bride(신부), bridegroom(신랑), bridesmaid(신부 들러리), best man(신랑 들러리), flower girl(화동), ring bearer(반지 들고 가는 사람) 등의 어휘를 기본으로 다양한 문화적 차이를 알아볼 수 있습니다. 비단 영미권의 결혼 문화뿐만 아니라 전 세계 결혼 문화와 전통에 대한 탐색 활동으로 확장해나갈 수도 있습니다. 샛길 활동은 정형화되어 있지 않습니다. 책을 읽다가 궁금해지거나 스스로 질문해보며 그 영역을 깊이 있게 생각하고 찾아보며 깊이를 더해가는 과정입니다. 스스로 탐구하고 인지적으로 처리해본 내용은 장기 기억으로 저장되는 효과가 있습니다.

⑤ 적용: 나의 삶과 연결하기(Personalizing)

나와 관련이 있는 주제는 관심과 흥미가 생깁니다. 책 속에서 건져낸 이슈를 나와 연결 짓는 적용 활동이 필요한 이유이죠. 나의 삶과 경험이 연결될 때 유의미해질 수 있습니다. 적용과 관련된 활동의 예를 들어보겠습니다. 바로 앞에서 소개한 영미 사회 · 역사 · 문화 탐색 활동을 내 삶까지 끌어오는 활동입니다.

우리 반에 다문화 가정의 친구가 있다면, 그 친구와의 관계를 떠올릴 수 있습니다. 내가 그 친구라면 어떤 느낌일지, 외모는 다르지만 어떻게 친구들이 대해주면 좋을지에 대해 입장을 바꾸어 생각해봅니다. 혹은 그 친구를 인터뷰하는 활동을 해볼 수도 있습니다. 질문을 만들고, 인터뷰 시간을 잡고, 예의를 갖추어 질문에 대한 답을 받아서 '함께 살아가는 공동체'라는 바람직한 인식을 정립할 수 있습니다. 깨달은 점이 있다면 글로 써보거나, 그 친구에게 직접 편지를 써보는 것도 좋은 활동이 될 수 있습니다.

《The Lemonade Club》의 그림에 묘사된 교실의 모습은 한국과는 사뭇 다릅니다. 아이들이 교실 바닥에 털썩 앉아 있는 모습, 교실의 물품들과 배치도 살짝 엿볼 수 있는데요, 영미권 국가와 한국의 교실 속 풍경 간의 공통점과 차이점을 분석하는 활동도 재미있습니다. 이때, 나의 삶과 연계하여 나의 교실 속 모습을 직접 그려보는 활동을 할 수 있겠죠. 교실 배치도를 그리면서 무심코 지나쳤던 풍경을 떠올려보기도 하고, 물품들에 대한 영어 명칭도 찾아봅니다. 그림을 다 그린 후, 영어로 교실을 묘사하는 글을 써보는 활동은 어떨까요? 혹은 영어로 설명하면 상대가 나의 교실을 그림으로 다시 그려내도록 하는 활동도 의미가 있습니다.

⑥ 경험 확장하기

책을 읽고 만나는 테마들을 유의미하게 다른 경험으로 연계해서 넓혀가는 것이 '경험 확장하기'입니다. 《The Lemonade Club》을 읽고 '레모네이드'를 직접 만들어서 마시는 경험을 예로 들 수 있습니다. 레모네이드를 만들려면 레시피를 찾아보고, 직접 레몬을 구매해서 하나하나 깨끗이 세척한 후 물, 설탕, 레몬을 적절한 비율로 배합하는 과정을 거쳐야 합니다. 내가 직접 만들어보는 것에서 나아가 가족과 친구들에게 맛있는 음료를 제공하는 경험으로 확장하게 되면 레모네이드를 마실 때마다 이 책이 떠오르게 될 것입니다.

《The Lemonade Club》을 읽고 나면 백혈병이라는 병을 알게 됩니다. 백혈병뿐만 아니라 의외로 투병 생활을 하는 아이들의 이야기를 담은 책이나 영화가 많습니다. 이와 연계하여 비슷한 주제의 다른 책이나 영화로 넘어가는 확장 경험이 하나의 샛길 활동이 됩니다. 〈마이 시스터즈 키퍼〉, 〈타임 투게더〉와 같은 영화를 보며《The Lemonade Club》의 내용과 비교하여 통합된 경험의 폭을 넓힐 수 있습니다. 병을 앓고 있는 아이들을 주인공으로 다루고 있는 영어 소설책을 새롭게 읽어보는 것도 좋은 확장 경험이 될 수 있습니다. 두께감은 있지만 〈안녕, 헤이즐〉의 원작으로 알려져 있는《The Fault in Our Stars》는 16세 불치병 환자인 헤이즐의 삶과 가족, 관계 등을 들여다볼 수 있는 성장 소설입니다.

또한 앞서 소개드렸던 패트리샤 폴라코의《Thank you, Mr. Falker》,《Mr. Lincoln's Way》,《Bully》등의 작품들을 연계해서 읽어보는 것도 좋은 확장 경험이 될 수 있습니다. 한 작가의 다양한 작품들을 두루 접하면서 관점과 시선을 넓혀가는 기회를 가져보게 해주세요.

영어 신문 읽기

초등 5, 6학년 시기의 아이들은 자기 자신에 대한 인식뿐만 아니라 주변 상황이나 사회 문제에도 관심이 많아집니다. 따라서 다양한 장르의 글을 접할 수 있도록 논픽션 지문의 비중을 조금씩 높여주는 것이 좋습니다. 대표적으로 영어 신문 읽기가 있습니다. 영어 신문은 한국어 뉴스에서 듣는 다양한 사건과 사실 기반의 내용을 영어로 접할 수 있다는 장점이 있습니다. 내용이 익숙하여 인지적 부담이 덜한 주제나 아이가 관심 있어 하는 주제를 선택하여 가볍게 시작하면 됩니다. 신문은 글의 구조나 패턴이 일관되며, 신문 기사용 단어가 반복적으로 사용되므로 계속 접하다 보면 익숙해져서 오히려 쉽게 읽힙니다.

EBS English 홈페이지에 들어가면 무료로 신문 읽기가 가능합니다. 홈페이지에서 회원 가입을 한 후, 로그인하고 메인 화면에서 [자기주도학습]-[온라인콘텐츠]-[영자신문] 탭으로 들어가면 됩니다. 중·고급 수준별로 여러 가지 강좌가 있으므로 수준별 강좌를 원하는 만큼 수강 신청해서 학습할 수 있습니다. 단, 기사가 매일 업로드 되는 것이 아니라 주제별로 매월 2개씩 업데이트된다는 점을 알아두세요. 기사를 듣기 파일로도 받을 수 있으며, 한글 번역본도 제공되므로 프린트하여 볼 수 있는 장점이 있습니다. 〈Time for Kids〉 사이트 역시 무료로 신문을 읽을 수 있으니 활용해보세요. K-1에서

6까지 수준별로 기사를 검색할 수 있으며 전 세계 뉴스를 음성 파일과 함께 읽고 들을 수 있습니다. 한글 번역본은 없으므로 원어 그대로의 학습을 원할 때 활용해보세요.

지역별로 규모가 있는 도서관이나 영어 전문 도서관에서도 영어 신문을 비치하고 있습니다. 바로 신문을 구독하기보다는 직접 가서 체험해보는 것도 좋습니다. 영어 신문이 있는 곳은 정기 간행물도 함께 볼 수 있으므로 도서관이 집에서 가깝다면 정기적으로 방문하는

어린이 영어 신문 읽기 무료 사이트

1. EBS English

EBS에서 제공하는 사이트로 매달 2개씩 기사가 업데이트되며 수준별 다양한 강좌 선택 가능

2. Time for Kids

K-1부터 수준별 매일 세계 기사 검색, 기사 듣기, 기사 프린트 가능

것도 좋은 방법입니다. 어린이 영어 신문을 구독하고 싶다면 구독하기 전에 무료 샘플을 신청해서 수준을 판단해보는 것이 먼저입니다. 신문사별로 무료 샘플을 집으로 보내주기 때문에 시간을 가지고 신문을 읽고 판단하시면 되겠습니다.

아웃풋 활동 지속하기

① 말하기

이 시기의 기본 회화 역시 영어책 음원이나 영어 영상 시청을 기반으로 합니다. 특히 좋아하는 영상을 반복적으로 듣다 보면 어떤 장면에서 어떤 대사가 나오는지 외워집니다. 이때 듣고만 있지 말고 소리 내어 그 대사를 등장인물에 빙의되어 말해보는 것이 말하기에 큰 효과가 있습니다. 앞에서 소개한 소리 내어 말해보기, 소리 내어 읽는 음독, 새도우 스피킹은 말하기의 기본입니다. 여기에 누군가와 의사소통을 할 수 있는 전화 영어나 화상 영어를 곁들이는 것도 좋습니다. 하지만 단순한 일상 회화를 주고받거나 워크북을 통한 수업만으로 말하기 연습을 끝내버리면 가격 대비 효과가 크지 않습니다. 반복해서 드리는 말씀이지만, 어떻게 말해야 할지 몰라서도 문제이지만 무엇을 말해야 할지 몰라서가 더 큰 문제이기 때문입니다. 외국인과의 1:1 수업이 효과가 있으려면, 혹은 혼자서도 말하기 실력을 키우려면 읽은 영어책, 신문 혹은 시청한 영상에 대한 짧은 감상을 영어로 직접 말하고 녹음해보는 활동을 추천합니다. 할 말을 생각하게 되고, 생각을 영어로 표현하는 노력의 과정은 인지적인 자극과 처리, 인풋을 인테이크할 수 있는 효과를 높여줍니다. 한번 생각해보고 표현해본 주제에 대해서는 말할 수 있는 상황을 만났을 때 자신감을 가지고 대화의 주도권을 이어갈 수 있게 됩니다. 또한 영어회화를 연습해 볼 수 있는 스마트폰 앱을 활용하여 회화의 기본기를 쌓을 수도 있습니다. 매일 짬짬이 간단한 회화 구문의 발음을 연습할 수도 있는 무료 앱을 참고해보세요. 가령 '케이크'라는 앱은 매일 짧은 영상이 업데이트되기 때문에 발음을 따라서 연습해보고 퀴즈를 풀어보며 부담 없이 접근할 수 있습니다.

② 쓰기

영어 필사와 영어 일기 쓰기는 쓰기 활동에 깊이와 양을 더할 수 있는 밑거름입니다. 말하기와 마찬가지로 쓰기 역시 '어떻게 쓸지'보다는 '무엇을 쓸지'의 내용 문제가 더 크기 때문에 생각을 길러내는 연습이 일상화되는 것이 중요합니다. 이 시기의 필사는 좋은 문장을 단순히 베껴 쓰는 차원에서 머물지 말고 내 생각과 느낌을 담는 과정에 무게를 싣도록 합니다. 필사한 내용에 대해서 '왜'와 '어떻게'를 생각하고 느낀 점을 기록해보는 것입니다. '왜 이 문장을 선택했지?', '이 장면에서 나라면 어떤 느낌이었을까?', '나라면 이 사건 속에서 어떻게 대처했을까?' 등 생각이 꼬리에 꼬리를 물 수 있는 시간을 가지도록 합니다. 쓸 수 있는 부분만 영어로 쓰고 한글로 생각을 채워 넣어도 됩니다. 영어로 일기 쓰기도 마찬가지입니다. 기계적으로 영어 쓰기를 연습하는 것이 아니라 하루를 성찰하고 자신의 생각을 정리하는 시간을 갖도록 합니다.

글쓰기는 생각을 담는 과정입니다. 영어 글쓰기 실력이 어떤지 걱정될 때는 한글로 글을 쓰는 것도 살펴보세요. 한글 글쓰기의 수준이 먼저 올라가야 영어도 올라갈 수 있는 여지가 있습니다. 글쓰기는 앞에서 말씀드린 것처럼 고차원적인 인지 과정이기 때문에 성인들에게도 쉽지 않은 활동입니다. 읽고 있는 책의 수준보다도 훨씬 낮은 단계의 글을 쓰는 것이 당연합니다. 모국어도 책을 꾸준히 읽고, 자신의 생각을 담는 글쓰기 경험이 반복되어야 잘 쓸 수 있듯이 영어 역시 마찬가지입니다. 꾸준하게 영어책을 읽고 영어 수준을 올리는 것이 선행된 후, 글쓰기를 위해 생각을 정리하고 자연스럽게 써보는 습관이 쌓여야 합니다. 자유롭게 생각을 풀어낼 수 있는 일기 쓰기를 시작으로 글쓰기를 다듬어 나가면 됩니다.

영문법 입문하기

초등 5, 6학년은 '문법 공부는 어떻게 해야 하나' 서서히 의문이 드는 시기입니다. 이 시기의 문법 학습은 연역적 방법으로 문법 학습서를 붙들고 힘들고 지겹게 공부하는 것이 절대 룰이 아닙니다. PART Ⅲ에서 살펴보았듯이 꾸준하게 귀납적 문법 학습과 다독, 음독, 필사 등을 통해서 문장 구문에 대한 직관을 형성해가는 것이 먼저입니다. 여기에 문법을 정리하고 싶다면 원서로 된 문법책을 곁들이며 다양한 예문을 보는 것을 권합니다. 한글 문법책과 다르게 원서 문법책은 어려운 한자 문법 용어를 사용하지 않기 때문에 어느 정도 영어에 익숙해진 아이라면 오히려 더 쉽게 개념을 받아들일 수 있습니다. 대표적인 원서 문법서로 《Grammar in Use》 시리즈를 추천드립니다. 영어 학습자들이 자주 헷갈려 하는 문법 사항이 어떤 상황에서 다르게 사용되는지 용례 위주로 구성되어 있고 실생활에서 사용할 수 있는 회화 패턴이 곁들여져 있어서 문법을 가볍게 이해하고 사용할 수 있는 좋은 교재입니다. 단계별로 구성이 되어 있으므로 우선 기본편인 《Basic Grammar in Use》로 시작하고 점차 심화되는 내용을 중·고등학교에 이어서 다른 영문법 교재와 함께 학습하면 됩니다.

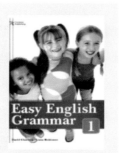

Basic Grammar in Use

Easy English Grammar

Grammar Zone (입문편)

거듭 강조하지만 초등학교 시기에는 진지하게 문법 공부에 매달릴 필요는 없습니다. 시험으로 영어를 접하기보다 듣기, 읽기 등으로 충분한 인풋에 잠기면서 다양한 경험을 통해 영어에 재미를 느끼는 것이 더 중요합니다. 다만 중학교 입학을 앞둔 초등 6학년 겨울 방학쯤에는 문법 용어에 익숙해지기 위해 한국어 문법책으로 문법을 한 번쯤 정리할 필요는 있습니다. 어려운 용어를 재미있고 쉽게 이해하기 위해 영문법 학습 만화를 활용하는 것도 좋은 방법입니다. 중학교 시험에서 문법 문항이 차지하는 비중이 크므로 문법 용어에 대한 개념 정의는 알고 있어야 공부가 수월해지기 때문입니다. 명시적으로 문법 용어를 사용하고 있는 한글 문법책을 통해 기본적인 문법을 정리하면 됩니다. EBS에서 제공되는 무료 문법 강의들을 활용하는 것도 좋습니다. 자유학년제로 학습 부담이 덜한 중학교 1학년 시기와 연결해서 문법 체계를 탄탄하게 잡아 놓는다면 앞으로의 영어 체력에 큰 자양분이 될 것입니다.

2장

중등 영어 로드맵:
실력 내공

중학교는 초등학교와 고등학교의 가교 역할을 하는 시기입니다. 중학교 영어가 초등학교 영어와 가장 크게 다른 점은 학습으로서의 영어 공부가 시작되고, 시험으로 실력을 평가받는 시기라는 점입니다. 중학교부터는 단순한 흥미를 넘어서서 어휘, 문법, 지문 독해 등 지필평가를 위한 수업을 소화해야 합니다. 또한 말하기·듣기·읽기·쓰기 등의 수행에 대한 평가도 받으면서 자신만의 영어 공부 전략을 만들어가야 합니다. 공부의 부담이 상대적으로 적은 중학교 시기에 영어 실력을 끌어올릴 수 있을 만큼 끌어올린 후 고등학교에 진학하여 손을 놓지 않고 꾸준히 심화학습을 이어가는 전략을 명심할 필요가 있습니다.

그렇다면 고등학교 때까지 이어지는 제대로 된 실력 내공, 어떻게 쌓아가야 할지 함께 살펴볼까요?

1

중학교 1학년 영어 로드맵

자유학년제의 이해

2016년, 전국 모든 중학교에 자유학기제가 도입되었습니다. 개별 학교별로 교육과정이 상이하지만 주로 기존 방식의 교과 수업이 오전에 진행되고 오후에는 4가지 영역별로 개설된 활동들을 선택하여 이동 후 수업하는 방식입니다. 4가지 영역에는 주제 선택(국어, 영어, 수학 등 교과에서 확장된 주제에 대한 전문적 수업), 예술 · 체육, 동아리, 진로 탐색이 있으며 학생들은 강의식 수업과 시험 대신에 한 학기를 온전히 독서, 토론, 진로 체험, 프로젝트 등 다양한 참여형 소통 수업을 경험하게 됩니다. 이는 다채로운 체험활동으로 아이들이 스스로 꿈과 끼를 찾을 수 있도록 마련한 교육과정으로 2018년, 희망교를 대상으로 자유학기제에서 자유학년제로 기간이 1년으로 확대되었습니다. 2020년에는 네 개의 지자체를 제외하고 전국의 중학생들이 1년 동안 시험에서 자유로워지고 온전히 진로 탐색, 체험학습을 통해 자신의 적성과 역량 강화에 집중할 수 있게 되었습니다. 중학교 1년간 시험을 치르지 않기 때문에 학부모님들은 공부는 언제 하느냐고 학력 하락에 대해 많이 우려하시기도 합니다. 하지만 이 시기를 잘 활용하면 자신이 부족한 부분을 보충할 수 있으며 단순히 시험 영어가 아닌 자신에게 맞는 영어 공부법을 선택하여 이것저것 시도해보며 자신만의 효과적인 학습법을 찾아갈 수 있습니다. 예를 들어, 주제 선택으로 독서·연극·프로젝트 수업 등 다양한 영어 활동들을 접하며 재미있는 영어를 체험하고 시험에 얽매이지 않고 자기 주도적으로 학습 계획을 세우고 성취하면서 영어 실력 도약의 기반을 마련할 수 있는 것이죠. 따라서 자유학년제를 백분 활용한다는 마음가짐을 가지고 중학교 1학년을 출발하면 얻는 것이 더 많아집니다.

교과 진도와 평가계획 숙지

중학교 1학년은 지필평가를 실시하지 않을 뿐이지 평가가 없는 것은 아닙니다. 수업 중 과정 중심으로 수행평가가 실시되며 수행평가는 구술, 인터뷰, 연극, 논술형, 독서, 포트폴리오, 프로젝트, 발표 등 다양한 방법으로 진행됩니다. 수치화된 점수가 없을 뿐 학생의 학습과 성장 과정을 관찰하고 평가하는 과정은 여전히 존재합니다. 초·중등 교육 정보 공시 서비스를 제공하는 학교알리미 사이트 (https://www.schoolinfo.go.kr/)에서 학년별, 교과별로 한 학기 교과 진도 운영 계획과 평가 계획을 확인할 수 있습니다. 한 학기 동안 시기별로 어떤 내용을 학습하고 어떤 평가를 치르게 되는지에 대한 정보를 사전에 검토할 수 있는 것이죠. 수업의 진도 계획과 영어과 주제 선택 과목의 내용, 수행평가의 횟수, 평가 유형, 영역별 비율 등을 미리 확인하여 적절하게 학습 계획을 세워야 합니다.

<학교알리미>

<1학년 1학기 영어과 교과 진도 계획표 예시>

차시	시기	단원명	성취기준, 교과 융합, 범교과	교수-학습방법	평가
1	3월 1주	Lesson 1. Meet My New Classmates	[9영01-09] 일상생활이나 친숙한 일반적 주제에 관한 말이나 대화를 듣고 상황 및 화자 간의 관계를 추론할 수 있다.	◆ Intensive Listening	◆ 자기평가
2	3월 2주		[9영02-05] 자신을 소개하는 말을 할 수 있다.	◆ Pair Work	◆ 자기평가
3~4	3월 3주		[9영03-01] 문장을 의미 단위로 끊어 읽으면서 의미를 파악할 수 있다. [9영03-02] 일상생활이나 친숙한 일반적 대상이나 주제에 관한 글을 읽고 세부 정보를 파악할 수 있다.	◆ Pictionary ◆ Intensive Reading ◆ Class Card	◆ 자기평가 ◆ 관찰평가
5~6	3월 4주		[9영04-05] 자신이나 주변 사람, 일상생활에 관해 짧고 간단한 글을 쓸 수 있다. [9영02-05] 자신을 소개하는 말을 할 수 있다.	◆ Brainstorming ◆ Real Writing ◆ Peer Editing	◆ 자기평가 ◆ 동료평가 ◆ 말하기 및 쓰기 논술 평가
7~8	3월 5주	독서문화 수업	[9영03-01] 문장을 의미 단위로 끊어 읽으면서 의미를 파악할 수 있다. [9영03-09] 일상생활이나 친숙한 일반적 주제의 글을 읽고 문맥을 통해 낱말, 어구 또는 문장의 함축적 의미를 추론할 수 있다.	◆ Extensive Listening ◆ Intensive Reading ◆ Real Writing	◆ 자기평가 ◆ 동료평가 ◆ 관찰평가

	[9영04-05] 자신이나 주변 사람, 일상생활에 관해 짧고 간단한 글을 쓸 수 있다.

\<1학년 1학기 영어과 평가계획서 예시\>

평가 종류	수행평가		
반영 비율	35%	35%	30%
횟수/영역	연극	논술형 쓰기	독서 포트폴리오
평가 방법	개별 평가	개별 평가	관찰평가
평가 활용	피드백 강화		
평가 시기	3~5월	4~6월	3~7월
평가내용 (성취기준)	[9영01-02] [9영02-02] [9영02-05]	[9영04-02] [9영04-06]	[9영03-01]~ [9영03-09]
평가 요소	◆ 다양하고 적절한 어휘와 정확한 언어 형식 활용하기 ◆ 상황과 목적에 맞도록 자신에 대하여 소개하기 ◆ 일반적 주제에 관한 말을 듣고 세부 정보 파악하기	◆ 자기소개 글쓰기 ◆ 가족에 대한 감사글 쓰기 및 취미 설명하기 ◆ 환경보호에 대한 글을 읽고 자신의 의견 쓰기	◆ 영어 신문, 영어 그림책 등 다양한 영어 읽기 자료를 읽고 주제, 세부정보, 줄거리, 등장인물의 심정이나 태도 추론 및 파악하기 ◆ 글을 읽고 일이나 사건의 순서, 전후 관계 추론하기 ◆ 문맥을 통해 낱말, 어구 또는 문장의 함축적 의미 추론하기

수행평가는 완성도 있는 결과물을 제출하기만 하면 되는 일회성의 결과 중심 평가가 아니라 수업 시간 중에 목표한 결과를 이루기 위한 과정과 성장을 중요시하는 과정 중심 평가입니다. 따라서 매 수업 시간에 주어진 과업을 성실하게 수행하고 참여하는 것이 관건입니다. 또한 수행 시 포함해야 하는 조건, 결과물 제출 기한 등을 꼼꼼하게 챙길 필요가 있습니다. 예를 들어, 특정 주제로 영어 포스터를 제작해야 하는 과업에서 몇 개 이상의 영어 문장을 포함시켜야 한다든지, 논술형 글쓰기를 할 때 어떤 문법 사항을 포함해야 한다든지 등의 조건을 만족시키지 못해서 완벽한 수행을 해내지 못하는 실수를 줄여야 합니다. 생각보다 당연한 것을 놓치는 경우가 많습니다. 1학년 때는 점수화되지 않지만 2학년부터는 감점이 되는 사항이므로 잘 챙기는 연습을 하는 것이 좋습니다.

교과서 완전 학습

자주 듣는 이야기이겠지만, 교과서만큼 좋은 학습 교재는 없습니다. 이는 비단 영어에만 국한되는 것이 아니라 다른 모든 과목도 마찬가지입니다. 우리나라에서 지향하는 교육 목표와 이를 실현하기 위한 교육 내용이 고스란히 녹아 있는 것이 바로 교과서입니다. 영어 교과서는 챕터별로 정해진 주제하에 영어의 네 가지 기능을 모두 통합해서 기를 수 있도록 짜임새 있게 구성되어 있으며, 기초부터 심화까지 차근차근 실력을 쌓아갈 수 있도록 조직화되어 있습니다. 게다가 디지털 교과서가 무료로 제공되고 있어서 컴퓨터나 태블릿에 다운받아 소리, 영상 등 각종 멀티미디어 자료를 무한정 활용할 수 있습니다. 교과서는 말하기, 듣기 활동을 시작으로 읽기, 문법, 쓰기 순으로 구성되어 있습니다. 교과서와 디지털 교과서를 활용하여 수업 전후에 혼자서 모든 활동을 예습·복습해볼 수 있습니다. 다른 자료들로 공부하는 것도 필요하지만 가장 기본은 교과서를 통해 제시된 교육과정을 완전하게 내 것으로 소화하는 것이 중요합니다. 중학교 1학년에서 소화해야 할 어휘, 어법, 구문, 독해를 교과서 중심으로 잘 챙겨나가도록 하세요.

듣기와 말하기를 할 때는 꼭 소리 내어 따라 해보세요. 스크립트는 보지 않아도 되고 보고 읽어도 됩니다. 듣기와 말하기는 따로 떼어 놓지 않고 항상 함께 가는 활동이라고 생각하고 발음을 확인하며 들은 내용을 따라서 직접 말할 수 있어야 합니다. 읽기 본문은 지문을 소리 내어 읽으면서 하나하나 꼼꼼하게 해석을 하도록 합니다. 중학교 1학년 본문은 비교적 짧은 문장으로 이루어져 있어서 말하기를 위한 인풋 자료로 활용할 수 있습니다. 본문 읽기 후, 문법을 정리해 놓은 부분도 체계적으로 짚고 넘어가야 합니다. 2학년 때부터 시험 문제에 자주 출제가 되는 부분이 문법이므로 선생님이 추가로 나누어주시는 프린트와 함께 잘 정리하여 문법의 기틀을 다져가도록 합니다. 교과서 맨 뒤쪽에는 챕터별로 어휘 목록이 잘 정리되어 있습니다. 반드시 외워야 할 주요 어휘들이 한꺼번에 목록화되어 있으므로 잘 활용하여 빠짐없이 외우도록 합니다. 중요한 것은 영어 텍스트를 읽을 때 어휘 · 문법 · 독해의 3박자를 잘 맞추어 진행하는 것입니다. 어휘 · 문법 · 독해 등 영역별 구체적인 학습 방법은 다음 장에 따로 빼서 자세히 정리해 두었으니 참고하시기 바랍니다.

다독

정보화 시대에 최신 정보를 빠르게 직접 습득하기 위해 필요한 기술은 말하기나 쓰기가 아닌 바로 '읽기' 능력입니다. 중학교 1학년은 시험에 대한 부담 없이 심리적인 여유를 가지고 영어 공부와 독서를 할 수 있는 황금기입니다. 따라서 이 시기에는 영어 독서뿐만 아니라 한국어 책 읽기를 마음껏 하며 문해력을 끌어올리도록 합니다. 수능 영어 역시 결국 한 번도 읽어본 적 없는 외부 지문을 독해하는 능력이 요구되므로 배경지식을 쌓기 위해 꾸준한 독서는 필수입니다. 안타깝게도 초등학교 이후로 영어든 한국어든 독서 시간이 뚝떨어집니다. 특히 고등학교에 가서는 마음의 여유가 없어서 독서를 거의 하지 못하는 경우가 대부분입니다. 하지만 사고력, 문제 해결력 등을 지속적으로 키우기 위해서 독서는 필수입니다. 앞으로 고교

학점제가 도입되고 학생부종합전형에도 전공 적합성을 높이 평가한다는 점에서 자신의 진로와 연계하여 흥미 있는 논픽션 읽기 비중을 높여가는 것이 필요합니다. 진로 탐색의 기회가 될 뿐만 아니라 배경지식을 높이는 데 효과적입니다. 영어 원서를 지속적으로 읽어야 하는 또 다른 이유는 어휘와 영문법이 적용되는 다양한 문장과 문맥을 경험하기 위해서입니다. 단편적인 영문법 지식이 아니라 그것이 실제적으로 어떻게 사용되는지는 다양한 책에서 만나는 좋은 문장들을 통해 확인하고 익힐 수 있습니다.

2

중학교 2학년 영어 로드맵

중학교 2학년은 본격적으로 공부한 것이 내신으로 반영되는 시기입니다. 지필평가와 수행평가의 비율이 학교별로 다르긴 하지만 영어 실력이 점수로 평가되기 시작합니다. 학기별 한두 번의 지필평가와 상시 수행평가가 진행되는 학교 내 평가의 기본 틀은 중학교 2학년 때부터 고등학교 3학년까지 유사합니다. 고등학교 평가와의 차이는 내신이 절대평가이며, 전국 단위의 모의고사를 치르지 않는다는 점뿐입니다. 따라서 중학교 2학년은 앞으로 고등학교까지 영향을 미치는 시간 관리 전략, 학습 계획을 습관화하는 중요한 시기입니다.

학교 수업을 충실히

영어는 학생별 수준과 편차가 큰 과목입니다. 중학교 1학년 자유 학년제를 거치며 학생들이 선행학습을 많이 하는 과목이기도 합니다. 그러다 보니 학교 수업 내용이 지루할 수 있습니다. 다 알고 있다고 생각하며 수업 시간을 건성으로 넘기는 경우가 많습니다. 선행학습의 가장 큰 부작용이 바로 이 부분입니다. 익숙함이 잘 알고 있다는 착각으로 무장되어 제대로 된 완전 학습이 이루어지지 않는 것이죠. 하지만 수업 시간에 집중해서 듣고 선생님께서 나누어주시는 보충 자료를 꼼꼼히 챙기며 그때그때 복습하는 것이 가장 중요한 기본 원칙입니다. 귀가 따갑게 들어서 지루할 수 있겠으나 너무나 당연하지만 잘 지켜지지 않아 강조할 수밖에 없습니다. 학교 시험 문제는 학교 선생님이 출제한다는 점을 꼭 기억하세요. 수업 시간 중에 선생님이 강조한 것은 다 놓치고 사교육으로 뒷수습하는 우를 범하지 말아야 합니다.

수업에 충실하게 참여하기만 하면 수행평가 점수도 높일 수 있습니다. 2018년 이후로 수업 이외의 시간을 더 투자해서 산출물을 제출하는 과제 중심·결과 중심형 수행평가가 지양되고, 과정 중심 평가로 전환되면서 수업 시간 중에 성실하게 과업을 수행하는 것이 중요해졌습니다. 따라서 수업 시간에 미리 공지해주는 수행평가의 채점 기준을 잘 숙지해서 감점 요소를 없애도록 해야 합니다. 수업 시간에 선생님께서 공지한 내용을 대충 흘려듣고 평가 기준을 충족하지 못하는 학생들이 은근히 많습니다. 이러한 구멍이나 누수가 없도록 평상시에 수업에 집중하는 태도를 가지도록 합니다.

시험 기간과 비시험 기간의 전략적 학습

중학교 2학년은 고등학교 진학 전, 다양한 공부법을 시도하며 자신에게 맞는 학습법을 찾아가는 시기입니다. 시험 기간과 비시험 기간을 나누어 학습의 양과 내용을 계획하고 영리하게 시간을 분배·관리하며 전략적인 학습 태도와 습관을 찾고 만들어가는 과정이지요. 학습은 '이해-암기-적용'의 단계를 거칩니다. 즉, 수업 시간에 다룬 내용을 제대로 이해하고 반복으로 머리에 남은 개념을 꺼내서 실제적으로 문제를 해결하는 단계까지 모두 진행되어야 완전 학습이 이루어집니다. 이를 위해 시험 기간 중에는 수업 시간에 배운 내용을 꼼꼼하게 챙기는 집중력이 필요합니다. 문장을 소리 내서 읽으며 어휘, 문법, 해석을 하나하나 체크하고 복습합니다. 어느 정도 반복한 후에는 주석이나 필기 내용이 전혀 적혀 있지 않은 본문 텍스트를 출력하세요. 교과서의 해당 출판사 사이트에 가면 PDF로 본문 출력이 가능합니다. 영어로 주어진 텍스트를 온전히 나만의 힘으로 끊어 읽고 분석하며 해석할 수 있는지를 점검하는 작업이 필요합니다. 보조 분석 자료들을 참고하지 않고 혼자 힘으로 설명할 수 있어야 진짜 아는 것입니다. 내가 학생을 가르친다는 생각으로 완벽하게 주어진 텍스트를 이해하고 설명하는 연습을 통해 확실한 지식으로 만들어가세요. 교과서의 출판사에서 나오는 평가 문제집을 풀어보며 개념을 적용하는 연습도 병행하도록 합니다. 평가 문제집은 지필 평가 유형의 문제들을 다양하게 경험할 수 있게 해줍니다. 교과서의 문법 개념이든 독해 내용이든 모두 문제 풀이를 통해 적용하는 과정을 거쳐야 안다고 착각했던 부분, 놓치고 있던 부분, 이해가 안 되는 부분을 촘촘히 파악하며 보충할 수 있습니다. 마지막으로 교과서 해석본을 보고 영작을 해보는 연습을 하세요. 작문은 어휘와 문법을 최종 점검하고 서술형 평가를 대비할 수 있는 좋은 마무리 활동입니다.

비시험 기간 동안에는 나만의 학습 계획과 전략을 가지고 뒤에 3장에서 제시하는 영역별 학습을 꾸준히 진행하도록 하세요. 상대적으로 시간적 여유가 있는 중학교 시기에 자기 주도적인 학습 태도를 제대로 만들기 위해서입니다. 중학교 2학년이 되면 분사, 부정사, 동명사, 관계사 등 어려운 문법 문항들이 대부분 등장하고 문장의 길이도 길어지며 교과서 본문의 양도 1학년에 비해 두 배 가량 증가합니다. 이때 배운 문법이 고등학교 때까지 심화된다고 보면 됩니다. 따라서 중학교 2학년 때 문법을 놓치게 되면 고등학교까지 영어를 어려워하며 손을 놓게 될 수 있으니, 반드시 문법을 잘 챙겨서 공부하도록 합니다. 또한 어휘와 독해 연습 역시 게을리해서는 안 됩니다. 어휘 · 문법 · 독해의 3박자에 대한 자세한 공부 방법은 3장에서 확인하세요.

시험 후 학습

지필평가를 처음 치르게 되는 학생들의 긴장감은 클 수밖에 없습니다. 첫 시험을 치르며 적지 않게 당황하는 경우도 많습니다. 실제적인 시험 상황은 연습할 수가 없기 때문에 무엇보다 준비를 철저히 하는 것이 관건이 됩니다. 시험 준비를 어설프게 하면 불안감이 높아지기 때문입니다. 따라서 준비 부족으로 인한 긴장감을 최대로 낮추고 실력 발휘를 할 수 있도록 하는 것이 우선입니다. 또한 시험보다 더 중요한 것이 시험 후의 학습입니다. 시험 결과가 수치화되어 나오다 보니 점수의 높고 낮음에 울고 웃을 뿐 정작 중요한 사후관리를 하지 않는 경우가 많습니다. 열심히 했는데 기대보다 점수가 나오지 않은 경우, 공부 방향을 찾지 못해 우왕좌왕하기도 합니다.

시험을 본인의 실력을 객관적으로 점검하는 기회로 생각하세요. 그리고 오답에 대해 객관적인 분석을 해야 합니다. 아는데 실수로 틀린 경우, 알쏭달쏭해서 틀린 경우, 몰라서 틀린 경우를 구분하고 흔들렸던 개념, 보충해야 할 개념을 명확하게 다져서 다음번에는 틀리지 않도록 해야 합니다. 지필평가의 유형을 파악하는 것도 중요합니다. 앞으로 공부를 할 때는 내가 문제 출제자인 교사가 되어 텍스트를 보는 눈을 기르도록 합니다. 내가 선생님이라면 어떻게 문제를 낼지 예측하며 공부해보면 공부 전략이 생깁니다. 특히나 문법 사항이 많은 본문은 출제하기 좋은 재료가 될 수 있으니 공부할 때 더욱 꼼꼼하게 학습하도록 합니다.

마지막으로 공부를 열심히 했는데 성적이 나오지 않은 경우, 그 이유를 반드시 분석해야 합니다. 여러 학생 유형 중 가장 안타까운 경우에 해당되는데요, 그냥 놀았으면 억울하지도 않을 텐데 놀지도 못하고 공부했는데 성적이 나오지 않으면 안타깝기 그지없습니다. 이런 경우, 나의 학습법이 어떻게 잘못되었는지 점검해야 합니다. 그리고 다음번 시험 준비에서는 학습법에 변화를 주어야 합니다. 잘못된 습관, 시간 관리, 학습법의 고리를 끊지 못해서 성과 없는 노력의 악순환을 반복해서는 안 됩니다.

3

중학교 3학년 영어 로드맵

중학교 3학년은 예비 고등학생이 되는 시기입니다. 중학교 2학년 때보다 어휘, 문장 구조, 본문 길이 등에서 복잡성과 난도가 더 높아집니다. 고등학교 영어를 준비해야 한다는 생각에 마음이 조급해지고 부담스러워지는 시기이기도 합니다. 모든 과목이 그러하듯 영어 공부 역시 마라톤으로 생각하고, 그동안 쌓아온 실력이 도약할 수 있도록 중학교에서 고등학교로의 전환기를 잘 준비해야 합니다.

어휘의 깊이 더하기

어휘는 매일 정해진 양을 지속적으로 반복하며 외우도록 합니다. 영어 단어와 한국어 뜻을 일대일로 대응하며 외우는 단편적인 방법보다는 어원, 연어, 유의어, 반의어, 파생어 등을 예문을 통해 함께 학습하도록 합니다. 하나의 단어가 문맥 안에서 여러 가지 뜻으로 쓰일 수 있으므로 사전을 참고하여 문장 안에서 어떻게 다양하게 사용되는지를 확인해보세요. 복합적이고 다각적으로 학습해야 어휘가 확장될 수 있습니다. 중학교에 비해 고등학교 어휘의 난도가 높아진다는 것은 단어 자체의 복잡성뿐만 아니라 쉬운 단어가 어떻게 여러 가지 의미로 전용되는지를 아는 지식을 요하기 때문이기도 합니다. 예를 들어 run이라는 단어는 우리가 잘 아는 '달리다'란 뜻 외에도, '(사업을) 운영하다', '(공급품이) 다 떨어지다' 등의 의미로도 빈번히 사용됩니다. 따라서 다양한 예문을 접하며 쉬운 단어의 일차적인 의미에서 머물지 말고 문맥에 따라 어떻게 다양하게 사용되는지 어휘의 용례를 많이 접해야 합니다. 어휘를 예문과 함께 학습하면 수능 어휘 문제에 보다 쉽게 적응할 수 있습니다.

2022년 수능 영어 기출 어휘 문제를 함께 보실게요. 문맥상 낱말의 쓰임을 묻는 이 문제는 단순히 영어의 한글 뜻을 묻고 있지 않습니다. 단어가 문장 안에서 어떤 의미를 가지고 있는지를 파악해야 하고 전체 글의 논리적 흐름 속에서 의미상 적합한 단어가 쓰였는지를 알아야 풀 수 있는 문제입니다.(구체적인 어휘 학습법은 3장에서 확인하세요.)

---

30. 다음 글의 밑줄 친 부분 중, 문맥상 낱말의 쓰임이 적절하지 <u>않은</u> 것은?

It has been suggested that "organic" methods, defined as those in which only natural products can be used as inputs, would be less damaging to the biosphere. Large-scale adoption of "organic" farming methods, however, would ①reduce yields and increase production costs for many major crops. Inorganic nitrogen supplies are ②essential for maintaining moderate to high levels of productivity for many of the non-leguminous crop species, because organic supplies of nitrogenous materials often are either limited or more expensive than inorganic nitrogen fertilizers. In addition, there are ③benefits to the extensive use of either manure or legumes as "green manure" crops. In many cases, weed control can be very difficult or require much hand labor if chemicals cannot be used, and ④fewer people are willing to do this work as societies become wealthier. Some methods used in "organic" farming, however, such as the sensible use of crop rotations and specific combinations of cropping and livestock enterprises, can make important ⑤contributions to the sustainability of rural ecosystems.

*nitrogen fertilizer: 질소 비료 **manure: 거름 ***legume: 콩과(科) 식물

정답: ③

문법의 깊이 더하기

문법 역시 복합적이고 깊이 있는 공부를 해야 합니다. 중학교에서는 특정 문법 항목에 대한 지식을 따로 떼어내서 묻지만 고등학교에서는 단편적인 지식을 묻지 않기 때문입니다. 문장 안에 내포되어 있는 여러 문법 항목들이 제대로 사용되고 있는지 문법성을 판단하기 위해서는 종합적인 능력을 키워야 합니다. 2022년 수능의 어법 기출 문제를 보시겠습니다.

---

29. 다음 글의 밑줄 친 부분 중, 어법상 틀린 것은? [3점]

    Like whole individuals, cells have a life span. During their life cycle(cell cycle), cell size, shape, and metabolic activities can change dramatically. A cell is "born" as a twin when its mother cell divides, ①producing two daughter cells. Each daughter cell is smaller than the mother cell, and except for unusual cases, each grows until it becomes as large as the mother cell ②was. During this time, the cell absorbs water, sugars, amino acids, and other nutrients and assembles them into new, living protoplasm. After the cell has grown to the proper size, its metabolism shifts as it either prepares to divide or matures and ③differentiates into a specialized cell. Both growth and development require a complex and dynamic set of interactions involving all cell parts. ④What cell metabolism and structure should be complex would not be

---

surprising, but actually, they are rather simple and logical. Even the most complex cell has only a small number of pars, each ⑤ <u>responsible</u> for a distinct, well-defined aspect of cell life.

*metabolic: 물질대사의 **protoplasm: 원형질

⑴ :답정

지문에 등장하는 문장들은 단문이 아닙니다. 쭉 펼쳐져 있는 긴 지문 속에서 밑줄 친 항목들이 문법적으로 제대로 사용되고 있는지를 다각도에서 판단해야 합니다. 우선 분사, 대동사, 병렬 구조와 성·수 일치, 관계대명사 등의 문법 지식이 있어야 합니다. 하지만 단순한 문법 지식만으로는 문제를 풀 수 없습니다. 알고 있는 문법 항목들이 문장에서 어떻게 사용되고 있는지를 파악하려면 문장 적용 능력이 필요합니다. 여기에 올바르게 쓰이고 있는지 문법성을 판단하기 위해서는 문장을 제대로 분석하는 능력도 있어야 합니다. 밑줄 친 부분만 보고 판단할 수 없기 때문에 그 항목을 포함한 전체 문장을 보고 분석하는 안목이 필요합니다. 따라서 중학교 시험과 고등학교 시험의 차이점을 알고 문법을 공부해야 합니다.(자세한 문법 학습 방법은 3장을 참고하세요.)

독해 유형별 문제 적응력 키우기

중학교 영어와 고등학교 영어가 다른 것은 시험 문제 유형에서도 알 수 있습니다. 고등학교에 가면 중학교 때와 확연히 달라진 문제를 보고 적잖이 당황할 수 있습니다. 고등학교 영어는 수능 영어 문제 유형을 큰 틀로 잡고 내신 시험 문제를 출제합니다. 서술형 평가 유무를 제외하면 내신과 수능의 문제 유형이 크게 다르지 않다고 볼 수 있습니다. 따라서 고등학교 시험 문제 유형에 적응하기 위해서 고등학교 입학 전, 고등학교 1학년을 대상으로 하는 전국연합학력평가 문제를 풀어보는 것을 권합니다. 고등학교 1학년이 되면 학교 선택으로 3월, 6월, 9월, 11월에 전국연합학력평가를 치르게 됩니다. 예비 고등학생이면 3월 전국연합학력평가 문제지를 EBS i(http://www.ebsi.co.kr) 사이트의 [기출문제] 탭에서 다운받아서 풀어보세요.

중학교 3학년 2학기 기말고사를 치르고 나면 고등학교 입학을 코앞에 두고 마음이 더욱 조급해질 수 있습니다. 수능 모의고사 기출문제를 풀기 시작하면서 마치 수능이라는 관문이 당장 눈앞에 있는 것처럼 불안감이 더해지는 시기입니다. 앞에서도 여러 차례 언급했듯이 고등학생들을 상담하면서 흔하게 듣는 말이 "중학교 3학년 때는 수능 모의고사 1등급이었는데 지금은 영어 성적이 계속 내려가요"라는 말입니다. 중학교 3학년 때 모의고사 1등급을 찍는 것은 중요하지 않습니다. 결국 모의고사는 모의고사일 뿐이니까요. 중학교 3학년 때의 고득점이 고등학교 영어 성적, 나아가 수능 1등급을 보장하지 않다는 점을 명심하세요. 절대 자만하거나 반대로 너무 조급해할 필요가 없습니다. 고등학교 영어를 잘 준비하되 지속적으로 꾸준한 영어 공부 패턴을 이어가야 합니다.

3장

중등 영어
영역별 학습법

영어의 네 가지 기능(듣기, 읽기, 말하기, 쓰기)과 어휘·문법 지식은 개별적이고 독립적인 영역이 아닙니다. 통합적으로 연결되어 서로 영향을 주고받습니다. 예를 들어 문법 지식이 탄탄해지면 듣기, 읽기, 말하기, 쓰기 능력이 동반 상승되고, 읽기 능력이 향상되면 당연히 말하기, 듣기, 쓰기가 수월해질 수 있습니다. 따라서 학습의 영역을 나누는 것은 집중도를 의미할 뿐이지 별개의 학습이 아니며 통합적으로 이루어져야 가장 효과가 높다는 점을 말씀드립니다.

1

어휘

　　어휘를 학습으로 받아들일 수 있는 중학교 시기부터는 다독과 병행하여 어근과 접사, 용례 등을 본격적으로 정리하는 것이 필요합니다. 수능에서 출제되고 있는 문맥 선택형 어휘 문제는 고배점 문제 중의 하나로, 체감 난도가 높습니다. 어휘의 뜻과 문맥에서 쓰이는 용법을 정확하게 파악해야 하기 때문이죠. 또한 단어의 뜻이나 품사를 바꾸는 접사(접두사, 접미사)와 어근을 정리해 두면 파생어에 대한 이해도가 높아져서 모르는 단어를 만나도 어근과 접사를 분석하여 의미를 유추해낼 수 있는 내공이 쌓입니다.

나만의 단어장 만들기

피터 H. 레이놀즈Peter H. Reynolds의 영어 그림책《The Word Collector》에 등장하는 주인공은 독특한 단어를 모으는 단어 채집가입니다. 마음에 드는 단어들을 모으고, 또 모으죠. 책은 주인공이 직접 수집한 단어들을 잘 조합하여 자기만의 시를 짓고, 노래 가사도 쓰면서 간단한 단어지만 강력한 의미를 전달하는 언어 사용자가 되는 과정을 담고 있습니다. 물론 이 동화는 더 강렬한 삶의 철학을 전하고 있지만 제 눈길을 끈 것은 주인공 아이가 직접 채집한 단어를 통해서 변화와 성장이 일어났다는 점입니다. 이것을 어휘 학습에 적용해 볼까요?

아이가 영어책을 읽거나, 교과서로 공부를 하거나, 영상 시청을 통해 만나는 수많은 단어들을 그냥 지나치지 않고 정리하는 단어 채집가가 되도록 해주세요. 직접 사전을 찾아가며 나만의 단어장을 만들도록 합니다. 사전을 찾으면서 단어를 정리하면 유익한 점이 많습니다. 우선 발음을 정확하게 확인할 수 있습니다. 단어를 읽으며 발음도 해보고, 어려운 발음의 단어는 표시해두어 다음번에 다시 읽어보는 연습을 할 수 있습니다. 또한 다양한 예문을 통해서 그 단어가 문장에서 어떻게 쓰이는지의 용례와 함께 사용되는 표현은 무엇인지 정리할 수 있습니다. 같은 단어가 다양한 품사로 사용되는 것도 확인할 수 있으며, 단어의 기본 의미는 물론이고 확장 의미까지 넓게 공부할 수 있습니다. 대부분의 단어는 단 하나의 의미만을 가지고 있지 않습니다. strike를 예로 들어볼게요. 이 단어의 기본 의미는 '~을 세게 때리다, 치다'입니다. 하지만 다음 예문들에서 볼 수 있듯이 기본 뜻에서 의미가 확장되어 다양한 뜻으로 사용됩니다.

1. The car **struck** the tree. 차가 나무를 세게 들이받았다.
2. The flu **strikes** millions of people each year.
   매년 수백만 명이 독감에 걸린다.
3. How does Seoul **strike** you? 서울의 인상은 어때?
4. He was **struck** with horror. 그는 공포의 감정에 사로잡혔다.
5. The answer just **struck** me. 답이 금방 떠올랐다.

세게 치는 것은 아무래도 부정적인 의미를 함축하고 있겠죠? strike가 2번 예문에서는 '(재난 · 질병 등이 갑자기) 발생하다, 덮치다'의 의미로 사용되었습니다. 물리적인 가격이 아니더라도 생각이나 감정, 어떤 인상이 마음을 때리는 추상적인 뜻으로도 의미 확장이 일어납니다. strike가 3번 예문에서는 '(어떤 사물이나 장소에 대해) 강한 인상을 받다', 4번 예문에서는 '강한 감정에 사로잡히다', 5번 예문에서는 '(아이디어 등이) 마음에 떠오르다'로 의미가 넓어집니다.

한 단어가 여러 가지 뜻을 가지는 '다의성'은 단어가 가지는 전반적인 현상입니다. 따라서 단어를 학습할 때는 '단어-하나의 의미'로 연결하여 단편적으로 외우는 것이 아니라 다차원적으로 접근하여 정리하고 꿰어가야 하며, 이 과정을 통해 깊이 있는 어휘 학습이 가능해집니다. 또한 산발적으로 흩어져 있는 단어를 수동적으로 암기하기보다 능동적이고 유의미한 어휘 학습으로 이어갈 수 있습니다. 나만의 단어장을 만든 후, 주기적으로 그 단어들을 이용해서 영작을 해보는 연습을 병행하면 단어 기억력과 활용력을 높일 수 있습니다. 영단어를 단순히 채집하는 데 그치지 않고 이리저리 사용해보는 아웃풋 활동은 중학교 시기의 수행평가를 대비하는 데에도 큰 도움이 됩니다. 인터넷상에서 유용하게 사용할 수 있는 사전을 소개합니다. 사전들이 가지는 장단점을 비교하여 적절한 사전을 활용한 어휘 학습을 꾸준하게 할 수 있도록 도와주세요.

유용한 온라인 영어 사전

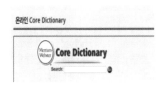

1. 코어 딕셔너리

메리엄-웹스터와 윤선생이 비원어민 영어 학습자를 대상으로 만든 사전으로 한글과 영어 뜻을 한꺼번에 볼 수 있는 영영한 사전

2. 롱맨 영영 사전

쉬운 뜻풀이와 워드 패밀리를 알려주며 다양한 예문이 모두 음성 파일로 제공되어 들으면서 학습할 수 있는 영영 사전

3. 연어 사전

함께 사용할 수 있는 연어 (collocation) 목록을 검색할 수 있는 온라인 사전

자투리 시간에 반복하기

어휘 학습법은 다양합니다. 어원을 통한 어휘 학습, 이미지를 이용한 어휘 학습, 마인드맵을 통한 어휘 학습 등 다양한 방법이 존재하죠. 게다가 어휘 학습자마다 선호하는 방법이 다르고, 각자에게 더 효과적인 학습법 역시 각양각색입니다. 하지만 무수한 어휘 학습법들에서 발견되는 공통점이 하나 있는데요, 바로 '반복'입니다.

즉, 어휘는 반복의 힘입니다. 학습법을 코칭할 때 자주 인용되는 그래프가 독일 심리학자인 에빙하우스Ebbinghaus의 망각 곡선입니다. 이 그래프에 따르면 인간은 새로 배운 것을 10분이 경과될 때부터 잊어버리기 시작해서 1시간이면 50%도 머리에 남지 않는 망각의 동물입니다. 결국 한 달이 지나면 머릿속에서 80%의 학습 내용이 휘발되어 버립니다. 망각의 속도를 늦추고 장기 기억으로 정보를 넘기기 위해서 사용하는 학습 방법이 '반복', 즉 '복습'인데요, 반복을

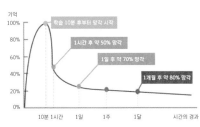

\<에빙하우스 망각 곡선\>

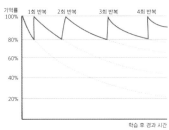

\<반복을 통한 장기 기억 각인 효과\>

통해 잊어버렸던 내용을 100%까지 다시 복원하고 이를 몇 회에 걸쳐 진행할 때 기억력을 끌어올릴 수 있습니다. 여기서 중요한 것은 학습 내용을 효과적으로 장기 기억에 저장하기 위해서는 반복이 일어나는 주기를 짧게 해야 한다는 점입니다.

제가 어휘를 학습할 때 에빙하우스의 망각 곡선이 뭔지도 모르고 그냥 실천했던 방법이 바로 이것이었습니다. 나만의 단어장을 정리해서 만든 후, 자투리 시간마다 시도 때도 없이 꺼내서 보고 또 보고를 반복했습니다. 폭발적으로 어휘력이 늘었던 비결로, 지금도 학생들에게 알려주는 방법입니다. 하루 수업이 7교시라면 조회 시간을 포함해서 쉬는 시간이 7번입니다. 오늘 외울 새로운 어휘 리스트를 쉬는 시간에만 후루룩 읽고 지나가도 하루에 7번이나 반복해서 볼 수 있게 됩니다. 다음 날에는 새로 외울 어휘 리스트를 추가하되 오늘 외운 어휘 리스트까지 누적해서 한 번씩 후루룩 반복하면 되겠죠? 이렇게 1주일, 즉 7일 동안 7개의 단어 리스트를 지속적으로 누적하고 반복하다 보면 장기 기억 속으로 저장되는 어휘량이 증가하게 됩니다. 가장 아까운 시간은 책상에 앉아서 어휘를 외우는 시간입니다. 어휘를 정리하는 것은 책상에 앉아서 하고, 외우는 것은 하루 중 자투리 시간에 하는 것이 고등학교까지 유지해야 할 효율적 어휘 학습의 기본입니다.

어원을 통한 어휘 학습

영어 단어에는 고대 라틴어, 그리스어 등에서 특정 의미를 지니며 사용되던 단어의 일부가 다른 단어와 조합되어 현재까지 사용되는 경우가 많습니다. 단어의 핵심 의미가 되는 어근, 단어의 앞에 결합된 접두사, 단어의 뒤에 결합된 접미사가 바로 그 경우인데요, 어원을 알면 다음과 같은 장점이 있습니다. 첫째, 새로운 단어에 대한 이해를 기반으로 쉽게 단어를 외울 수 있습니다. 둘째, 어근·접사와 관련된 파생어를 확장해서 다량으로 암기할 수 있기 때문에 어휘력을 크게 늘릴 수 있습니다. 셋째, 생소한 단어를 만나도 그 뜻을 쉽게 유추하여 문맥을 파악하는 능력을 기를 수 있습니다. 중학교 시기에는 기본 단어에서 품사나 의미를 변경하는 간단한 접사 위주로 정리해 주세요.

접사	단어	파생어	품사 및 의미 변환
-ness	happy	happiness	형용사 → 명사
-tion	inform	information	동사 → 명사
-ance	tolerate	tolerance	동사 → 명사
-ment	develop	development	동사 → 명사
-al	remove	removal	동사 → 명사
-ize	summary	summarize	명사 → 동사
-en	fright	frighten	명사 → 동사
-ly	friend	friendly	명사 → 형용사
-y	greed	greedy	명사 → 형용사
-ful	success	successful	명사 → 형용사
-al	tradition	traditional	명사 → 형용사
-less	use	useless	명사 → 형용사
-ly	neat	neatly	형용사 → 부사
un-	happy	unhappy	형용사 → 형용사 (의미 변화)
-ship	leader	leadership	명사 → 명사 (의미 변화)

중학교 3학년, 고등학교 진학을 앞두고 어휘를 공부할 때는 어휘 학습서로 어원을 함께 공부하면 어휘력을 높이는 데 크게 도움이 됩니다. 예를 들어볼게요. 어근 -spect는 '보다(=look)'라는 뜻을 가지

고 있습니다. '바깥(=out)'의 뜻을 가진 접두사 ex-와 만난 expect는 저 멀리 밖으로 내다보기 때문에 '기대하다'라는 의미를 갖습니다. 또한 '안으로(=into)'의 의미를 가진 접두사 in-과 결합하면 inspect 가 되어 안을 들여다보게 되니 '조사하다'란 의미를 갖게 되고요, '다시(=again)'의 뜻을 가진 접두사 re-와 만나 respect가 되면 다시 보는 것이니 '존경하다'란 의미를 갖습니다. '앞으로(=forward)'의 뜻을 가진 접두사 pro-와 결합하면 prospect를 만들어 앞을 바라보 는 것이므로 '전망, 조망'의 뜻을 갖게 되며, '아래(=below)'의 뜻을 가진 su-와 만나서 suspect라는 단어를 형성하여 아래쪽을 보며 '의 심하다'라는 의미를 만듭니다. 이렇게 한 단어를 외우더라도 어근을 따라 연계해서 어휘를 학습하면 중학교에 비해 어휘의 양과 난도가 대폭 상승하는 고등학교 어휘에 효과적으로 대비할 수 있습니다. 시 중에 나와 있는 어원을 통한 어휘 학습서로 중 · 고등학교를 연계해 서 볼 수 있을 만한 책 한 권을 소개해 드립니다.

◀ 능률 VOCA 어원편

2

문법

　　　　　중학교는 본격적으로 문법을 탄탄하게
다져야 하는 시기입니다. 학교급별, 학년별 영문법은 기본 개념을 토
대로 점점 더 깊어지는 심화의 과정입니다. 학년이 올라가면서 혹은
고등학교에 진학하면서 이전에 배우지 않은 문법을 완전히 새롭게
배우는 것이 아니라 이미 다룬 문법의 뼈대에 조금씩 살을 붙여가게
됩니다. 교과서별로 조금씩 차이는 있지만 중학교 학년별 교과서에
등장하는 문법 연계표를 살펴보겠습니다. 같은 문법 항목이 학년이
올라가도 동일하게 등장하지만 조금씩 깊고 넓어지고 있는 것을 알
수 있습니다.

<중학교 1, 2, 3학년 영어 교과서 문법 문항>

학년	문법 사항	
1학년	◆ 동사 (be동사, 일반동사, 수여동사, 감각동사) ◆ 문장구조(1~4형식) ◆ 조동사(can, will, should) ◆ 시제(현재진행, 과거) ◆ 동명사	◆ to부정사(명사적, 부사적 용법) ◆ 접속사 (when, before, after, because) ◆ 형용사(비교급, 최상급) ◆ 비인칭 주어
2학년	◆ 동사(사역동사, 지각동사) ◆ 문장구조(1~5형식, 가주어-진주어) ◆ 조동사(may) ◆ 시제(현재완료) ◆ to부정사(형용사적 용법) ◆ 접속사(상관접속사, if, although)	◆ 형용사(원급 비교) ◆ 수동태 ◆ 관계대명사(주격, 목적격, what) ◆ 간접의문문 ◆ 분사 ◆ 가정법(과거)
3학년	◆ 동사(강조 조동사) ◆ 문장구조 (1~5형식, 가목적어-진목적어) ◆ 조동사 + have + p.p. ◆ 시제(현재완료진행, 과거완료) ◆ to부정사(의미상 주어)	◆ 접속사(whether, since, as) ◆ 관계대명사(소유격, 계속적 용법) ◆ 대명사(부정대명사) ◆ 관계부사(how) ◆ 분사구문 ◆ It ~ that 강조 구문

예를 들어, 전 학년에 걸쳐서 'to부정사'가 교과서 문법으로 들어가 있습니다. 하지만 학년별로 다루는 세부 항목이 점차 확장됩니다. 1학년 때는 명사적 · 부사적 용법을, 2학년 때는 형용사적 용법을, 3학년 때는 의미상의 주어가 들어가는 구조를 다룹니다. 동사의 시

제도 마찬가지입니다. 1학년 때는 현재형, 현재진행형, 과거형을 다루고 2학년 때는 현재완료 시제를, 3학년 때는 현재완료진행, 과거완료 시제까지 깊이 들어갑니다. 관계사를 배울 때도 2학년에서 주격 · 목적격 관계대명사를 배우지만 3학년 때는 관계대명사의 소유격과 계속적 용법, 그리고 관계부사까지 점점 심화되어 갑니다. 이렇게 심화해가며 고등학교 때 다루는 문법 항목의 대부분을 중학교 때 배웁니다. 따라서 중학교 시기에 문법의 토대를 탄탄히 쌓는 것이 매우 중요합니다.

초등학교와 다르게 들어보지 못했던 문법 용어가 중학교에서 많이 사용됩니다. 어려운 용어 때문에 문법 공부가 더 힘든 것처럼 느껴질 수 있지만, 결국은 문법의 개념이 용어에 다 들어 있기 때문에 용어 하나하나를 이해하며 정리해 나갈 필요가 있습니다. 학교 수업을 통해 만나는 새로운 문법 개념들을 정확하게 이해하고 복습하는 것이 먼저입니다. 중학생들이 많이 사용하는 문법 공부 방법 중의 하나가 본문을 통째로 외우는 것입니다. 물론, 좋은 영어 문장을 외우는 것은 나쁘지 않습니다. 하지만 반복적으로 읽고 들으며 자연스럽게 머릿속에 각인이 되는 것이 아니라 시험 기간에만 바짝 외우고 시험이 끝나면 다 잊어버리는 방식은 오래 가지 못합니다. 영어 실력 향상을 위한 문법 공부는 반드시 그 구조를 '이해'하고 '반복'하며 '적용'해서 머릿속에 남도록 해야 합니다. 영문법이 힘든 것은 이해하지 못해서, 겨우 이해했는데 반복하지 않아 잊어버려서, 그리고 실제 문장에서 적용하는 연습을 하지 않아서입니다. 그러면 어떻게 공부해야 하는지 차근차근 짚어보겠습니다.

영문법 기본서를 선택하여 이해·반복하기

우선, 나무를 보는 것에서 나아가 숲을 볼 수 있도록 나만의 영문법 기본서를 선택해서 공부하도록 합니다. 학교 수업을 통해 문법을 정리하면서 동시에 전체적인 문법의 기틀을 마련할 수 있는 방법입니다. 이때 주의할 점은 이 책 저 책을 전전하지 않는 것입니다. 딱한 권을 정해 반복하세요. 자신에게 맞는 한국어 문법책 한 권을 선택해서 처음부터 끝까지 훑으며 차근차근 실력을 쌓아 가는 것입니다. 시중에는 혼자서 공부할 수 있도록 상세한 설명과 예문, 확인 문제까지 실려 있는 영문법 기본서가 많이 나와 있습니다. 영어 문장 구성(형식)부터 시제, to부정사, 동명사, 관계사, 분사, 특수 구문 등 챕터별로 영문법 전체 항목을 볼 수 있고, 그 전체 구조 안에서 각각을 세부적으로 정리할 수 있습니다. 방대한 영문법을 한꺼번에 공부하라는 말이 아닙니다. 처음부터 모든 문법을 꼼꼼하게 완벽하게 이해하라는 것도 아닙니다.

우선, 목차를 보고 영문법에는 무엇이 있는지 전체적인 그림을 먼저 그린 후 세부 항목으로 들어가세요. 예를 들어 학교에서 'to부정사'의 명사적 용법을 배웠습니다. 이때, 새로운 문법 개념을 이해하는 것도 중요하며 동시에 학습서에서 'to부정사' 챕터를 찾아보세요. 그러면 명사적 용법 이외에 다른 용법이 있다는 것을 알 수 있습니다. 내가 오늘 공부하는 것이 여러 용법 중의 한 부분이라는 것을 아는 것이 왜 중요할까요? 개념의 구조화 때문입니다. 개개의 용법을 각각 다른 시기에 산발적으로 학습하다 보면 여기저기 널려 있는 개념들을 묶어서 이해하는 데 시간이 걸립니다. 하지만 전체와 부분을 알면 개념을 구조화해서 이해할 수 있고, 새로운 개념들이 잘 포섭되어 머릿속에 오래 남습니다. 다음번에 같은 개념을 만났을 때 헷갈리면 다시 그 항목을 찾아 반복하며 개념을 점차 명료하게 다져나가는 것을 반복하세요. 여력이 되면 다른 용법들도 어떤 것이 있는지 미리 훑어보며 정리하면 좋습니다.

이렇게 자신의 수준에 맞추어 한 권을 반복해서 보면 영문법에 대한 전반적인 틀이 잡히고, 그다음 단계로 심화 학습을 해나가는 데 재미와 속도가 붙습니다. 학습서에서 제시되는 다양한 예문들을 이해하고 분석하는 데 집중하세요. 다양한 예문 속에서 어휘와 문장 구조를 반복해서 습득할 수 있습니다. 학교 수업 시간에 배운 문법이 이해가 되지 않을 때는 기본서에서 그 항목이 설명된 부분을 찾아서 확인하고 정리하는 것을 계속 반복하세요. 반복하다 보면 이해도가 높아지며 문법 근육이 단단해집니다. 중학교 시기에 정확하게 문장을 보고 구조를 파악하는 눈을 기르면, 고등학교에서 만나는 길고 복잡한 문장 구조를 분석하는 힘이 생깁니다.

영문법 입문에서부터 기초, 기본, 종합편까지 차근차근 내용이 심화되는 시리즈 문법책을 소개해 드립니다. 기초 학습서 이후, 학습 스케줄에 따라 다음 책은 몇 회독을 하겠다는 계획을 세우고 처음부터 끝까지 반복해서 공부하면서 심화해가면 영문법이 빈틈없이 꽉 채워지는 효과가 있습니다.

<단계별 한국어 문법책>

▲ Grammar Zone 기초편/기본편/종합편

끊어 읽기와 구문(=문법) 독해 연습

영문법 학습의 목적은 영어 텍스트를 정확하게 이해하기 위한 것입니다. 그런데 열심히 문법을 공부했는데 실제로 만나는 문장에 적용하지 못하는 안타까운 경우들이 있습니다. 스스로 영어 문장을 분석하고 해석하는 힘이 부족한 것은 실질적으로 문법을 적용하는 연습이 부족하기 때문에 발생하는 현상입니다. 그나마 중학교 교과서에서 만나는 문장들은 그리 길거나 복잡하지 않아서 어찌어찌 넘어갈 수도 있습니다. 하지만 고등학교에서는 영어 문장들의 길이와 구조의 난도가 급상승합니다. 체감 난도를 거뜬히 넘어가기 위해서는 영문법을 공부한 후, 자신의 수준에 맞는 독해 지문을 찾아 지속적으로 영어 문장들을 읽고 분석하는 연습이 필요합니다.

이때 사용할 수 있는 방법이 '끊어 읽기 연습'입니다. 끊어 읽기란 문장을 이루는 구성 성분을 의미 단위로 끊어서 읽는 것입니다. 이는 영어 문장 구조에 익숙해지면서 정확한 해석을 위해 문장의 구조를 파악하는 과정입니다. 길고 복잡해진 문장 앞에서 그저 알고 있는 어휘를 조합해서 대충 문장을 이해하는 것은 모래 위에 성을 쌓는 것과 같습니다. 처음에는 시간이 걸리더라도 알고 있는 영문법 지식을 적용해서 문장의 구조와 짜임새를 파악하는 습관을 길러야 합니다. 문장의 주성분인 주어, 동사, 목적어, 보어 자리를 파악하고, 구와 절 등의 수식어구들을 묶고 끊어가는 것이죠. 이를 통해 전체 구조를 분석하면서 정확하게 해석하는 연습을 할 수 있습니다. 교과서나 학습서를 깨끗하게 사용할 필요가 없습니다. 문장 위에 직접 표시를 해가며 꼼꼼하게 문장 성분과 문장 구조를 파악하는 독해 연습을 병행하세요. 이를 구문 독해라고도 하는데, 영문법 적용력을 기를 수 있는 열쇠가 됩니다.

영작과 글쓰기로 영문법 적용하기

영문법을 공부하는 궁극적인 목적은 영어 텍스트를 정확하게 이해하는 동시에 자신의 생각을 영어로 표현하고 전달하는 데 있습니다. 최종 종착역은 언제든지 바로 꺼내 쓸 수 있는 살아 있는 지식을 만드는 것입니다. 이 지식은 자꾸 사용함으로써 가물가물했던 개념도 명확해지고 진정한 내 것으로 만드는 과정을 거쳐야 합니다. 머릿속의 영문법 지식을 꺼내어 적용해보는 효과적인 방법 중 하나가 바로 '영작하기'입니다. 이때 가장 좋은 영작의 재료는 교과서입니다. 학교에서 배운 본문을 학습한 후, 이해한 본문의 한글 해석본으로 문장 하나하나를 영작해보세요. 이를 통해서 이해한 문법을 실제적으로 적용하며 확인하고 영문법과 영어 문장 구조를 내재화할 수 있습니다. 영어로 써보는 연습은 수행평가뿐만 아니라 내신의 서술형 평가를 준비하는 데도 큰 도움이 됩니다. 고등학교에 진학하면 수능 준비를 위해 독해에 치중할 수밖에 없습니다. 중학교 때 영어로 글을 써보는 연습이 축적되어 실력을 다져 놓으면 내신에서의 서술형 평가나 글쓰기 수행평가를 대비하는 데 있어 시간적 여유와 자신감을 가질 수 있습니다.

다음은 학년별로 권장하는 장르별 글쓰기의 비율입니다. 물론 이 지표는 원어민을 대상으로 합니다. 한국의 중학교에 해당하는 학년이 Grade 8인데, 여기서 눈여겨볼 것은 수필에 해당하는 일기 쓰기 위주에서 점차 주장문이나 설명문 쓰기의 비중을 늘려가야 한다는 점입니다. PART Ⅲ에서 살펴보았듯이 모든 글은 글의 구조가 다릅니다. 따라서 완전한 글을 써보지는 않더라도 객관적이고 사실적이며 논리적인 글쓰기 구조는 알고 연습하는 것이 필요합니다.

<학년별 권장 장르별 글쓰기 비율>

미국 학년	만 나이(세)	주장 (to persuade)	설명 (to explain)	수필 (to convey experience)
Grade 4	9~10	30%	35%	35%
Grade 8	13~14	35%	35%	30%
Grade 12	17~18	40%	40%	20%

출처: Writing framework for the 2011 National Assessment of Educational Progress(2007)

영어 문장을 만들기 위해서 번역기를 돌리는 경우도 많은데, 영어 번역기는 최근 정확도가 높아졌다고는 하지만 100% 신뢰할 수는 없습니다. 따라서 번역기를 돌리거나 직접 글을 쓴 후, 정확도를 높이기 위해 확인하는 작업이 반드시 필요합니다. 이때 글쓰기 첨삭 도구를 제공하는 사이트를 활용해보세요. 퀼봇(quillbot.com)은 영어 문장의 문법성 확인(Grammar Checker), 대체 문장 제시(Paraphraser), 표절 확인(Plagiarism Checker), 요약(Summarizer) 등 다양한 도구를 선택하여 사용할 수 있는 유용한 사이트입니다.

[Grammar Checker] 메뉴를 선택하고 텍스트를 입력하면 문장 부호, 맞춤법, 철자 등은 물론이고 문법상 틀린 부분을 빨갛게 표시해 주고 대안을 제시해 줍니다. 사용자가 선택적으로 수정하면 됩니다. [Paraphraser] 메뉴를 선택하고 텍스트를 입력하면 동일한 의미의 다른 문장을 보여줍니다. 같은 의미를 다르게 표현할 수 있도록 대체 가능한 문장을 살펴보며 다양한 문장 구조들을 접할 수 있습니다. [Summarizer] 메뉴에서 문단 단위의 텍스트를 입력하면 요약문을 산출해 내는 기능이 있습니다. 이 메뉴를 통해 장황한 글을 다듬을 수 있기도 하지만 신문 기사나 문단 단위의 텍스트를 요약하는 연습을 할 때, 내 글과 비교하며 공부할 수 있어 유용합니다.

스켈(https://skell.sketchengine.eu)은 연어과 유의어를 확인할 수 있는 사이트입니다. 연어Collocation란 두 단어 이상이 연결되어 쓰이는 덩어리 표현을 말합니다. 예를 들어 '목욕하다'를 영어로 표현하고 싶은데 한국인은 '하다'라는 동사 때문에 do a bath를 먼저 떠올립니다. 하지만 실제 사용하는 표현은 동사 take를 사용한 take a bath이지요. 이때 스켈의 검색창에 'do a bath'를 입력하면 용례가 없다는 결과를 보여줍니다. 반대로 'take a bath'를 입력하면 실제로 사용되고 있는 예문들의 리스트가 뜹니다. bath가 어떤 단어들과 결합하는지 궁금하면 [Word sketch] 메뉴에서 'bath'를 입력하세요. 그러면 함께 쓰일 수 있는 동사, 형용사, 명사 등의 연어의 용례를 쭉 보여주기 때문에, bath라는 단어가 어떤 다른 단어들과 연어를 이

1. 퀼봇

문법성 체크, 요약, 대체 표현 등
다양한 서비스 제공

2. 스켈

함께 쓰이는 연어를 체크할 수
있는 사이트

3. 시소러스

동의어, 반의어, 예문과 단어 쓰임
까지 함께 학습

루는지 한눈에 살펴보며 학습할 수 있습니다. 뿐만 아니라 [Similar words] 메뉴에서는 bath와 유사한 단어를 검색해서 보여줍니다. 물론 구글에서도 표현이나 문장 양옆으로 큰따옴표를 붙여서 검색을 하면 정확하게 일치하는 문장이 얼마나 많이 사용되었는지 통계까지 함께 뜹니다. 하지만 이는 웹 상의 모든 영어 데이터를 기반으로 하고 있어서 비원어민들의 텍스트도 포함하고 있죠. 이에 반해 스켈은 학습자를 대상으로 만들어진 도구로 실제 원어민들이 많이 쓰는 유용한 표현들을 볼 수 있다는 장점이 있습니다.

마지막으로 유의어 사전을 활용할 것을 추천합니다. 어느 나라를 막론하고 글을 잘 쓰는 작가들이 필수적으로 사용하는 도구가 바로 유의어 사전입니다. 시소러스(https://www.thesaurus.com)는 다양한 유의어뿐만 아니라 반의어까지 함께 검색해주고, 그 단어가 문장 안에서 어떻게 사용되고 있는지도 확인할 수 있습니다. 사전을 활용하면 다양한 예문과 단어의 쓰임을 함께 학습할 수 있어서 언어 학습의 효과를 높일 수 있습니다. 글쓰기를 연습하면서 어휘 학습까지 가능하겠죠?

자주 틀리는 문법 문제 분석·반복하기

개념 정리와 문제 풀이는 함께 굴러가는 바퀴와 같습니다. 바퀴가 하나라도 잘 굴러가지 않으면 속도를 내지 못하고 멈출 수밖에 없습니다. 따라서 영문법을 공부한 후에는 문제를 풀면서 제대로 이해했는지 확인하고 문장에서의 적용력을 길러야 합니다. 문제를 해결하지 못하거나 오답이 반복되는 것은 완벽하게 공부했다고 착각하는 부분이 있다는 것입니다. 자주 틀리는 오답을 확인하고 걸러내는 작업이 필요합니다. 학생들이 자주 하는 첫 번째 착각은 '아는데 실수했어!'입니다. 하지만 실수도 실력이라는 말이 있지요? 제대로 알아야 실수를 줄일 수 있습니다. 두 번째 오류는 실수해서 틀린 문제를 아쉬워는 하지만 다시 분석하고 확실하게 내 것으로 만드는 작업을 하지 않는 것입니다. 이번에 틀린 것은 다음번에 틀리지 말아야 합니다. 제대로 모르는데 알고 있다고 착각하는 여유를 버리고, 빈틈을 메우는 작업이 뒤따라야 합니다. 오답을 꼼꼼하게 확인하고 반복해서 보세요. 형형색색 화려하고 예쁘게 오답 노트를 만들 필요는 없습니다. 중요한 것은 오답 노트를 만드는 행위 자체가 아니라 얼마나 정확하게 오답을 분석하고 그것을 반복해서 보며 내 것으로 만드느냐입니다. 헷갈렸는데 정답으로 맞춘 문제, 실수로 틀렸다고 생각하는 문제, 전혀 몰랐는데 맞거나 틀린 문제는 모두 나의 지식이 아닙니다. 제대로 소화하지 못했던 항목들을 반드시 분석하고 반복하여 보충학습을 하도록 합니다.

3

읽기

다독을 통해 넓게 읽기

영어 소설책, 논픽션, 신문 등 다양한 영어 텍스트를 읽는 활동은 아무리 강조해도 지나치지 않습니다. 다독은 영어 실력 향상뿐만 아니라 배경지식 확장을 통한 문해력 상승에 직접적인 영향을 미칩니다. 중학생이 학업량 때문에 책 읽을 시간이 없다고 하는 것은 고등학생과 비교하면 번데기 앞에서 주름 잡는 격입니다. 고등학교의 학업량과 일과에 비하면 책을 읽을 시간이 차고 넘치는 시기가 바로 중학교 때입니다. 제가 고등학교에서 영어 소설 수업을 한 지 거의 10년이 되어 가는데, 의외로 영어 소설책을 처음부터 끝까지 읽어본 경험이 없는 아이들이 많습니다. 중학교 때부터 시험과 입시에 맞춰 영어 공부를 해오다 보니 지루한 문제 풀이 학습이 지속되어 온 것이죠. 물론, 시험 문제에 대한 적응은 필요합니다. 하지만 재미와 흥미의 요소도 있어야 장기전으로 갈 수 있습니다. 재미있는 소설책 읽기로 살아 있는 영어에 대한 노출을 지속적으로 해주세요. 꼭 두꺼운 소설책이 아니어도 됩니다. 자신의 수준보다 너무 어렵지 않게 책을 선택하여 가볍게 읽어나가세요. 결국 다독은 즐거움을 위한 읽기이므로 즐기는 것이 목적입니다. 요즘은 학교 도서관이나 영어과 활동으로 영어 독서 마라톤 대회가 한 학기 혹은 일 년 단위로 계획된 곳이 많습니다. 혼자 계획해서 읽는 것보다 이런 대회에 참여해서 함께 진행한다면 실행력이 높아질 수 있습니다. 또한 지역 도서관에도 독서 마라톤 대회가 있습니다. 다양한 영어책을 자주, 그리고 많이 접하기 위해서 외부적인 강제력을 활용하는 영리한 센스를 발휘해보세요.

흥미 있는 분야가 있다면 인터넷, 잡지, 신문, 책 등 다양한 경로를 통해 영어 텍스트를 읽어가는 것도 다독의 영역입니다. 이는 영어 실력 향상에 큰 도움이 될 뿐만 아니라 진로 탐색 활동과도 연계됩니다. 관심 분야라면 이미 우리말 배경지식이 있어서 영어로 읽는 것이 크게 힘들지 않을 것입니다. 또한 반복되는 어휘에도 자주 노출이 되고 내용이 자연스럽게 각인되며 읽기의 유창성이 향상되는 효과도 있습니다.

정독을 통해 깊게 읽기

정독은 한마디로 자세하게 읽으며 어휘, 문법, 문장 구조, 스토리, 흐름까지 세세하게 파악하며 읽는 것을 말합니다. 테스트나 시험을 준비하기 위해 짧은 지문을 분석하며 읽는 것도 정독에 포함됩니다. 시간이 걸리고 지루한 과정이 될 수도 있지만 영어의 구문을 이해하고 핵심을 파악하며 정확하게 읽어내기 위해 꼭 필요한 과정입니다. 재미와 의미를 더하기 위해 슬로 리딩의 샛길 활동을 병행해보세요. 교과서, 문제집 지문, 소설, 논픽션 등 모든 텍스트에 적용 가능합니다. 지문을 꼼꼼하게 읽으며 의문이 들 수 있는 어휘, 구문, 문장, 지명, 인물, 문화, 역사 등에 대한 분석과 해설을 능동적으로 찾아가며 정리하세요. 이 과정에서 깊이 읽기가 가능해집니다. 관련된 주제를 찾아보며 연계 독서까지 하게 되면 배경지식도 확장됩니다. 자기 주도적으로 탐색한 분야는 주입된 것이 아니므로 내 것으로 소화시키는 내재화가 일어납니다. 이런 경험이 반복되면 재미가 더해질 수 있습니다.

독해 연습

어휘, 문법 공부는 독해력 향상이라는 목표를 향한 것이죠. 학교에서 보는 시험은 궁극적으로 독해력 테스트이므로, 정독을 통한 문제 풀이 연습을 피해갈 수는 없습니다. 슬로 리딩을 통해 깊이 읽기를 경험하면서 동시에 지문을 해석하고, 오지선다형 선택지에서 정답을 찾아내는 과정을 경험해야 합니다. 시험 문제에 대한 적응력을 높여놓지 않으면 원서 읽기는 잘하는데 독해 문제를 푸는 것을 힘들어하거나 영문법을 공부하고도 독해와 접목하지 못하는 웃지 못할 상황이 벌어질 수 있습니다.

시중에 듣기 파일, 단어장, 해석 파일 등을 무료로 다운로드 받아서 정리할 수 있는 독해 교재들이 많이 나와 있습니다. 주제별, 문법 항목별, 학습 분량별 등 구성 방식도 다양합니다. 다양한 배경지식을 얻고 싶으면 주제별로 구성된 독해서를 선택하면 되고, 기본서로 공부해 왔던 영문법과 문장 구조를 다시 확인하고 싶다면 구문별로 정리된 독해서를 선택하면 됩니다. 매일 가시적으로 정해진 분량만큼 독해 연습을 하고 싶다면 매일 학습 분량으로 나누어진 독해집으로 공부하세요. 처음부터 끝까지 영어로만 구성된 원서 독해집도 있습니다. 중요한 것은 내가 세운 목표에 맞춰 '매일' 풀기 위해 지루하지 않고, 재미있게 공부할 수 있는 교재를 선택하는 것입니다. 고입을 앞둔 중3 시기에는 문제 유형별 독해집을 통해 수능에 출제되는 문제의 흐름을 파악하도록 하면 됩니다.

읽기 시험에 적응하기

중학교와 고등학교에서 치러지는 내신은 읽기 시험입니다. 평소에 꾸준하게 영어 공부를 해 온 학생이라면 자신감 있게 시험에서 실력을 발휘할 수 있습니다. 하지만 시험 상황에서 유독 긴장감이 높아지는 아이들이 있습니다. 몸과 마음이 경직되다 보니 읽기 지문이 눈에 들어오지 않고 집중력이 떨어져서 시간이 모자라거나 실수를 연발하게 됩니다. 평소의 읽기 실력을 발휘하지 못해서 시험에서 처참한 결과를 마주하는 낭패는 없어야 합니다. 아무리 과정이 탄탄해도 매번 결과가 저조하면 영어 공부의 동기와 지속성에 타격을 입게 됩니다.

원어민 수준의 실력을 가진 아이들이 특정 영어 시험에서 좋은 성적을 거두지 못하는 사례도 종종 볼 수 있습니다. 혹자는 한국 시험의 문제라고도 하지만 ETS에서 개발한 TOEIC과 TOFEL에서 만점을 받지 못하는 것은 어떻게 설명할까요? 주된 이유는 시험의 문제라기보다는 수험자의 시험 문제 유형에 대한 이해도와 연습 부족입니다. 그렇다고 실력 향상을 위해서 시험 준비용 영어에만 매달리라는 말은 아닙니다. 지금껏 연마한 실력을 백분 발휘하기 위해서 시험 유형에 익숙해지고 문제를 풀어보는 연습을 통해 성과를 낼 수 있는 과정을 만들어가야 한다는 것입니다. 시험에 잘 대비하기 위해서는 우선 어떤 형태의 시험인지 잘 알아야 합니다. 따라서 모든 시험은 기출 문제 분석이 선행되어야 합니다. 우선, 학교 홈페이지에서 전년도 내신 시험지를 열람해보세요. 저작권과 파일 유출 문제로 학교별로 상이하긴 하지만 대개 학교 홈페이지에 로그인하면 시험지를 열람할 수 있습니다. 물론, 매해 출제 교사가 다르다는 점을 고려해야 합니다. 하지만 전반적인 문제 출제 경향을 살펴보면 공부의 방향을 잡을 수 있습니다. 시험 문제 유형을 파악했다면 시험 상황에 적응할 수 있는 나를 만들어야 합니다. 학습서나 문제집을 풀 때, 한 세트 정도는 시간을 정해 놓고 풀어보는 연습을 합니다. 학교의 시험 상황과 일치할 수는 없지만 적어도 제한 시간이라는 긴장감을 더하고 나의 집중력을 테스트해 볼 수 있습니다.

4

듣기

　요즘은 과거에 비해 학생들의 듣기 능력이 크게 향상된 것이 사실입니다. 하지만 대충은 알아듣는데 정확하게 이해하지 못하는 경우가 많습니다. 막연한 감이 아닌 정확한 듣기를 통해 오해 없는 의사소통과 정확한 정보를 습득하는 것이 중요합니다. 듣기가 잘 되지 않는 것은 영어 소리에 대한 이해 부족, 배경 지식의 부족, 연습 부족 등 다양한 요인이 있습니다. 이를 극복하고 듣기 능력을 향상하기 위해서는 읽기와 마찬가지로 많이 듣고, 정확하게 듣는 연습을 동시에 하는 것이 효과적입니다.

많이 듣기(Extensive Listening)

듣기를 잘하기 위해서는 듣는 양을 채워야 합니다. EFL 상황에서 꾸준하게 영어 듣기를 하려면 재미있는 콘텐츠를 많이 들을 수 있는 환경이 중요하겠죠? 음악, 연예, 운동, 심리, 패션, 동물 등 어떤 주제이든 상관없습니다. 관심이 있는 분야를 계속 듣는 것이 필요합니다. 팝송, 유튜브 영상, 미드, 뉴스, 오디오북, 앱 등 매체는 다양합니다. 이때 영어 자막의 유무는 듣기 능력에 따라 조절하면 됩니다. 소리만 들어도 이해 가능한 콘텐츠는 자막을 켤 필요가 없겠지만, 잘 들리지 않는 콘텐츠를 무조건 자막 없이 듣는 것은 전혀 효과가 없습니다. 아무리 들어도 안 들리는데 계속 듣는다고 해서 다음번에 귀가 뚫리는 것은 아니거든요. 이해하지 못하는 소리는 정보가 아니라 소음입니다. 부분적으로라도 자막의 도움을 받아 이해가 되면 안 들리던 소리가 들리고, 다음에 동일한 소리를 들으면 자막 없이도 이해할 수 있게 됩니다. 듣는 내용에 대한 배경지식이 있으면 듣기도 더 잘 들립니다. 듣기는 귀로 들어오는 소리를 의미로 변환해서 이해하는 과정이기 때문에 같은 소리를 정확하게 들어도 청자마다 이해도는 차이가 있습니다. 읽기와 비슷하죠? 따라서 관심 있는 분야에 대한 지식이 쌓이고 그 분야의 영어 콘텐츠를 듣다 보면 점차 듣기가 수월해지는 것을 경험할 수 있습니다. 관심 분야인 데다가 영어까지 잘 들리면 재미가 생기겠죠? 이렇게 연계된 다른 분야로 확장해서 콘텐츠를 듣다 보면 꾸준히 영어 듣기 능력을 향상시킬 수 있습니다.

EBS 영어 라디오 방송 역시 추천할 만한 콘텐츠입니다. 초급 · 중급 · 고급 수준별로 혹은 리스닝 · 스피킹 · 라이팅 · 뉴스 등 영역별로 듣고 싶은 프로그램을 선택할 수 있습니다. 라디오 영어 방송이 좋은 이유는 시각적인 정보 없이 청각으로만 소리 인풋을 처리하는 과정을 훈련할 수 있고, 매일 정해진 시간에 청취하는 습관을 기를 수 있으며 실시간 듣기는 무료라는 점입니다. 그리고 진행자의 해설이 중간중간 들어가기 때문에 이해도를 점검하며 들을 수 있습니다. 중 · 고급 정도의 실력자라면 새벽부터 등교 전까지 쭉 방송을 틀어놓으면 매일 최소 2시간 다양한 분야의 영어 듣기가 가능합니다. 실시간으로 듣지 못하더라도 스마트폰 앱으로 다운받아 다시 듣기가 가능하므로 원하는 콘텐츠를 영역별로 선택해서 들어보세요.

<EBS 영어 라디오 방송>

05:40 진짜 미국 영어 Weekly Review	07:00 Start English(... Weekly Review
06:00 Easy Writing 0924 Weekly Review	07:20 Easy english... [REVIEW] 이탈리...
06:20 귀가 트이는 영어 Weekly Review	07:40 Power englis... People with Grit T...
06:40 입이 트이는 영어 Weekly Review	08:00 최수진의 모닝... World News Overv...

EBS 반디

정확하게 듣기(Intensive Listening)

영어 듣기의 양을 채우는 것과 동시에 질적인 향상을 위해 정확하게 듣는 연습이 필요합니다. 잘 들리지 않는 내용은 대충 감으로 넘어가지 말고 반드시 내용을 확인하며 소화를 시켜야 듣기 실력이 향상됩니다. 우선, 듣기를 잘하려면 어떻게 소리가 나는지를 알아야 합니다. 잘 듣기 위해서 꼭 알아야 하는 법칙 중 하나가 연음 현상입니다. 연음이란 연결된 소리를 말하는 것으로 두 개의 소리가 이어서 발음될 때 다른 소리로 변화되는 것을 의미합니다. 두 개의 소리가 연결되어 앞의 발음 혹은 뒤의 발음의 본래 음가가 변하는 경우인데, 몇 가지 예를 들어보겠습니다.

① 앞 발음과 뒤 발음이 합쳐져서 새로운 발음이 되는 경우

He's coming this year. /디스 이어/ → /디쉬어/

Does your mother know? /더즈 유어/ → /더쥬어/

Is that your dog? /댓 유어/ → /대츄어/

Would you mind moving? /우드 유/ → /우쥬/

② 앞 자음이 뒤 모음에 붙어서 소리가 나는 경우

work out /워크 아웃/ → /워카웃/

come on /컴 온/ → /커몬/

③ 강세를 받지 않는 단어의 발음 약화

you and me /앤드/ → /언/

I can go /캔/ → /컨/

I must sell /머스트/ → /므스/

In the hospital /인더/ → /이너/

④ 앞 발음이 뒤 발음과 비슷해지는 경우

Could you give me a call? /기브 미/ → /김미/

Let me do that for you. /렡미/ → /렘미/

⑤ 앞 단어의 자음이 생략되는 경우

good boy /굳 보이/ → /구보이/

at peace /앹 피스/ → /애피스/

⑥ 모음과 모음 사이에서 /t/ 발음이 약화되는 경우

water /워터/ → /워러/

put on /풑 온/ → /푸론/

⑦ 뒤 발음이 앞 발음과 비슷해지는 경우

Internet /인터넷/ → /이너넷/

⑧ 뒤 발음이 된소리가 되는 경우 (/s/ 뒤에 /p/, /t/, /k/ 발음이 올 때)

Spain /스페인/ → /스뻬인/

stop /스탑/ → /스땁/

ski /스키/ → /스끼/

연음 법칙을 알고 있으면 들리는 소리가 더 많아집니다. 여기에 청취력 향상을 위해 딕테이션 혹은 섀도우 스피킹을 해보세요. 딕테이션Dictation은 들은 내용을 적어보고 잘 들리지 않는 부분을 반복해서 들으며 확인하는 받아쓰기 과정입니다. 소리를 그냥 듣고 흘려버리지 않고 집중력 있게 듣고 정확도를 높일 수 있는 방법이지요. 처음부터 끝까지 모든 내용을 받아쓰려면 시간이 많이 걸립니다. 따라서 잘 들리지 않는 문장 위주로 확인하고 넘어가는 방식으로 활용하세요. 딕테이션을 통해 연음 법칙이 실제로 어떻게 적용되고 있는지를 확인할 수 있고, 몰랐던 어휘를 점검하고 머리에 들어오지 않았던 문장 구조를 눈으로 보고 파악할 수 있습니다. 섀도우 스피킹은 정확하게 들은 내용을 말하기와 연계해서 학습하는 방법입니다. 영어 수준에 따라 들은 것을 하나하나 받아쓰는 딕테이션이 효과적일 수도 있고, 듣고 말로 따라 하며 정확도를 연습하는 섀도우 스피킹이 효과적일 수도 있습니다.

5

말하기와 쓰기

보통 영어 말하기를 연습하려면 꼭 대화 상대가 있어야 한다고 생각합니다. 하지만 파트너가 없다고 해서 말하기 연습을 못 하는 것은 아닙니다. 청자가 없는 말하기 연습으로 가장 좋은 것은 듣기와 연계한 새도우 스피킹입니다. 좋아하는 드라마, 뉴스, 유튜브 등으로 원어민의 발음, 강세, 인토네이션, 감정을 그대로 연기하듯 따라 말하는 것이죠. 새도우 스피킹은 직접 입을 열어 발화를 할 수 있는 연습의 기초가 됩니다. 새도우 스피킹으로 기본기를 다지면서 나의 생각을 뇌에서 프로세스한 후 문장을 만들어보는 경험을 할 수 있는 방법은 '나 자신에게 말하기Talk to yourself'입니다. 나 자신에게 말하기는 혼자서 말하기를 연습하기 좋은 방법으로, 영어를 유의미하게 내재화하여 다시 꺼내 쓸 수 있도록 아웃풋을 연습하는 것입니다. 혼자서 무엇을 말할지는 다양합니다. 듣기 연습을 했다면 들은 내용을 말로 요약해 볼 수도 있고, 나라면 어떻게 이야기했을까 생각해서 수정해볼 수도 있습니다.

중·고등학교 영어 수행평가에서 쓰기 영역은 빠지지 않습니다. 내신의 서술형·논술형 평가 역시 쓰기의 연장선이므로 쓰기 능력은 반드시 챙겨야 할 기능입니다. 여기서 중요한 것은 글쓰기의 핵심이 '생각'이라는 점입니다. 알맹이인 생각을 글이라는 틀에 담는 과정이 글쓰기입니다. 의사소통의 상대가 있으면 효과가 높아지는 듣기·말하기와는 달리 쓰기는 마음만 먹으면 혼자서도 크게 실력을 향상시킬 수 있는 영역입니다. 우선, 평상시에 다양한 이슈들에 대해 그냥 지나치지 말고 깊이 생각해보는 것, 그리고 그것을 아웃풋으로 정리해보는 습관을 갖는 것이 중요합니다. 이미 소개했던 영어 일기, 영어 필사, 독후 활동 등이 생각을 자극하는 도구들입니다. 영어 일기를 쓰면서 일상에 대해 성찰하는 기회를 갖고, 영어 필사를 하며 생각을 덧붙여 정리하는 시간을 보내기도 하고, 책을 읽고 느낌과 생각을 담아 감상평을 쓰는 것 모두가 생각을 유도하는 글쓰기의 일환이죠. 아마존과 같은 인터넷 사이트에 가볍게 서평을 남기는 활동도 적극적으로 추천할 만합니다. 같은 책을 읽고 영어 사용자들은 어떤 감상평을 남겼는지 댓글 서평을 읽어보면서 내 생각과 유사한 부분은 어떻게 표현하는지를 배울 수 있습니다. 거기에 살짝 살을 붙이고 변형을 해서 나의 서평을 영어로 작성해보는 것은 실용적인 글쓰기 연습이 됩니다. 이렇게 평상시에 생각을 끄집어내고 영어로 끄적여보는 과정이 축적되면 특정 주제를 가지고 글을 쓸 때는 구조에 대한 지식만으로도 내용을 채울 수가 있게 됩니다.

글쓰기는 처음부터 끝까지 한 번에 끝나는 것이 아니라 단계를 거치며 완성되어가는 과정입니다. 따라서 처음부터 완벽하게 쓰려고 하지 말고 수정 보완을 거쳐야 한다는 것을 생각하면 부담을 떨칠 수 있습니다. 보통 글은 '서론-본론-결론'으로 짜임새 있게 구조화를 시키면 되는데, 구조적인 글쓰기 연습은 공인 영어 시험의 라이팅 기출 문제를 참고하면 좋습니다. 해커스 사이트(https://www.gohackers.com/)는 TOEFL 및 IELTS의 라이팅 게시판을 통해 기출 문제를 공유하고 있고, 또 기출 문제에 대해서 수험생들이 직접 작성한 질문에 대한 글들이 올라와 있습니다. 다른 수험자들이 어떻게 글을 썼는지 참고하며 글을 써보는 것도 좋은 방법입니다.

에필로그

　　　　　부모는 내 아이에게 가장 좋은 것을 주고 싶어 합니다. 자신이 가진 지식, 환경, 경험, 능력 안에서, 아니 그 이상으로 최선을 다하고자 합니다. 하지만 그 최선이 부모만의 것이 아닌지 점검해야 합니다.

　언젠가 아이가 발표대회에 나가게 되었습니다. 말하기 연습도 하고 무대에 서는 기회를 통해서 자신감도 가질 수 있는 좋은 경험이라 생각했습니다. 배경지식을 위해 책도 이것저것 사서 함께 읽고, 원고도 쓰고, 말하기 연습을 도우며 대회를 준비하는 데 최선을 다했습니다. 한참 연습이 무르익어갈 무렵 불현듯 아이는 무대에 오르지 않겠다고 선언했습니다. 당혹감과 함께 이유를 찾기 시작했습니다. 멀쩡하게 대본을 외우며 연습을 잘 소화하던 아이가 갑자기 왜 거부를 했을까요? 진지하게 생각해본 결과 내린 결론은 모든 과정이 엄마의 열심이었기 때문이라는 것입니다. 첫 단추부터 잘못 끼운 저의 불찰이었습니다. 희망자를 대상으로 하는 대회였는데, 아이의 의사를 진지하게 묻지 않고 신청해 버렸던 것이죠. 아이가 대회를 준비하는 과정을 경험해보는 것이 최선이라 여겼던 엄마의 열의가 결국 일을 그르치는 근본 원인이었습니다. 처음부터 못마땅했던 마음을 나중에서야 표현해준 아이에게 미안한 마음이 들었습니다. '아차!' 하는 생각에 대회 참여를 취소하겠다고 바로 선생님께 연락을 드렸습니다. 작은 해프닝으로 끝이 났지만, 저에게는 교육에 있어서 중요한 방향을 다시 잡는 큰 계기가 되었습니다.

아이를 키울 때 모두가 알고는 있으나 실전에서 쉽게 놓쳐버리는 대전제가 하나 있습니다. 바로 '부모의 최선이 아닌, 아이의 최선이 먼저다'라는 사실이지요. 부모의 욕심이 아이의 최선으로 이어지리라는 착각은 독이 될 수 있습니다. 지극히 개인적인 부모의 경험에 근거한 판단이 때로는 아이의 최선을 볼 수 있는 눈을 흐려놓기도 합니다. 아이의 인생에서 주인공은 부모가 아니라 아이입니다. 최선의 교육이라는 후광을 받으며 부모의 섣부른 과욕으로 영어 정서에 멍이 든 채 서서히 빛을 잃어가는 아이들을 현장에서 자주 만납니다. 그들의 첫 시작은 어땠을까요? 영어의 첫걸음을 뗄 때 누구나 어려움 없이 유창하게 영어를 구사하고 있을 미래의 모습을 기대했을 것입니다. 하지만 아이는 어느 순간 전진할 힘을 잃고 멈춰 서고 맙니다. 누군가의 힘에 이끌려 무언가를 끊임없이 해왔지만, 그것이 자신의 최선으로 전환되지 않을 때 아이는 결국 동력을 잃어버리게 되는 것입니다.

교사로서, 그리고 한 아이의 엄마로서 영어 교육에 대한 고민을 많이 합니다. 대입과 맞물려 수능이라는 고지를 힘겹게 넘고 있는 학생들을 볼 때면 안쓰러울 때도 많습니다. 학생들이, 그리고 내 아이가 수능이라는 과업을 거뜬히 넘어선 후, 눈앞에 펼쳐질 미래에 영어라는 날개를 달고 훨훨 날 수 있기를 바라는 마음이 한가득입니다. 아이가 속도전이나 비교전에서 벗어나 영어와 함께 즐거운 기억을 만들어가며 스스로 영어 공부를 지속해갈 수 있으면 얼마나 좋을까요? 그러기 위해서는 남이 가는 길, 남과 비교되는 길이 아니라 아이의 속도에 맞추어 아이만의 길을 꾸준하게 걸어가는 것이 정답입니다.

모죽(毛竹)을 아시나요? 대나무 중에 최고인 모죽은 아무리 가꾸어도 자그마치 5년 동안이나 싹이 나지 않는다고 합니다. 그런데 그 시기가 지나면 하루에 80센티미터씩 거침없이 자라 30미터까지 멈추지 않고 올라갑니다. 5년 동안 멈춰 있었던 것이 아니라 땅속으로 뿌리를 깊게 내리며 치열하게 내공을 다지는 준비를 한 것이죠. 영어 공부도 마찬가지입니다. 아이가 충분히 성장할 수 있도록 기다려주어야 합니다. 정도를 꾸준히 걷다 보면 지금 당장은 보이지 않던 능력이 거침없이 뻗어나가는 시기가 옵니다. 아이를 다그치기보다 아이를 믿고 작은 성장에도 칭찬을 쏟아부어 주세요. 아이는 영어에 대한 좋은 기억을 쌓아갈 수 있을 것입니다. 영양 담뿍 담은 행복감을 자양분으로 영어 교육의 여정이 꽉 찬 열매를 맺게 될 날이 올 것입니다.

이 책에서 제시하는 영어 로드맵이 한국의 영어 교육에 대한 전반적인 이해를 돕고 자녀들을 위한 영어 교육의 전체적인 그림을 그리며 목표를 실천해 가는 데 방향을 잡아준다면 더 바랄 것이 없겠습니다. 물론, 초등학교 1학년을 기준으로 아이들마다 영어 노출의 정도와 수준은 천차만별입니다. 게다가 언어를 습득하는 속도, 학습 스타일, 환경의 개인차도 존재합니다. 따라서 내 아이의 상황을 잘 살피면서 속도와 방법을 조절해주세요. 아이의 속도에 따라 로드맵의 단계를 조금 앞서가도 되고 살짝 속도를 늦추기도 하며, 아이의 성향에 따라 방법도 달리하면서 유연성 있게 영어 공부의 여정을 이어나가세요.

영어 교육의 전반적인 방향과 구체적인 단계를 다시 한번 돌아볼 수 있도록 책 작업을 제안해주신 김현 편집장님께 깊은 감사를 드립니다. 책을 집필하면서 진지하게 고민해 왔던 문제들을 차근히 정리하고 교육자로서 방향을 정치(定置)할 수 있었던 시간이었습니다. 엄마가 시도하는 영어 교육의 여러 방법론을 여과 없이 받아들이며 시험 대상이 되어주고 꾸준히 함께 걷고 있는 아들과 옆에서 언제나 저를 믿고 지지해주는 남편에게도 감사의 마음을 전합니다.

참고 문헌

◆ Brady, S. A. (2011). Efficacy of phonics teaching for reading outcomes: Indications from post-NRP research. In S. A. Brady, D. Braze, & C. A. Fowler (Eds.), *Explaining Individual Differences in Reading: Theory and Evidence* (pp. 69-96). Psychology Press.

◆ Brown, H. D. (2007). *Teaching by Principles.* London: Pearson Education ESL.

◆ Brown, H. D. (2008). *Principles of Language Learning and Teaching.* London: Pearson Education.

◆ Cummins, J. (1981). Empirical and theoretical underpinnings of bilingual education. *Journal of Education.* 163(1), 16-22.

◆ Fromkin, V., Rodman, R. & Hyams, N. (2003). *An Introduction to Language.* CA: Wadsworth Publishing Company.

◆ Jon Agee (2018). *The Wall in the Middle of the Book.* Rocky Pond Books.

◆ Lee, E. S. (2021). Analysis of correlation between Korean language achievement and English achievement. *The Journal of Humanities and Social Sciences.* 12(1), 731-742.

◆ National Assessment Governing Board. (2007). *Writing Framework for the 2011 National Assessment of Educational Progress, pre-publication edition.* Iowa City, IA: ACT, Inc.

◆ National Assessment Governing Board. (2008). *Reading framework for the 2009 National Assessment of Educational Progress.* Washington, DC: U.S. Government Printing Office.

◆ Patricia Polacco (2007). *The Lemonade Club.* Philomel Books.

◆ Poh, M.Z., Swenson, N.C., Picard, R.W. (2010). A wearable sensor for unobtrusive, long-term assessment of electrodermal Activity. *IEEE Transactions on Biomedical Engineering.* 26(5), 1243-1252.

◆ Robert, B. K. (1966). Cultural thought patterns in inter-cultural education. *A Journal of Research in Language Studies.* 16(1), 1-20.

◆ Stephana D. W., Nienke S., & Wander L. (2017). Influences of early English language teaching on oral fluency. *Teaching and Teacher Education,* 71(3), 341-353.

◆ Vinci-Booher, S., Engelhardt, L., James, T.W., & James, K.H. (2014). *Investigating the development of letter perception using PPI connectivity analysis.* Paper presented at the Center of Excellence for Women in Technology Conference, Bloomington, IN.

◆ 가와시마 류타(2007), 총명한 두뇌를 가진 아이 평범한 두뇌를 가진 아이, 사과나무.

◆ 김성우(2019), 단단한 영어공부, 유유.

◆ 김원겸, 이형석(2019), 슬로리딩, 교육과정을 품다, 에듀니티.

◆ 김윤정(2021), EBS 당신의 문해력, EBS BOOKS.

◆ 매리언 울프(2009), 책 읽는 뇌, 살림출판사.

◆ 미쉘(2021), 초등 영어책 읽기의 기적, 넥서스.

◆ 쇼펜하우어(2005), 김욱 옮김, 쇼펜하우어 문장론, 지훈.

◆ 오혜승(2021), 영어 하브루타 공부법, 다온북스.

◆ 윤희솔(2020), 하루 3줄 초등 글쓰기의 기적, 청림 Life.

◆ 이병민(2014), 당신의 영어는 왜 실패하는가, 우리학교.

◆ 이신애(2013), 잠수네 아이들의 소문난 영어공부법: 통합로드맵, 알에이치코리아.

◆ 이은경(2020), 초등 완성 매일 영어책 읽기 습관, 비에이블.

◆ 정영미(2015), EBS 다큐프라임 슬로리딩, 생각을 키우는 힘, 경향미디어.

◆ 조승연(2002), 공부 기술, 중앙m&b.

◆ 크라센(2013), 조경숙 옮김, 크라센의 읽기 혁명, 르네상스.

◆ 한형식(2015), 모두가 참여하는 수업에는 법칙이 있다, 테크빌 교육.

◆ 초중등학교 교육과정 총론 교육부 고시 제2015-74호 (2015).